주여,
나의 삶을 받으소서

특별히 ＿＿＿＿＿＿＿＿＿＿ 님께
이 소중한 책을 드립니다.

주여, 나의 삶을 받으소서

〈하나님이 이끄신 사역〉

찬양사역자 시절
하나님의 일꾼으로
불러주신 이야기!

방은미 지음

나침반

사역 현장에서 좌충우돌 하면서…

여기에 하나님께서 주의 종을 삼으시기 위해서 예정하시고
부르시고 하나님의 자녀로 구원받아 하나님의 뜻대로 주의
종으로 한 인생을 살아온 부족한 여종의 인생을 담은 글입니다.

참 사역이 무엇인지도 모르고, 참 사랑이 무엇인지도 몰랐던
훈련되지 못한 여종이었습니다.
사역의 현장에서 좌충우돌하면서 주의 사역을 배우게 되었고
가난한 이웃과 벗하면서 가난을 배웠고, 고통하며 아파하는
지체들을 껴안으며 참 사랑이 무엇인지 배웠습니다

세상의 모든 인생들이 한 인생을 살아가는데
하나님께서 특별히 우리를 주의 종으로 부르셔서
예수님의 십자가 울타리 속에 양들을 모아 주셨고
말씀하시는 능력의 지팡이로 어린 양들을 치게 하셨고
잃었던 영혼을 찾아 예수의 사랑으로 서로 사랑하게 하시고
하나님이 기뻐하시는 교회를 세우게 하셨고
무력한 부부에게 성령의 소멸하는 불로 끝까지
목회를 지켜 주셔서 새빛 교회 사역을 마치게 하셨습니다.

지금까지 우리 생활의 증인은 사랑하는 가족들이며,
주의 종으로서 목사의 사모로서 지금까지 헌신했던
모든 교회 사역의 증인은 사랑하는 새빛교회 성도들이며,
하나님의 자녀로 진실하게 말씀 중심으로 살기를
노력했던 것과 열정을 다해서 교회의 목회 사역을 했던
모든 나의 인생은 우리 성령님께서 증인이십니다.

주의 종들은 하나님 앞에 설 때까지 마침표가 없다고 생각합
니다.
그래서 우리는 계속해서 하나님의 나라 확장을 위해서
지금도 걸어가고 있습니다.

주 안에서 이 글을 읽는 모든 분들이 하나님의 통치와
성령의 역사하심을 마음의 눈으로 볼 수 있기를
진심으로 소원하며 하나님 앞에 설 때까지 끝까지 승리하시기
를 기도합니다.

– 방은미

차례

01

Tampa에 입성하다

　나와 아이들은 약 24시간이 소요되는 긴 여행을 하여 드디어 Tampa에 도착했다. 가나안 정복을 위해 여리고에 입성한 것처럼 말이다.

　나는 기도했다.

　"주님 이곳은 한국 사람도 몇 명 없고 세워진 교회가 세 곳밖에 없는 곳입니다. 이곳에 살고, 또 이주해 오는 사람들의 영혼 구원을 위한 사역입니다. 사람을 보지 않게 하시고, 오직 영혼을 바라보며, 조건 없이 사랑하게 하옵소서. 그리고 우리 교회가 영적인 구원의 방주가 되게 해주시고, 주님 오실 때까지 십자가를 바라보게 하여 구원받는 수가 더해가는 교회가 되게 하옵소서."

　이제 가족 상봉의 시간인데 궁금한 것은 '과연 아들 한길이가 아버지를 알아볼 것인가?'였다. 평소에 아빠 사진을 보게 하고 아빠의 목소리 녹음을 듣게 하여 머리에 기억하게 했었다. 아빠를 만나서 행복하게 만들어 주기 위해서….

드디어 Tampa 공항에 도착하여 출구로 나왔다.

출구로 나오니 교회 교인들이 한 5명 가량 마중 나와 있었다.

이렇게 늦은 밤 우리들을 위해서 나오신 분들이 정말 고마웠다.

감사하다는 인사를 주고받고 있는데 한길이는 두리번거리며 누가 아빠인지를 찾고 있었다. 5명의 남자와 아빠, 여섯명의 남자 사이를 왔다갔다 하면서 아빠를 찾고 있었던 것이다. 그런데 조금 있더니 아빠 앞에 가서 나지막한 목소리로 아빠를 쳐다보면서 "아빠" 하는 것이다.

서울에서 아빠 사진을 보고 아빠의 얼굴을 익히게 되어 쉽게 찾았던 것이다. 그래서 모두 아빠를 부르는 한길이를 보고 있었고 아빠는 눈이 둥그레지면서 곧 아들을 안아 주었다.

서먹서먹한 아버지 품에 안겨서도 계속 아빠 얼굴을 빤히 쳐다보는 아들 한길이, 이 장면이 아버지와 아들의 첫상봉의 순간이었다.

나는 생각했다.

어제까지 그렇게 오지 않기를 고집하던 나였다. 그런데 이렇게 아이들과 아빠가 함께 기뻐하고 행복해 하는데, 지나치게 내 상황만 고집했었구나 하고 생각했다.

'그래, 나 혼자 희생하니까 네 명의 가족이 이렇게 행복해 하는구나!'하면서 말이다.

드디어 템파 생활이 시작되었다.

이제 막 숙소로 가는 차를 타고 아파트로 향했다.

아버지를 만난 아이들은 좋아서 뒷자리에서 즐거워하고 있었다. 그런데 조금 있다가 남편이 나를 부른다.

"여보!"

"왜요?"

"내 말 잘 들어."

"말해 보세요."

"이제부터는 벙어리가 되어야 해요. 그리고 보아도 못 본 것 같이 장님이 되어야 하고, 내가 들어도 모르는 척 귀머거리가 되어야 해요."

"뭐라구요?"

나는 어떤 다정한 말이 나오기를 기다렸다.

'그동안 고생했어'라든가 '오느라고 고생이 많았지'라는 인사나 위로의 말이 나올 줄 알았다. 그런데 뚱딴지같은 그것도 사람 잡는 것 같은 말을 하는데 나는 기가 콱 막혔다.

"여보, 나를 이렇게 바보 만들자고 미국에 오라고 했어요? 도대체 당신 나를 어떻게 생각하고 이런 말을 나에게 해도 되는 거예요?"

"내가 말쟁이입니까? 이간쟁이입니까? 또 내가 어디 사람 앞에 나대는 사람입니까?"

실제로 나는 평소에도 남의 말을 하는 그런 사람이 아니었다.

그런데 남의 말하기를 신나서 입에 달고 사는 사람들, 또 그것을 즐기는 사람들도 있다. 그러니까 앞으로 어떤 사람을 만날지 예측할 수 없기 때문에 마음을 단단히 하라는 말이었다.

"여보, 도대체 무엇 때문에 첫 만남부터 그런 말을 하는 거예요?”

“아니 당신이 그런 사람이라는 것이 아니라, 목회 현장에는 생각 밖의 일들이 발생한다는 말이지. 안 한 말도 했다고 하면 뒤집어써야 하니까. 교인들하고 싸우겠어? 그러니까 그런 문제에 휘말리지 않으려면 아예 벙어리가 되어야 한단 말이야. 그리고 들어도 못들은 척하는 귀머거리, 보아도 못본 것처럼 하는 장님이 되어야 한다는 뜻이야. 목회할 때 이런 자세로 하자는 말이지, 그래서 그렇게 말 한 거야.”

남편이 한 말로 목회 현장이 바로 영적 전쟁터라는 것을 느끼기에 충분한 말이었다.

물론 나도 남편의 그 말뜻을 충분히 잘 알고 있다.

나도 서울에서 전도사 생활을 몇 년 동안 했었지 않은가.

이미 그런 생활과 입장에 대해서는 훈련이 되어 있었다.

만약 내가 그런 사람이 아니었다면, 정말 사모 때문에 교회가 문제가 되는 일들이 얼마든지 있었을 것이다.

목회는 영적 전쟁이기 때문이다.

그러나 30년 목회할 때까지 나의 실없는 말 때문에 목회가 어려운 일은 한번도 없었다고 기억한다. 내가 착한 사람이든, 또는 내가 남편의 말에 순종을 잘했든 간에 말이다.

우리는 실제로 죽었던 영혼, 병든 영혼을 치유하며 심령을 새롭게 하는 사역이었다. 몇 명 안 되지만 그들의 영혼을 구원하고 예수 신앙으로 살게 하며 하나님의 말씀으로 교육하는 사역이었다.

바로 젖먹이 같은 교인들을 목회하는 개척 교회였기 때문이다.

그 당시 교인들은 아기 같은 교인들이 대부분이었고, 그래서 작은 일에도 시험이 잘 들었다.

그리고 교회 봉사할 때도 교인들 간에 경쟁심으로 일하다가 시험에 들어 교회를 떠나는 일도 있었다.

교회 설립 당시 아이들과 함께

"모든 일에 원망과 시비가 없이 하라"(빌립보서 2:14).

옛날이나 지금이나 교회에서 누구든지 자기 성질대로 발산하는 '기 싸움'이 얼마나 흔하게 벌어지고 있는가. 사실 내 자신도 초신자였을 때 이런 상황에서 부끄러운 짓을 했던 사람이 아니었는가 말이다.

"이 교회만 교회야?"

자기 기분에 맞는 교회를 찾아 보따리 들고 돌아다니는 토따리 교인들, 늘 살얼음판을 걸어다니는 것같이 마음을 졸이는 긴장과 불안한 상태에서 지냈었다. 믿음 없는 교인들이 시험에 들면 화풀이 대상이 필요했었나 보다. 그런데 그 화살이 나에게 오는데 엉

뚱한 말들이 들려오는 것이었다.

나는 이곳에서 졸지에 딴따라가 되었다.

또 내 이름은 딴따라 사모가 된 것이다.

뒤에서 들려오는 말들은 이러했다.

"딴따라가 무슨 사모노릇을 해!"

"딴따라가 무슨 목회를 해!"

"딴따라 짓이나 하지!"

"그가 곤욕을 당하여 괴로울 때에도 그 입을 열지 아니하였음이여 마치 도수장으로 끌려가는 어린양과 털 깎는 자 앞에 잠잠한 양 같이 그 입을 열지 아니하였도다"(이사야 53:7).

정말 나는 벙어리가 되어야 했다.

예수님께서 십자가 앞에서 침묵하셨듯이 말이다. 나도 잠잠히 십자가를 바라보고 따라가야 했다. 그런데 나를 지목하여 이런 말들을 하는 것은 나를 향한 사단의 공격, 사단의 참소였다.

나는 주의 길을 가기 위해서 딴따라의 길을 버린 사람이었다.

그런데 딴따라를 들먹이면서 종의 신분을 추락시키는 것은 정말 용납하기가 힘들었다. 예상치도 못했던 공격을 당하는 나는 상대할 방법도 없이 조용히 당하기만 해야 했다. 다만 내가 개척의 현장에서 종의 모습을 보여주는 것이 승리하는 길이라는 것을 알기 때문이었다.

스트레스라는 표현은 우리에게는 전혀 해당되지 않는 멋진 단어였다. 그런데 시작부터 정말로 숨이 멎는 것 같은 긴장과 조여드는 압박감 속에서 앞날이 보이지 않는 길고 긴, 그 길이를 분간

할 수 없는 캄캄한 터널을 통과해야만 했던 고통들이 전개되고 있었다.

내가 우물 안 개구리였는지… 온실 속의 화초였는지….
'아~ 세상에 이렇게 굳어져버린 인격들도 있구나!'
좋게 생각하면 천태만상의 인간 박람회를 보는 것 같은 그런 분위기였다. 그래서 나는 벙어리의 의미를 알았고, 장님의 의미를 알았고, 귀머거리의 의미를 알게 되었다.
이런 살벌한 개척의 현장에서 나는 나를 생각하게 되었다.
내가 누구이며, 내가 왜 이곳에 서 있어야 하는지.
생각해 보면 나는 나를 잃어버린 바보가 되었다고 말하는 것이 오히려 정확한 표현이 될 것이다.
내가 바보가 되지 않으면 그리고 정말 내가 나를 죽이지 않으면 내가 살아 있어 나를 더 괴롭게 할 것이다.
'바보가 되어야지… 나를 버려야지… 나를 죽여야지….'

목회자 협의회 참석차 – 마이애미비치

이렇게 되는 것만이 이 개척을 감당할 수 있는 비결이 되지 않겠나!

교인들 전체가 다 그런 것은 아니었다.

우리의 힘든 상황을 오히려 위로하면서 격려해 주는 교인들도 있었다. 아무튼 그들을 어떻게 하나님 말씀으로 교회의 요람에서 하나가 되도록 키울 수 있겠는가. 그러나 이미 주사위는 던져졌고, 우리는 묵묵히 개척의 밭을 계속 갈아엎어야 했다. 우리 부부는 이 현장에서 영적인 확실한 목표로 무장을 해야 했었다.

그 전쟁 무기는 말씀과 기도였다. 그리하여 우리 부부는 만반의 각오로 기도에 총력을 기울이고, 아무도 없어도 새벽기도와 밤 기도를 결정했다. 하루에 두 번 기도 시간을 만들어서 기도에 몰입했다. 그리고 성경 공부를 시작했다.

그 당시 교인들은 '구원'에 관해서는 냄새도 맡지 못한 상태였다. 그래서 팔팔 살아 있는 날배추와 같은 완전 세상 사람들을 데리고 공부에 들어갔다.

한 사람이 나와도 공부하고 아무도 없으면 우리 부부가 둘이 앉아서 공부했다. 이렇게 하는 동안 시간이 흘러 한두 사람이 모이기 시작했다.

성령께서 역사하시니까 깨달음을 얻은 교인들이 성경공부에 흥미를 느끼게 되고 그렇게 한사람 한사람 성령께서 말씀으로 역사하심을 확실히 보게 하셨다. 그리하여 성경공부에서 날배추들이 성령의 기름으로 서서히 튀겨지기 시작하였다.

그러는 중에도 영적 전쟁은 끝도 없이 계속 진행되고 있었다.

02

거룩한 부담감의 고통

나는 개척이라는 이름으로 실상 이민 생활을 시작하게 된 것이다. 개척 교회는 영적인 가나안이었으며, 개척은 우리들에게 미지의 땅이 되었다.

그 사역은 자비량 개척이었다. 따라서 하나님께서 지금까지 주셨던 모든 것을 다시 주님께 환원해 드려야 하는 실정이었다. 이렇게 경제적 부담을 가져야 하는 상황이 우리 앞에 입을 딱 벌리고 기다리고 있었다.

곶감을 빼먹는다는 말이 생각이 났다.

누가 이 사정을 알겠는가?

그렇다고 개척을 위한 어떤 후원자도 없었다.

그러나 우리는 누구에게도 손을 벌려 이런 힘든 상황을 말하지 않았다.

이런 상태가 계속되니까 내 마음은 영적인 기근에 빠지게 되었다. 날마다 기도를 해도 성경 묵상을 해도 내 마음이 편치 않았다.

하나님께서 나를 다 보고 계신다는 것을 알면서도 나는 점점 메마른 나날을 지나고 있었다.

나는 하나님의 뜻이라고 하는 남편의 말에 순종하고 사역을 진행하고 있지만, 이 현실 앞에서 나를 향하신 하나님의 뜻을 발견하기가 힘들었다. 그래서 나는 하나님을 향해서 시험이 들었다고나 할까?

잘 나가던 나의 모든 사역을 몽땅 끊게 하시고, 두 손 두 발을 꽁꽁 묶는 것같이 하셨는데, 하나님께서 나를 한국에서 미국으로 몰아낸 것 같았다. 혹시 버림받은 것이 아닌가?

하나님이 나를 사용하신 것은 여기까지 인가?

별의별 생각으로 내 마음속에는 이 상황에 대하여 불평, 불만, 원망으로 채워지기 시작했다.

그런데 남편은 계속 대책없는 말만 하면서 오히려 나를 책망했다.

"우리에게 주신 물질은 다 하나님께로부터 온 것이고 주께서 쓰시겠다 하면 아낌없이 드려야 해요. 그리고 그것은 천국 확장을 위한 거룩한 투자가 되는 것을 생각합시다. 앞으로 우리뿐만 아니라 우리의 자녀들에게도 하나님께서 크게 보상하시고 큰 복을 보장하실 거라고 믿소. 그 정도는 잘 아는 사람이 왜 불평을 하는 것이오? 하나님께 드림으로 후일에 어떤 복을 받게 될지 생각해 보았소?"

그 당시는 미국으로 송금하는 것이 어려웠다.

일 년에 한 사람이 오천 불을 그것도 한 번밖에 보낼 수 없는 시대였다. 그래서 나는 믿을 만한 여러 친구들을 통해서 개척을 위한 헌금을 일 년에 두 번씩 미리미리 송금할 수 있도록 부탁했다. 특히 몇 친구가 꾸준히 송금해 주었던 것을 생각하면 지금도 진심으로 감사하고 있다. 그 친구들의 선행이 교회를 세우는 데 하나님의 손길이 되어 개척의 필요를 해결할 수 있게 했다.

확실하게 고백하면 '굳이 이렇게 개척 교회를 해야 하나?' 하는 마음의 갈등이 사라지지 않고 있었다. 그래서 이 개척을 위해서 경제적 부담을 가져야 한다는 것이 나를 무척 힘들게 했고, 또 나는 살림을 하는 여자이기에 자비량 개척이라는 상황이 나에게 엄청난 압박감을 주고 있었다. 그것은 개척 상황이 앞날에 대한 보장이 투명하지 않은 실정이었기 때문이다.

그런 상황에서 대책 없는 현실적인 경제적 부담과 내일에 대한 불안한 마음으로 나는 남편과 자주 다투었다.

가족처럼 도와주던 견예인 교회의 지체들

혼자만의 착각인지는 몰라도, 물질관에 대해서는 나도 훈련이 잘 된 사람이라고 생각했다. 그런데 자비량 개척에 대해서는 기도하지도 않았고, 구체적으로 준비된 마음이 없었던 것이 사실이었다.

실제로 이주하기 전에 반대했던 것이 어머니 문제가 컸지만, 현실적으로 자비량 개척이 될 것을 내다보고 있었기 때문에 마음에 부담이 컸던 것도 사실이다.

나는 남편에게 우리가 가지고 온 돈으로 사업을 해서 교회 개척을 위해 돕겠다고 했다. 그 돈이면 작은 사업을 서너 개는 충분히 할 수 있었다.

또 주변에 사업하는 사모들도 있었기에 나도 사업하면서 남편을 도울 수 있다고 생각했다. 그래서 나도 그렇게 하겠다고 말했다.

그랬더니 당장 싸움할 듯이 "우리가 교회 개척을 하는데 사역에 집중해야지, 주의 종이 장사하면서 어떻게 교회를 세우겠다는 거요? 주신 것을 정성껏 하나님께 드리면서 하나님의 은혜 받을 그릇을 만들어야 해요"라는 것이다.

"당신이 하나님을 사랑한다고 말하는데, 하나님을 위한 희생이 없는 사랑은 그냥 말뿐이요. 희생하는 것을 통해서 하나님 사랑함을 증명하는 것인데, 희생할 생각은 없고 생활에 대한 걱정만 하고 있으니 정말 당신이 주의 종인지 깊이 생각해 보시오. 우리의 희생을 통하여 하나님께서 앞으로 교회에 이루실 놀라운 비전을 바라보라는 말이요!"

남편은 이렇게 쏘아부치면서 다시는 그런 말 하지 말라고 하는 것이었다. 나는 남편의 그 말들이 야속하기만 했다.

나도 그런 이론은 다 안다. 그러나 현실적인 상황이 나의 믿음을 지탱할 수 없을 정도로 힘에 겨웠다.

아직도 내 믿음이 이렇게 연약한가?

그래서 나는 당시 내 생활이 전혀 기쁘지를 않았다.

또 이제는 전도사가 아닌 사모의 사역을 감당해야 하는데. 나는 사모 경험이 없는 사람이 아닌가. 그래서 사모 사역에 대한 불안한 마음이 또 나를 휘감고 있었다. 성도들의 손과 발이 되어야 하고, 상황에 따라 어떤 희생도 각오하고 있어야 했다. 뿐만 아니라 어떤 상황이 나에게 임할는지 한치 앞을 예측할 수 없는 것이 무척 불안하였다.

나는 우울증 같은 것과는 거리가 먼 사람이었다.

그런데 현실에 얽매여 내가 영적으로 약해지니까 그만 우울 증세가 나타나게 된 것이다. 남편과도 아이들과도 아무 말도 하고 싶지 않았다. 그냥 병든 병아리같이 계속 쪼그라드는 것 같은 영적인 건강에 위기가 찾아온 것이다.

나는 기도했다.

"하나님, 나를 왜 이렇게 힘든 사역을 하라 하시는 것입니까? 한국에서 사역의 터를 잘 닦아 놓고 활발하게 일하던 나에게 이곳까지 오게 하셨습니다. 그런데 이곳 사역이 내게는 너무 힘이 듭니다. 정말 내가 이곳에 온 것이 하나님의 부르심입니까?"

나는 매일 이렇게 한국으로 돌아가고 싶은 마음으로 기도하고 있었다.

그때 나는 독일의 순회 집회 때 바움홀더에서 재서원했던 하나님의 부르심이 생각 났다.

"내가 너를 쓰기를 원하노라."

아무도 가지 않는 곳에, 구원받아야 할 영혼들을 위해 복음 전하는 일을, 하나님이 나에게 말씀하신 그 자리에서 다시 신학을 하기로 결단하고 재서원했던 일이 생각났던 것이다. 하나님의 명을 받았던 것이 기억나면서 다시 나의 현주소를 생각하게 되었다.

참으로 나는 이민 목회의 실정을 몰랐고, 무장도 훈련도 되지 못한 부족한 사모였다. 그렇다면 하나님이 주신 말씀대로 내가 어떻게 교인들의 영혼 구원을 위해서 충성할 수 있을 것인가?

본질적으로 이민 목회가 다른 것은, 성도들의 필요를 위해서 손발을 걷어 부치고 항상 대기조로 있어야 한다는 것이다. 그리고 때로는 성도들을 닦아 주어야 하고, 때로는 업어주기도 해야 하는 사역이 되어야 했다.

개척 당시 내가 해야 하는 사역은 아파트를 얻어 주는 일이었다. 이사 오는 분들에게는 그런 일이 필요했다. 그리고 내가 힘으로 하는 것은 아니지만 이사도 도와주어야 했다. 이렇게 그분들이 아파트에 정착하기까지 필요한 손발이 되어 주어야 했던 것이다.

또 어떤 경우는 교인이 집을 살 때도 나는 복부인처럼 집을 함께 찾아 주어야 하는 일도 감당했었다. 타지에서 오는 분들은 이곳 지리를 잘 모르고 좋은 동네를 잘 모르기 때문이다. 그래서 학군 좋은 곳, 살기 좋은 지역을 함께 찾아다니며 집을 사게 해주었다.

나는 영어를 잘 못한다. 그러나 눈치가 백단이 되었다. 그리고 그 짧은 대화로 진행하고 적절한 단어를 사용해서 소통하는 지혜가 개발되었다. 이런저런 경험을 하다 보니 교인들에게 최소한의 도움이 되도록 한 것은 하나님께서 주신 은사였다.

그리고 교인이 아프면 병원에 데리고 다니는 일, 임산부를 데리고 병원 다니는 일, 가난한 교인일 경우 보건소에 데리고 다니고 약을 타주어야 하는 일들, 입원시키는 일, 노인을 돌보는 일, 어린 학생을 학교에 전학시키는 일, 학부형 대신 학교에 찾아가는 일, 은행 일을 도와주고, 차가 없으면 차를 살 때까지 출퇴근시켜 주는 일, 운전면허를 위해 도와주는 일, 또 영주 문제까지 함께 뛰어 다니며 도와주어야 한다.

나는 해결사가 아니다. 다만 이런 일들을 옆에서 도움이 되도록 돕는 것밖에는 할 수 없었다.

개척 당시 교인들

이런 일도 있었다.

어느 교인이 저녁에 전화가 왔는데 몸이 이상하다는 것이었다.

그 부인은 임신 중이었다. 아니나 다를까 유산한 것 같았다. 그래서 일단은 응급실로 데리고 갔다. 마냥 기다리는 것이다. 그래서 나는 짧은 영어로 상황이 급하다고 설명하고 부탁했다. 속히 산부인과 병실로 들어가서 치료하게 하고 하루 더 있다가 퇴원을 시켰다. 그래서 나는 유산한 것은 해산한 것과 같다고 생각해서 미역국을 끓여 그 아파트를 찾아갔다.

그런데 문은 잠겼고 아무도 없었다.

나는 관리실에서 그 아파트에 산모가 어디 있는지 물었다. 그랬더니 어젯밤에 택사스로 이사 갔다는 것이다.

나는 한 대 얻어맞은 것 같았다.

이 상황을 어떻게 생각해야 할지? 도무지 이해할 수가 없고 황당하다고 해야 할지? 무엇에 홀리고 몽땅 빼앗긴 것 같은 기분이었다.

그렇게 2-3일을 함께 위중한 순간에 같이 다녔는데, 가더라도 인사 한마디 없이 떠날 수 있나? 끼니도 거르면서 쫓아다니던 것을 생각하니 괘씸하기 짝이 없었다.

'난 뭐야! 그렇게 힘들게 잡아 주고 도와주었는데….'

예수님께서 열 명의 문둥병자를 고쳐 주셨는데, 사마리아인 한 사람만 예수님 발아래 엎드려 감사했다. 나머지 아홉 명은 그대로 사라져 버렸다. 이것이 은혜를 모르는 인간의 더러운 속성을 지적하신 말씀이다.

그 당시나 오늘날이나 감사하는 자보다 감사를 모르는 사람들이 더 많다는 사실을 보고 있다. 그래서 목회는 일반적인 예의라든가, 어떤 기대 같은 것은 절대로 생각지 말아야 함을 공부했다.

이런 현실이 예측할 수 없는 미지의 땅, 개척의 현장이라는 것을 말이다. 이 영적 전쟁은 외부 상황과의 투쟁도 있지만 내 안에 있는 나와의 투쟁도 있었다.

이런 상황쯤이야 밟고 일어서야 승리할 것이 아닌가.

상황에 잡히고, 감정에 묶이면 내가 어떻게 투쟁을 하겠는가.

"주여. 사모로서 부족하고 훈련되지 못한 이 여종에게 은혜와 지혜를 주셔서 감당할 수 있게 하옵소서. 불쌍한 영혼들을 향해서는 눈높이를 낮추어 주시고, 영적 싸움에서는 영적인 눈을 높이 들어 보게 하옵소서. 영혼이 생명을 얻는 구원 사역을 담대하고 힘있게 하게 하소서."

들개 같은 영혼들, 고삐 풀린 망아지 같은 영혼들, 여우같이 약아빠진 영혼들, 돼지같이 이기적인 영혼들, 수많은 종류의 영혼들을 그들의 눈높이로 바라보며 품고, 소화하고 또 소화해야 했던 것이다. 그러나 골치 아픈 이런 종류의 영혼만 있는 것이 아니었다.

정말 상하고 찢기고 아파하는 가엾은 영혼들도 곁에는 많이 있었다. 병들고 소외당하고 억울함에 고통하는 영혼들도 있었다.

우리는 그렇게 불행을 경험하고 있는 영혼들을 끌어안고 위로하며 함께 울어야 했다.

그리고 악령에 억눌려 허덕이는 처참한 교인도 있었는데, 나는 심방가기가 무서울 정도였다. 완전히 사단에게 얽매여 있듯이 집 안을 모두 시커멓게 막아놓고, 그 속에서 기거하고 있었다.

'그런 다양한 영적 상황을 우리가 어떻게 해결할 것인가?'

이것이 거룩한 부담감이었다. 그런데 이 영혼들을 위해 예수님이 이 땅에 오셨기 때문에 예수님의 능력을 의지하여 기도할 수밖에 없었다.

나는 불쌍한 영혼들을 끌어안고 기도하기 시작했다.

"부족한 여종을 불러내셨사오니 주의 성령의 능력으로 모든 일을 감당하게 하옵소서.

악한 영에게 포로 되고 억눌린 불쌍한 영혼들에게 자유함과 구원의 기쁨을 얻게 하는 능력을 주시옵소서.

음부의 권세가 이기지 못하는 주님의 십자가의 권세 있는 교회가 되게 하시고, 모든 영혼들을 말씀으로 훈련하고, 온전한 주의 백성의 삶을 살게 하는 사역을 감당케 하소서. 그들이 말씀으로 변화되는 새 성령의 역사를 이루게 하시고 말씀으로 교회의 터를 굳건하게 세워주소서.

그리하여 십자가 탑을 높이 세워서 주님의 승리로 승리하는 교회가 되게 하옵소서.

십자가를 바라보는 모든 영혼이 구원받는 역사가 살아 움직이는 교회가 되게 하옵소서.

예수님의 이름으로 기도합니다."

03

자녀 교육

우리가 사는 아파트는 방이 2개, 화장실은 1개, 800sq의 작은 공간이었다. 너무 작아서 참으로 답답해서 생활하기가 너무 힘들었다. 아침마다 아이들이 화장실에 줄서는 것도 참으로 신경이 쓰였다. 그리고 새장에 갇힌 것 같은 생활이 나를 얽어매는 것 같아서 도망가고 싶은 충동으로 가득 차 있었다. 그러나 이것이 내가 살아야 할 이민 생활의 현장으로 힘들지만 피할 방법이 없는 우리의 현실이었다.

나는 생각했다. 목회 현장을 브면 좌절이 되고 생활의 현실을 보면 실망이 말이 아니었다. 그러나 우리가 이 세상 사는 것은 어떤 모양으로든지 천국을 향해 가는 나그네 여행길이다. 내 인생 여정에서 힘들고 좀 불편해도 이것이 내 인생의 전부가 아니라는 것을 생각하게 되었다.

어떻게 하면 내 생활의 질서와 균형을 잘 이루며 교회와 가정이 모두 평안하게 될 것인가.

목회와 가정생활의 조화를 잘 이루어야 남편 목회도 도움이 되고 자녀 교육도 잘할 수 있을 것이 아닌가.

첫째 정수는 고등학교 2학년, 즉 11학년 때에 왔다.

정수가 가장 어려운 학업을 감당했었다고 생각한다. 심성이 착하고 조용해서 그 어려움을 혼자 기도하면서 적극적으로 밤늦도록 예습 복습으로 감당했다.

참 감사한 것은 한국에서도 공부를 잘하던 아이였기에 이곳에서도 잘 감당할 수 있었던 것이라 생각한다.

이곳에서 고등학교 졸업할 때는 All 'A' 성적으로 졸업을 했다. 그리고 주립대학에서 GPA 4.0만점에서 '3.9'로 졸업하는 노력파였다. 본인은 무척 힘들었지만 하나님의 도우심이 있었기에 감당할 수 있었고, 우수한 성적을 낼 수 있었다고 믿는다.

둘째 아이 정은이는 4학년 때 왔다.

역시 힘든 것은 마찬가지였지만 언니보다 어리기 때문에 훨씬 유리한 입장이었다.

어느 날 우리 부부는 심방을 갔다가 늦은 밤에 들어왔는데, 아이들이 다 잠이 들어 있었다. 평소 아이들이 꼭 일기장을 쓰고 자는데, 그날은 일기장를 미처 치우지 못했던지 열려 있었다.

그런데 그 일기장을 덮어 주려고 갔는데 이렇게 적혀 있었다.

"영어를 정복하자."

이렇게 써 놓은 문구를 보면서 마음에 번뜩 하는 것이 느껴졌다.

그때 정은이 나이가 9살인데, 이런 각오와 결심을 하기에 쉽지 않은 나이라고 생각했다. 그러면서 내 마음에 "정은이가 공부를 하겠구나!"하는 마음이 들게 되었다.

셋째 아이 한길이는 네살에 왔기에 학교에 아직 들어갈 나이가 안 되었다.

나는 서울에 있을 때 한길이에게 한글을 다 배우도록 해주었다. 그래서 읽고 쓰는 것에 문제가 없도록 하여 한글을 잊어버리지 않도록 훈련시켜 왔었다. 우리가 이민 올 때, 한길이에게 책을 읽히려고 동화집을 몇질 사서 가지고 왔었다.

한길이는 아이 때부터 엄마랑 집회를 함께 다녔기 때문에 교회 분위기가 익숙해 있었다. 그리고 목사님들의 축도를 무척 많이 보고 다녀서 축도하기를 참 좋아했었다.

집에서나 사람들이 모인 곳에서는 축도하는 흉내를 잘했다.

"지금은 하나님의 은혜와…."

두 팔을 높이 들고 이렇게 외워서 축도를 하면 교인들이 예뻐하며 신기해 하기까지 했다.

역시 미국에 와서도 교인들 앞에서 그렇게 축도를 한국말로 똑똑하게 하니 교인들이 얼마나 좋아했는지…. 교인들이 어린아이가 한국말을 너무 잘한다고 해서 그렇게 예뻐했었다. 그 아들이 지금 목사가 되어 축도를 하고 있지 않은가. 할렐루야!

그런데 이게 웬 말인가!

6개월도 못되어 한글을 몽땅 잊어버린 것이 아닌가.

우리 부부는 거의 심방하는 사역으로 시간을 밖에서 보내는 생활을 했었다. 또 교회에 새벽 기도와 밤 기도를 하러 다니는 일로 집을 늘 비우게 되었다.

이런 생활을 하다 보니 한길이에게 한글을 계속 지도할 시간이 없었다. 또 그렇게 까맣게 한글을 잊어버릴 것이라고는 생각하지 못했다. '그래도 누나들이 집에 같이 있으니까'라는 생각으로 마음을 놓고 있었다. 그런데 누나들도 집에서는 한국말 대신에 영어를 했기 때문에 같이 잊어버리게 된 것이다.

우리와 비슷한 상황에 처한 이민 목회자들은 거의 비슷한 어려움과 고통을 경험했을 것이다.

자녀들의 인생에 어려움이 있으면 안 되는 줄 알지만 부모의 사역이 힘든 상황에 시달리다 보니, 우리와 같이 개척하면서 아이들을 보살필 시간을 잃어버리고 난 뒤, 목회를 위해 이런 어려운 상황을 겪어야 되는 아이들을 생각하면 참 마음이 아프다.

그래서 목회뿐만 아니라 자녀들의 교육과 장래 문제에 대해서도 기도했었다. 과연 어떤 사람으로 키워야 하나님께 영광이 되는 주님의 일꾼들이 될 것인가? 그리고 한국의 피를 받은 이민자로서, 이 미국에서 자녀들을 어떻게 교육을 시켜야 할 것인가?

이런 생각들이 나를 심각하게 했었다.

하나님께서 맡겨 주신 자녀들을 잘 교육해야 할 책임이 또 하나의 우리들의 사명이 되었다. 목회자의 가정이 자녀들에게 교육과 양육을 잘함으로 성도들에게 본이 되어야 하기 때문이다.

자녀들을 잘 교육하는 것 또한 목회의 또 다른 중요한 사역이다. 교회와 가정의 자녀 교육을 균형 있게 잘 조화를 이루어야 하는 것이 목회자 부부의 책임인 것이다.

그런데 나는 아이들에게 가정교육을 할 수도 없고 시간도 없는 실정이었다. 그래서 나는 아이들에게 공부하는 방법을 가르쳐 주고 힘든 상황을 감당하는 마음 자세를 가르쳐 주었다. 그리고 어려움을 당하는 현실을 적극적으로 수용하도록 가르쳤다.

때론 아이들이 "엄마, 너무 어려워, 또는 너무 힘들어"라고 말한다. 내가 하는 말을 잘 이해할 수 없었지만 아이들에게 끊임없이 해 주는 말이 있다.

"엄마가 잘 안다. 그러나 어려움에 묶이지 말고 힘든 상황에 나를 빼앗기지 말아라. 다만 어려움과 힘든 상황을 'Enjoy'하는 마음으로 상황을 지배하라. Enjoy하지 못하면 그 상황의 노예가 된다."

즉, 공부를 힘들다고 멀리하지 말고, 힘든 공부를 Enjoy 하는 마음으로 가까이 파고들라는 뜻이다.

그 당시에 이 말은 아이들이 이해하기가 상당히 어려운 말이었다. 이해가 되든, 안 되든 내가 해줄 수 있는 말이었다.

오늘날도 힘들다고 하면 항상 이 힘든 것을 Enjoy 하라고 말해 주곤 한다.

문제는 '어떻게 통과하느냐?'이다.

'묶여 있겠느냐? 울면서 가겠느냐? 아니면 어떻게 통과하겠느냐?'이다.

내 앞에 있는 힘든 상황은 없어지지 않는다. 그렇다면 힘들게 생각지 말고 당당하게 그 상황을 뚫고 통과해야 할 것이다.

바로 나는 이것을 아이들에게 교육한 것이다. 이해가 안 되었을

지라도 그 말이 아이들 생활에 실제적으로 적용되어 성장해 갔다. 그래서 아이들이 이런 어려운 상황 속에서도 참아 주고 잘 견디면서 학업에 열중해 주었다. 참으로 고맙고 아이들에게 이런 마음과 잘 견딜 수 있는 지혜를 주신 하나님께 진심으로 감사를 드린다.

이민 초기에 언어 때문에 얼마나 고통스러웠겠는가. 그래도 기죽지 않고 적극적으로 적응하였던 것은 하나님의 은혜였다. 그 은혜는 우리 아이들이 한국에서도 공부를 정말 잘하던 학생들이었기 때문이기도 했다. 그래서 그 은혜가 미국에서의 학업에도 적용이 되었다고 생각한다.

그리하여 아이들이 자기 학년에서 항상 톱(Top)을 빼앗기지 않았고 학교에서 리더로 활동할 수 있었다. 결국은 사람들이 감탄할 정도로 우수한 성적으로 졸업하게 되고, 일류 대학에 진학하는 영예를 얻게 되었다.

여기에서 더 말하면 자랑이 될 것 같아. 여기서는 그만 하겠다. 물론 하나님의 은혜로 된 것으로서 앞으로 더 자세히 증거하게 될 것이다.

04

교회가 공중분해되었다

우리는 개척에 박차를 가하고 열심을 다하여 동분서주하고 있었다. 그런데 목회를 시작하는 단계라서 모든 것이 익숙지 않고 미숙한 것이 많았다고 생각한다. 그러니 우리의 이런 모습이 교인들의 눈에 비쳐진 인상은 역시 불만투성이었을 것이라고 생각해 본다. 그런데 얼마 있다가 그 불만이 밖으로 터져 나오게 되었고 공개적인 문젯거리로 확산된 것이다.

처음에는 단순한 불평 불만 같았는데 시간이 지나다 보니 교회가 시장 같기도 하고, 공사판 같은 느낌이 들 정도로 말들이 정말 시끄럽게 목사에 대한 불평의 말이 공공연하게 들려오는 것이었다.

일반 사람들이 생각할 때, "일리가 있어" "세상에 그런게 어디 있어" 이런 생각들이다.

그러나 아무리 세상 사람들에게 일리가 있어도 하나님의 교회에서는 해당되는 말이 아니다. 또 세상에서 이해 안 되는 일이라도 해야 하는 일이 있고 하지 말아야 하는 일이 있다. 하나님의 일은 영적인 일이고 교회는 영적인 공동체이기 때문이다. 그래서 세상이 교회의 일을 이해하지 못하는 것들이 많다.

그런데 사단은 일반적인 세상 생각으로 이해할 수 없는 것을 사용하여 공격을 시도하는 것이다.

사단은 절대로 정품을 사용하지 않는다.

사단은 요즘 우리말로 짝퉁을 사용한다는 것을 깨달았다.

사단이 하와를 유혹하고 멸망하게 만들 때 바로 그 방법을 사용했다.

"뱀이 여자에게 물어 가로되 하나님이 참으로 너희더러 동산 모든 나무의 실과를 먹지 말라 하시더냐?"(창세기 3:1).

"뱀이 여자에게 이르되 너희가 결코 죽지 아니하리라"(창세기 3:4).

이런 사단의 유혹 작전을 표현하자면 짝퉁 질문이었고, 답변 또한 짝퉁이었다.

우리는 속지 말아야 한다.

사단은 우리 인간보다 한수 위라는 것을 기억해야 한다.

성경에서 보면 하나님의 역사에 도전하는 사단이 하나님의 능력을 모방한 짝퉁 역사가 많이 있다. 이제 사단은 교회를 파괴하기 위해서 교인들의 마음을 짝퉁 이론으로 만들어 놓는 것이다.

그런데 이런 움직임이 느껴졌다.

신앙생활을 잘해 보고자 하는 사람들도 있었는데 대세의 눈치를 보는 사람도 있었다.

세상에서는 "목소리 큰 사람이 이긴다"는 말이 있다. 역시 그랬던 것 같다. 말발이 세고 그 나름대로 통솔력이 있는 C 집사라는 분 중심으로 모이는 것 같았다.

내 마음은 불안했었다.

나는 내가 설 자리를 잃어버린 것 같았고, 한 주일 한 주일이 멍에를 메는 것 같이 무겁게 느껴졌다.

우리 아이들은 아무것도 몰랐다. 그런데 교인들이 인사를 받지 않는 것이 아이들에게 혼돈이 왔던 것이다. 교회에서 교인들을 만나면 "어떻게 해야 되는냐?"라고 질문했다.

대답할 말이 궁색했다. 그렇다고 아이들에게 시시콜콜 말해 줄 수 없고…. 그래서 우리는 아이들에게 이전과 변함없이 교인들에게 인사를 잘하라고 당부했다.

"너희들은 누가 너희에게 어떻게 대하든지, 인사를 받지 않아도 신경 쓰지 말아라. 교인들이 집에서 안좋은 일이 있으면 인사 받는 것도 잊어버릴 수가 있단다."

이런 식으로 아이들을 타이르면서 예의를 지키도록 했다.

그런데 어느 주일 아침이었다.

그날도 역시 분위기가 살벌하며 심상치 않았다.

교인들이 밖에서 삼삼오오 여기저기 모여 있는 것을 보았다.

그리고 무슨 대화를 서로 나누는지? 물밑 작전을 하는지? 도무지 알 수 없었다. 그런데 예배드리는 시간에 예배드리는 태도가 영 말이 아니었다. 일어나고 앉고 하면서 찬양하고 기도하며 예배를 드리는데, 몇 분은 그냥 앉아서 서로 말을 주고받고 있었다.

내가 주보를 나누어 주기 때문에 뒤에 있는 것을 다 알고 있었으나 아랑곳하지 않았다. 그런 분위기에서 예배가 다 끝났다.

남편이 축도를 끝내고 송영이 흘러 나올 때 교회당 문으로 가려는데 Mother Church의 James 목사님이 급히 와서 남편을 나오라고 했다. 그리고 사모와 함께 차에 타라고 하셨다.

"왜 그러는데요?" 했더니 빨리 차에 타게 하고 우리 부부를 태운 차는 속히 교회를 떠났다.

차가 한참 교회를 벗어난 후 그 이유를 물었더니, 오늘 교인들이 큰 일을 벌일 것이라는 것이었다.

우리가 거기 있으면 큰 봉변을 당할 수 있기에 위험해서 우리를 피신시킨다는 것이다.

열심 교인들

실상 미국 사람들은 한국 교회를 도무지 이해하지 못한다.

미국 교회는 한인 교회에 어떤 문제가 있는지 전혀 알지 못했다. 누구도 말하는 사람이 없기 때문이다.

우리는 매 주일마다 미국 교인들이 대예배를 드리고 끝나면 우리가 Switch 하여 예배를 드린다. 그런데 미국 교인들이 예배드려야 할 우리 교인들이 여기저기 므여서 말하는 것을 보았단다. 그 중에는 영어를 사용하는 분도 있었기 때문에 이상한 눈치를 챈 것이다.

James 목사님의 말에 의하면 "목사에 대한 험한 욕"을 하는데 큰일이 터질 것 같은 분위기라는 것이다. 물론 그런 일이야 일어나지 않겠지만 미국 사람들은 좀 겁이 많다고 할까? 그러나 디국인들은 교회에서 이런 사태가 벌어지는 것을 절대 상상도 못했고, 이해할 수 없는 일이었다.

그래서 우리를 피신시켰다는 것이다. 그러나 아이들 걱정을 하니까 자기네 집사들에게 이미 아이들을 보호시켰다는 것이다.

한참 어딘가로 데리고 가더니 시간이 늦었지만 식사를 하자면서 우리에게 점심을 사주었다.

미국 사람들은 참으로 순진한 것처럼 느껴졌다. 그래서 우리 교인들의 거침없는 험한 말에 큰 충격을 받았던 것이다.

이렇게 하여 우리가 늦은 오후에 집으로 돌아왔다.

집에 도착했는데 아이들이 없어서 나는 심히 걱정이 되었다. 한참을 기다렸는데 세명 아이들이 줄줄줄 들어오는 소리가 들렸다.

그런데 아이들이 얼굴이 굳어서 들어오는 것이었다.

나는 순간 아이들이 어떤 상처를 받지 않았는지 무척 겁이 났다.

아이들은 목사의 자녀들로서 목회라는 한배를 타고 인생항로를 하고 있는데 어린아이들에게 목회로 인한 상처를 겪게 하고 싶지 않았다.

좀 있다가 아이들이 집에 들어왔는데 큰 딸 정수가 울면서 말을 꺼냈다.

"아빠, 아빠가 교인들에게 무슨 잘못을 했어?"하고 우는 것이다.

남편은 그 상황은 잘 모르지만 '무슨 일이 있었구나'하고 짐작한 듯 눈을 감고 있었다.

나는 너무 답답해서 "왜? 무슨 말을 들었니?"라고 딸에게 물었다. 한참 울면서 조용해지더니 말을 시작했다.

"엄마 아빠 어디 갔었어?"

"James 목사님이 급히 우리를 어디 데리고 갔었어. 그런데 무슨 일이니?"

"어떤 교인이 나에게 아빠 못 보았니? 하고 물어서 잘 모르겠다고 대답했지. 그런데 C 집사님이 돌아다니면서 아빠를 찾다가 없으니까 큰 소리로 막 욕하다가 찾기만 하면 아빠를 죽이겠대. 아빠가 무슨 죽을 만큼 큰 죄를 지었다면 안 되는 것 아니야?"

"아빠가 없으니까 그분이 화가 나서 그렇게 말을 했을 거야. 어른들은 화나면 죽인다는 소리를 해."

"미국 집사님이 그런 소리를 다 들었어. 그리고 미국 집사님이 우리를 사무실로 데려갔어."

난 이 소리를 듣자 정말 기진맥진하고 내 몸과 정신이 다 풀어지는 것 같았다. 목회가 영적 전쟁이라고 하지만 그때부터 나는 마음도 안정할 수 없고 평안을 잃어버리게 되었다.

그 당시는 정말 한 시간도 이곳에서 살고 싶은 마음이 없었다. 그래서 나는 그만 마음고생으로 앓아 눕게 되었다.

난 아직도 그 때 그 상황을 잘 모른다.

영적으로 사탄이 목사와 교인들 관계를 훼방한 것으로 알고 있었고 목사님의 목회 경험 부족과 교인들의 이해와 배려 부족이 빚어낸 사건이라고 생각했었다.

주 안에서 사랑과 이해로 얼마든지 넘어갈 수 있는 일이었을텐데 왜 그렇게 확대되었는지… 참 안타까운 일이었다고 생각했다.

그렇게 한 주간을 앓고 주일날 예배드리려고 교회에 나갔다.

그런데 널빤지에 "Korean Church No, More"를 크게 써서 X자로 문에다가 붙여 못을 박아 놓았다. 그 문은 우리가 예배드리러 들어갈 때 사용하는 문인데 결국 교회는 문을 닫게 된 것이다. 아무리 교회 개척이라고 하지만 이렇게 위험한 분위기의 한국 교회를 원하지 않는다는 뜻이다. 다시 말하면 미국 교회에서 졸지에 한국 교회가 쫓겨나게 된 것이다.

모든 것이 우리 부부의 부족 때문이었다.

어찌되었든 교회는 목사에게 맡겨 주신 목장이다.

그런데 남편은 하나님 중심 목회, 말씀 중심 목회를 잘 해보려고 했던 것이 교인들이 적응하지 못하고 또 남편이 목회에 미숙한 것이 화근이 되었던 것이다.

이 지경이 된 것은 훈련되지 않은 교인들을 잘 교육하고 훈련하는 것이 없는데…. 모든 게 목사의 책임이다. 결국 교회의 믄을 닫게 된 것은 미국 교인들이 아니라 목사의 미숙한 목회 때문이라고 말해야 할 것이다.

양들은 미련하고 시력이 약해서 앞을 내다보지 못한다. 그래서 양들은 양끼리 똘똘 뭉치는 것이 아닌가. 낭떠러지가 어딘지, 계곡이 어딘지 분간하지 못하고 서로 꽁무니만 보고 따라다니니까 말이다. 그래서 목자가 필요한 것이 아닌가.

그 당시 우리에게 맡겨진 양들이 어디에서 입양되어 왔든지 간에 말이다. 그러나 이것은 사단의 공격이었으며, 또 사단의 승리로 끝난 것 같았다. 사단은 교회를 파괴시키고 목사를 형편없이 낭떠러지로 추락시켰다. 우리는 완전히 실패자였다. 서로의 언어 문화를 이해하지 못하는 점을 이용해 사단이 공격했던 사건이다.

결국 사탄은 경험 부족한 목사를 낭떠러지로 추락시켰고 교회를 공중 분해시켰던 것이다.

후일 나는 이런 교회와 목회에 관한 문제에 대해서 깊이 깨달은 것이 있는데 분명한 것은 교회가 세워지고 운영되는 것은 성령께서 하신다는 사실이다. 그래서 중요한 것은 영적인 신앙이냐? 인본적인 신앙이냐? 이다.

교회는 세상 단체가 아니라 영적인 공동체라는 것을 놓치지 말아야 한다.

내 생각에는 목사님이 첫 목회이므로 모든 배운 말씀대로, 정석대로 하려던 것이었는데, 오리려 사탄은 믿음없는 교인들과 경험 없는 목사를 한바탕 휘젓고 교회를 공중분해 했던 것이다.

결국 영적으로 무장되지 못한 양쪽은 그만 사탄에게 교회를 빼앗기고 말았다.

05

주여, 어찌 하오리이까?

결국 우리의 교회가 졸지에 교회 문이 닫히고 미국 교회에서 쫓겨난 신세가 되었다. 양들은 뿔뿔이 흩어져 버렸고 우리는 목장을 잃은 목자가 되었다.

순식간에 허리케인을 맞은 것처럼,

회오리바람이 할퀴고 간 것처럼,

쓰나미가 싹 휩쓸고 간 것처럼.

그 당시 우리의 목회 현장은 남김없이 초토화되어 버렸다.

우리 부부는 말을 잃어버렸다.

두 다리를 뻗고 앉아서 울고 또 울어도 답이 없었다. 도대체 지금 내가 무엇을 위해서 울고 있는가 말이다.

그저 나의 영혼에는 상처로 가득 찬 것 같았다

내 마음은 방향을 잃었고 생각의 질서마저 잃어버렸다. 마치 바보가 된 것같이, 해골이 텅 빈 것같이, 바람빠진 타이어처럼 사람이 멍해져 있었다.

우리 부부는 예수 믿고 한 교회를 섬기고, 그곳에서 신앙 훈련했고, 주의 종으로 부름을 받았다. 그래서 신앙생활의 어떤 풍파를 잘 모른다.

그리고 하용조 목사님 밑에서 정석으로 신앙 교육과 교회생활 훈련을 받았기 때문에, 어떻게 보면 온실에서 자란 화초 같은 신앙생활이었다고 말할 수 있다.

하나님의 교회에서 어찌 이런 어처구니 없는 사건이 발생할 수 있는가?

그런데 안타까운 일은 '어찌 이렇게 아무 손도 쓸 수 없이 무능한 채로 쫓겨나야 하는가'이다.

그리고 하나님은 또 어찌 이 일을 그렇게 묵과하셨는지….

사랑하는 교인들

과연 하나님은 이런 상황을 어떻게 보고 계실까?

이 상황에서, 경험도 부족하고 모든 것이 부족한 우리를 잘 아시는 주님께서 왜 한 말씀도 않으시고, 왜 지혜도 주시지 않았던가?

정말 우리는 목회를 위하여 Calling 받은 사람들인가?

정말 그분들은 하나님께서 우리에게 맡기신 양들이었을까?

정말 우리에게 맡기신 양들이라면 왜 이렇게 흩어지게 내버려두셨을까? 이제 모든 것이 사라진 이 현장에 서서 앞으로 우리는 어떻게 해야 하는 것일까?

우리는 참패자들이었다.

내가 왜 이 Tampa에 와서 이런 창피와 고통을 당하는지?

그 후회와 고통스러움을 말로 다 표현할 수 없었다.

교회를 잃어버린 우리는 온 가족이 함께 여기저기 미국 교회에 가서 예배를 드렸다.

아이들도 말은 하지 않아도 이런 상황을 이상하게 생각하고 있었다.

"엄마, 왜 우리 교회를 가지 않는 거야? 왜 다른 교회에 가서 예배를 드려야 해?"

아이들에게 무엇이라고 말을 해야 할지…. 도무지 할 말을 잃었다.

이렇게 하여 우리 가족은 다른 미국 교회에서 약 2개월가량 예배만 드리게 되었다.

나는 "도대체 목회한다면서 교회가 공중분해되었는데 과연 이것이 무엇이냐?"고 남편과 다투었다.

미국 교회에서 쫓겨난 뒤 우리 교회는 자취가 없어졌다.

내가 이런 일을 당하려고 한국의 내 모든 생활을 포기하고 여기까지 왔느냐 생각하니 정말 기가 막혔다.

교회가 생기는 것은 하나님의 뜻이 아니면 설립될 수 없다고 믿는다. 그런데 이렇게 하루아침에 교회가 공중분해가 된 것을 어떻게 생각해야 되는 것일까?

도무지 하나님의 뜻을 알 길이 없었다.

참으로 어처구니없는 처지가 되었고 모든 것이 허탈하게 되었다. 도무지 정신을 차릴 수가 없었다. 졸지에 당한 일이라서 이 상황을 분별할 지혜를 얻을 수 없던 것이다.

무엇을 어떻게 어디서부터 생각하고 정리를 해야 할지 정말로 이 상황을 벗어나 도망가고 싶은 심정이었다.

한국에서 이런 상황을 알게 되면 도대체 우리가 무엇 때문에 미국에 갔는지? 얼마나 한심하게 생각하겠는가.

인간적으로 생각하면 부끄럽기 짝이 없었다.

서울의 교인들도 우리를 어떻게 생각할까?

정말 우리의 상황이 수치스럽게 느껴졌다.

전쟁에 나가는 출전 용사처럼 박수와 격려를 받으며 환송했던 교인들이다. 서울의 교인들은 이민 목회가 이러리라고는 상상도 못했을 것이다.

나는 두려움과 수치와 혼돈과 고민의 수렁에 깊이 깊이 빠져들기 시작했다.

'기도해야 한다.'

누가 모르나!

그런데 우리는 기도할 내가 섬길 교회를 잃어버린 것이다.

'집에서 기도하면 되지 않느냐?'

이렇게 말할 수 있을 것이다.

솔직하게 말하면 이런 상황에 빠지니까 뜨거운 기도는 커녕 울고불고 신세타령만 나왔다. 실제로 기도가 제대로 되지 않았고, 또 어떻게 기도해야 할지 그 방향을 잃어버리게 되었다.

이렇게 난파선에서 허덕이는 것 같은 상황에서 뜨거운 기도를 할 수 있다면 대단한 사람이다.

한치 앞도 내다볼 수 없는 상황이 되니까 나는 주의 종이 아니라 평신도보다 연약한 자가 되어버렸다.

하나님은 나의 신앙의 정도를 물론 다 아시지만, 이런 급박한 상황이 나의 부족과 연약함과 훈련되지 못한 주의 종으로서의 모습을 그대로 들여다볼 수 있는 기회가 되었다고 고백한다.

무엇인가 우리에게 향하신 하나님의 뜻이 있어 엄청난 일을 경험했다고 후일 생각해 보았다. 그리고 남편을 보면 "이제 우리 어떻게 해요? 이곳을 떠나야 해요?"라고 했다.

앞날이 보이지 않고 눈앞이 캄캄했다.

그리고는 별의별 생각이 다 들었다.

'다시 한국에 나갈까? 큰 도시로 떠나 볼까?'

'어떻게 할까? 그런데 지금 우리가 무엇을 하고 있는 것인가?'

'인생 중반의 언덕에서 우리는 왜 이렇게 멈추어 서 있는 것인가?'

만약 한국으로 다시 들어간다면 어떻게 되는 것일까?

우리는 실패자의 낙인이 찍혀서 가게 될 것이다.

우리에게 기대를 가지고 있던 이웃들은 우리를 어떻게 볼 것인가?

불신 가족들도 있는데, 그 가족들은 또 우리의 상황을 어떻게 생각할 것인지?

또 아이들은 어떻게 하나?

이제 막 학교에 적응하려고 애쓰는 중이었는데, 한국으로 다시 들어간다면 아이들이 어떻게 반응하고 학교에서 어떻게 적응할까?

인생은 연습해보는 것이 아니다.

난 무엇을, 어떻게 기도해야 할지 기도의 내용도, 목적도, 기도의 방향도 잡을 수 없었다. 그저 앉아서 초점이 풀린 눈으로 허공만 바라보며 울고 있었다.

이리갈까? 저리갈까?
　아니면 돌아갈까?

난 내가 왜 이곳까지 왔는지 모르겠다.

또 내가 왜 이런 상황을 만나야 하는지 도무지 알 수 없었다.

나는 바보가 되어 버렸다.

"주여, 어찌하오리이까?"

06

갚바를 모르고 있었는데…

인간은 한치 앞도 알 수 없고, 앞날을 예측할 수 없고 내다볼 수 없다.

졸지에 교회를 잃어버리게 된 목회 실패자가 될 줄은….

그나마 모아 주셨던 양들이 다 흩어지고 목회를 빼앗겨 버렸던 무능자가 된 것이다.

이런 상황 속에서 난 그때부터 정신 나간 사람처럼 되어 버렸다. 남편이 원망스럽고 남편이 밉기 시작했다. 내가 그렇게 오기 싫어했던 것이 바로 이 사건으로 증명이나 된 것처럼 말이다.

그래서 남편에게 그동안 품었던 불만을 다 토해내기 시작했다.

"내가 뭐라고 그랬어요!"

"오기 싫다고 말하지 않았어요!"

"이렇게 참패를 당하는 것이 하나님의 뜻이었어요?"

"집안 살림을 다 내동댕이치고 알몸으로 미국까지 와서 이제 어떻게 하자는 거예요?"

나의 빗발치는 듯, 쏟아내는 불평과 공격을 침묵으로 받아내는 남편! 그것이 더욱 미웠다.

남편은 아침에 일어나면 나가버렸다.

바닷가로 낚시를 하러 다녔다.

바다를 보면서 기도하러 다녔는지, 아니면 바다를 보면서 하나님께 원망을 했었는지, 도무지 알 수 없지만 나는 나대로 엄청난 스트레스로 미칠 것만 같았다. 속시원하게 남편과 부딪쳐서 싸움이라도 하고 싶었다.

그런데 남편은 "소귀에 경 읽기" 식으로 아무 말도 하지 않으니 더욱 미칠 것만 같았다.

한국이나 큰 도시 같으면 기도원도 갈 수 있는데….

나도 나대로 아이들을 등교시키고 난 뒤 가까운 바닷가에 가서 차를 세워 놓고 울면서 기도했다.

그것은 통곡에 가까운 울부짖음이었다.

차 안에서는 아무리 부르짖어도 듣는 사람도 없고 보는 사람도 없으니 말이다.

나는 누구인가?

과연 내가 사모인가?

나는 내 위치조차도 의심이 갈 정도였다.

내가 왜 이렇게 비참하게 무너져 가는 것일까?

어떻게 나를 진정시킬 수가 없었다.

어떻게 기도해야 하는 것인지? 무엇을 기도해야 하는 것인지?

기도하려고 머리를 조아리면 눈물만 나오고 아무 생각없이 머리가 하얗게 되는 것 같았다.

나는 하나님이 인도하시는 길이 보이지 않으니 일단 여기를 떠나자고 말했다. 그러는 중에 이런 소식이 목사님의 친구들이랑 또 나와 가까운 지인들에게 전달되었다. 이런 엄청난 소식을 들은 친구들은 빗발치듯 전화통이 불이 났다.

교회가 일순간에 붕괴된 사연을 듣고 싶어서 전화를 해온 친구도 있었고, 우리를 잘 아는 친구들은 큰 도시로 오라는 Love Call을 하기도 했었다.

나는 '아! 여기에 하나님의 뜻이 있나 보구나!' 생각했었다.

그리고 우리보다 훨씬 선배 목사님이신데, 평소에 우리를 너무 사랑해 주신 분이 이곳 Tampa 우리 집까지 찾아오셨다.

위로차 오셨지만 당신의 교회를 맡겨 주시겠단다.

그 교회는 북쪽에 있는 교회인데 당신이 한국에 나가신단다.

그래서 우리 목사님에게 목회를 넘겨주시기를 원하신단다. 정말 그분의 발걸음과 그 말씀이 우리에게는 하나님의 인도하심과 같이 여겨졌다.

그래서 나는 흥분이 되어 말했다.

"여보, 여기에 길이 있었나 봐요. 우리, 기도 많이 하고 떠납시다."

남편은 대답이 없었다

그 목사님은 우리의 대답과 결정을 기다리고 있었다.

그런데 남편은 헤어지면서 "기도하겠습니다"만 대답을 하고 아무 응답도 하지 않았다.

나는 재촉했다. 그런데 남편은 그 목사님에게 "아직 마음에 준비가 안 되어 있습니다" 하고 한국 갈 시간이 바쁘니까 딴 목사님을 청빙하시라고 자신의 의사를 전달했다.

나는 남편이 이렇게 결단한 것에 대하여 참으로 답답했다.

나의 미련한 생각으로는 '불난 집에 불부터 꺼야 하지 않겠는가' 하는 생각이었다. 그러나 남편의 생각을 완전히 달랐다. 마음에 평안이 없다는 것이다.

남편은 계속 기도하자고 했다.

나는 기도의 목표를 잃고 또다시 마음에 불안이 요동치고 있었다. 이렇게 지내는 하루 하루는 정말 피를 말리는 것 같았다.

그런데 또 이런 일이 있었다.

LA에서 목사님의 가까운 친구가 소개했던 일이다.

그 교단의 총회장 되시는 분이 우리 집에까지 먼 거리를 찾아왔다. 우리가 무엇인데, 우리는 목회 초보자이며 실패자에 지나지 않는다. 그런데 무엇 때문에 그런 분이 LA에서 돈을 써가면서 이곳까지 찾아왔을까?

그 이유는 교단 확장을 위해서 참신한 주의 종을 찾고 있었다는 것이다. 그래서 교회를 개척해 주고 지원해 주시겠다는 것이다.

정말 그 교단에서의 제안은 너무 근사했다.

그 당시로는 LA에서도 생활비가 넉넉했던 액수였다. 그리고 그밖에도 더 좋은 조건이 있다는 것을 말씀해 주셨다.

나는 눈이 밝아지는 것같이 좋았다.

'하나님이 이 Love Cal.을 위해서 목회를 이렇게 정리하셨구나' 하면서 꿈에 부풀어 있었다.

그 총회장님이 가시고 난 뒤 내 마음은 이미 LA로 가 있었다.

그리고 남편에게 기도하면서 갈 준비를 하자고 보챘다. 그분이 집으로 돌아가시고 난 뒤 "움직일 준비는 하고 있느냐?"라고 계속 전화가 왔다.

나는 아무 말도 안 하고 어떤 행동도 하지 않는 남편이 너무 답답했다. 드디어 남편이 입을 열었다.

"나는 LA로 갈 수 없소. 하나님의 뜻이 아니야."

그 말을 듣는 내 마음이 어떠했겠는가?

남편이 비정상적이며 무언가 잘못되어도 한참 잘못된 사람처럼 여겨졌다.

"사례비도 중요하지만 먹기 위해 돈을 보고 가면 하나님 앞에서 삯군 목자가 되고 말 것이요. 만약 한번 허락하면 또 다른 어려움이 생길 때 돈을 따라가는 일을 쉽게 결정하게 되겠지요. 늦게 부름 받은 종이 상황따라 다니면서 어떻게 주의 인도를 받을 수 있겠소? 우리를 생각해 주는 주변 친구 목사님들이 너무 고맙지만 역시 사람의 도움이기 떠문이오."

남편은 이런 이유들로 인하여 가지 않겠다는 것이었다.

또 그런 일이 있은 지 얼마 후, 애틀랜타에 와서 교회를 개척하자는 제의를 받았다. 남편과 전부터 개인적으로 잘 알던 분인데, 남편이 목회를 쉬고 있다는 소식을 듣고 오라고 했다.

나는 한번 가서 만나보고 이야기를 들어보자고 했다.

그래서 날짜를 만들어서 올라갔다.

그리고 개척 준비를 하자는 말을 듣고 내려왔다.

나는 차 안에서 남편의 의향을 듣고 싶었다.

"어떻게 생각하세요?"

"글쎄, 믿음이 가지 않아."

"왜요?"

"남의 믿음을 평가하는 것 같아서 미안한데, 그분은 개척할 만한 믿음이 아닌 것 같소. 교회 개척은 돈만 가지고 세워지는 것이 아니요. 그분은 그냥 내가 좋아서 같이 개척하자는 것이요. 교회가 세워지는 것은 목사와 성도가 함께 영혼 구원에 대한 목적이 확실해야 하고, 세우는 자가 구원사역에 대한 열정과 그에 따른 물질적 헌신의 결단이 있어야 해요."

그렇다. 교회를 개척하려면 확고한 믿음의 터 위에 교회가 세워져야 한다. 아무리 우리가 그분과 가깝고, 경제적인 능력이 있어서 물질 헌신을 많이 하는 분이라도 그것은 아니라는 것이다.

물론 지당하신 말씀이다.

나도 당연히 남편의 의견에 동의한다.

그렇다면 하나님께서는 이제 우리를 어떻게 인도하실 것인가?

하나님의 침묵을 '기다리라'는 또 하나의 명령으로 믿으면서 말이다.

07

Skipper 목사님이 만나자고 했다

우리는 참으로 캄캄하고도 고통스런 긴 터널을 지나고 있었다.

인생을 낭비하는 것 같았고, 미래가 보이지 않는 답답하고 숨 막히는 시간들이었다.

그러던 어느 날 남편이 나에게 말을 꺼냈다.

Skipper 목사님이 만나자고 한단다.

'우리를 내쫓아놓고 왜? 무엇 때문에 만나자는 것일까?'

나는 "무엇 때문에 만나재요?" 하고 물었다.

"그거야 나도 모르지. 아무튼 만나보면 알겠지."

그리고 남편은 약속 시간에 약속 장소로 나갔다.

한참 후에 남편이 집으로 왔다. 난 너무 궁금해서 물었다.

"무슨 일로 만났어요?"

"목사님이 우선 나에게 미안하다고 사과했어."

"뭐가 미안하대요?"

Skipper 목사님은 한국 교회가 무언가 이상하게 여겨졌다고 한다. 그리고 한국 교인들을 위험한 사람들로 생각했던 것을 미안하다고 고백했단다.

교회가 존재도 없이 사라진 지 2개월이 지난 어느 날, Skipper 목사님에게 한 교인에게서 전화가 왔단다.

그분은 우리 교회에 나오시던 의사이시다. 그분은 교회 예배에 참석하시고 그냥 돌아가시기 때문에 평소에 교제가 별로 없었다. 그런데 그분은 오 목사님이 처음 시작하는 목회를 참 순수하게 생각하고 있었단다.

그분이 "왜 교회의 문을 닫았느냐?"고 미국 Skipper 목사님에게 질문했단다. 그래서 Skipper 목사님은 자기의 생각을 말해 주었다고 했다.

목사님의 말을 들은 박사님이 교회 개척상에서 미국 사람들의 신앙 정서와 한국 사람들의 신앙의 정서가 다른 것뿐이고 절대로 위험한 일이 아니라고 설명했단다.

그 말을 들은 Skipper 목사님이 한국 교인들에게 엄청난 실수를 한 것 같아서 만나자고 했단다. 뿐만 아니라 오 목사에게 교회를 닫고 교인들을 몰아낸 것에 대해 미안하게 생각한다고 말씀했단다. 그런데 그 의사분이 만약 미국 교회에서 다시 교회의 문을 열어주면 자기도 교회에 출석하겠다고 말했단다.

이 말을 들은 Skipper 목사님이, 교회의 문을 닫았던 것에 대하여 하나님 앞에 잘못한 것을 깨닫고, 오 목사님과 한국 교인들에게도 미안함을 갖기 위해서 만약 오 목사가 목회를 다시 시작하겠다면 문을 활짝 열어 주겠다고 말씀하셨단다. 그리고 남편에게 다시 교회의 문을 열어줄 것이니 기도한 후 결정되면 연락해 달라고 말씀했단다.

그래서 나는 남편에게 "당신은 무엇이라고 목사님께 답하고 왔어요?" 하고 물었다.

남편은 일단 고맙다고 하고 기도해 보겠다고 헤어졌단다.

개척을 다시 한다는 뜻인데 문제는 교인이 있느냐이다.

교인도 없고, 아무것도 없는데 어떻게 교회를 운영하겠는가?

그런데 남편은 Skipper 목사님의 제의를 생각하는 것 같았다. 만약 Skipper 목사님 제의를 받아들이면 엄청난 희생이었다. 일단 교회가 개척이 되려면 교인이 있어야 한다. 그리고 예배드릴 교회가 있어야 하고 개척할 재정적 능력이 있어야 한다.

그래서 나는 또 고민에 빠지게 되었다.

목회는 남편이 하는 것인데 도대체 전무한 상태에서 어떻게 하자는 것인지 답답하기 그지없었다.

그렇게 몇 날이 지난 뒤 남편은 나를 불러 놓고 조용히 말을 시작했다.

"여보, 내가 기도하면서 받은 생각인데 이것이 하나님의 뜻이라고 믿어지네. 물론 상황이 너무 힘들고 어렵다는 것과 아무것도 없는 현실이라는 것 잘 알고 있어. 그러나 지금까지 하나님이 우리에게 주셨던 것들이 있지 않소. 그것을 하나님께 되돌려드려서 교회를 개척합시다. 즉 순수한 희생으로 하나님의 교회를 세워 드리자는 말이지. 말할 수 없는 희생이지만 하나님을 위한 삶을 지금부터 시작하자는 뜻이야."

나는 남편에게 답답한 마음으로 물었다.

"여보, 앞날이 보장된 길도 있었는데, 하필이면 모든 것을 희생하면서 자비량 개척을 해야 해요? 좀 쉽게 살면 안 되나요? 나 너무 힘들고 지쳐서 살 소망이 없어지는 것 같아요."

그랬더니 남편의 대답이 나를 꼼짝 못하게 묶는 것 같았다.

"여보, 우리는 지금 세상 일을 하는 것이 아니예요. 하나님의 나라를 세우는 사람들이예요. 그런데 만약 우리가 하나님 앞에 섰을 때, '내가 너희들에게 준 목장을 어떻게 하고 왔느냐?' 라고 물으시면 내가 무슨 답을 하겠어요? '버리고 왔어요' 또는 '문을 닫아서 다른 데서 일하다 왔어요'라고 대답하겠소?

만약 하나님이 주신 목장을 버리고 내 뜻대로 다른 곳에 갔다면 하나님이 과연 기뻐하실까? 나는 아무것도 없는 곳이지만 하나님이 주신 첫 목장이기 때문에 떠나는 것은 주의 종의 자세가 아니라고 생각해요.

내가 만약 돈을 따라 다닌다면 나는 삯군 목자가 되고 말 거야. 그러니까 희생이 되어도 하나님이 정해 주신 목장에서 순종하면 하나님이 보시고 다 갚으실 거요. 그리고 이렇게 교회가 세워져야 교회다운 교회가 세워질 것이라는 믿음이 내 마음에 있어요. 이제부터 이 목표를 가지고 당신이랑 함께 기도합시다."

나는 그 말을 들을 때 처음에는 잘 받아들여지지 않고 소화가 되지 않았다. 남편의 이 믿음은 참으로 귀하고 귀한 믿음이다. 나도 그 정도는 잘 아는 사람이다. 그러나 자비량 개척이 말처럼 쉽게 되는 것도 아니고, 개척하는 이곳은 한국이 아니고 미국이다.

나는 또 눈앞이 캄캄해지는 것 같았다. 도저히 미래가 보이지 않는 것 같았다.

나도 믿음으로 '믿습니다'라고 말하면서 나가고 싶다.

그러나 삶은 현실이다.

당장 먹어야 살 수 있다. 아이들 교육도 눈 앞에 있다.

이 땅에서의 삶은 하늘의 만나만 먹고 사는 것이 아닌 것이 현실이다.

그러나 내가 어떤 대답을 하지 않아도 남편이 기도하고 진행하는 대로 그냥 따라야 했다.

이렇게 남편이 어떤 Love Call에도 흔들리지 않았던 것은 참으로 귀한 결단이었다. 먹고 사는 것을 위해 교단을 바꾸지 않았고, 돈을 따라 삯군 목자가 되지 않았다. 그 점에 대해서는 나도 남편을 칭찬하고 그 믿음을 존경한다.

이런 영적 전쟁의 악순환을 거듭하면서 나는 기도생활이 약해졌지만 나도 주의 종이다. 남편의 그 확고한 목회관 앞에서 기쁘지만은 안았지만 순종하지 않을 수 없었다. 그리고 내 마음을 잡아 달라고 기도했고, 자비량으로 우리의 모든 것을 희생하여 드리는 일에 마음이 헌신되도록 기도했었다.

평소에 나는 드리는 일에 대해서는 열려진 사람으로 생각했었다. 그런데 자비량 개척에 대해서 이렇게 마음이 무겁게 생각되어지는 것은 왜 그런지 정말 나도 나를 모르겠다.

"자비량."

그것은 먹고 사는 것만 부담하는 것이 아니라, 개척 교회의 모든 운영까지 책임져야 하는 희생이었다.

　나에게 이 현상은 무거운 멍에였고, 무거운 십자가가 되어서 내 마음을 무척 무겁게 하고 있었다. 그러나 실상 내 마음은 행복하지 않았어도 남편의 뜻을 거역할 수 없었기 때문이다. 그래서 자비량 개척이라는 큰 희생을 안고 또다시 한발 한발 나가야만 하는 상황 앞에 서게 되었다.

주여 인도해 주소서

08

드디어 교회 문이 열렸다

이제 교회 문이 열렸으니 예배를 드릴 교인들을 찾아야 했다. 그래서 먼저 의사 부부에게 전화를 했다.

"박사님, 감사합니다."

그분이 그 상황을 말하지 않았으면 교회의 문이 열려질 이유가 없었다. 그런데 그분이 개척 상황을 잘 설명해 줌으로 오히려 Skipper 목사님이 오 목사님에 대해서 목사로서 목사의 고충을 이해해 주지 못한 것을 미안하게 생각했던 것이다.

박사님은 "나한테 감사할 일이 아닙니다. 하나님이 목사님과 교회를 지키셨지요"라면서 어떻게 할 것이냐고 물었다.

목사님이 대답을 했다.

"하나님의 인도하심을 믿고 무에서부터 다시 시작하겠습니다."

그 말을 들은 박사님 부부는 너무 좋아하면서 "정말 감사합니다. 이제 우리 부부도 한국 교회에서 예배드릴 수 있어서 너무 기쁩니다"라며, 그분은 목사님에게 '하나님의 뜻'으로 믿는다고 하면서 힘있게 일하라고 용기를 주었다.

그래서 그분이 대화할 수 있는 몇 분에게 전화해서 교회에 나오라고 인도를 했다.

이렇게 하여 약 2개월이 지난 후, West Shore Baptist Church에 다시 한국 교회가 들어가게 되었다. 그리고 Skipper 목사님이 주선해 주셔서 교단으로부터 5년간 지원금을 받도록 해주셨다.

그 지원 금액이란 첫해는 매달 500불, 다음해는 400불, 300불, 200불, 100불로 5년간 지원하는 것이다. 그런데 우리가 미국 교회당을 빌려 쓰기 때문에 건물 사용료와 전기료, 수도료를 반반 부담했다.

우리는 헌금이 약하기 때문에 교단 보조비를 건물 사용료로 지불했고, 다른 지출은 우리가 부담하기로 했다.

그리하여 드디어 교회 문이 열리고 첫 예배를 드리게 되었다.

그 주일 아침 대예배 시에는 세 가정이 모여서 예배를 드리게 되었다. 그 박사님 부부와 식당하시는 부부와 우리 가정이었다.

성가대는 물론 없었지만 우리 가족이 성가대를 대신했다.

큰 딸이 피아노를 치고 둘째 딸이 솔로로 찬양함으로 성가대를 대신했다.

둘째 정은이가 올려드린 첫 예배의 찬양은 "저 멀리 뵈는 나의 시온성"이었는데, 나이가 어린 딸이었는데 왜 그 찬양곡을 선택했는지는 참 모르겠다. 그 찬양의 의미를 알고 부른 것은 아닐 텐데, 그 찬양을 부를 때 아빠도 울고 나도 울었다. 꼭 우리 부부에게 다시 시작하는 목회를 위해 하나님께서 들려주시는 위로의 말씀과 같았다.

이렇게 우리는 정성껏 의미 깊은 첫 예배를 드렸다.

그렇게 하여 우리는 새 마음으로 교회를 다시 시작하게 되었던
것이다. 교회가 다시 문을 열게 되었다는 소문이 솔솔 퍼져 나가
기 시작했다. 그렇게 하여 새로운 가정들이 한 가정, 한 가정 모여
들기 시작했다.

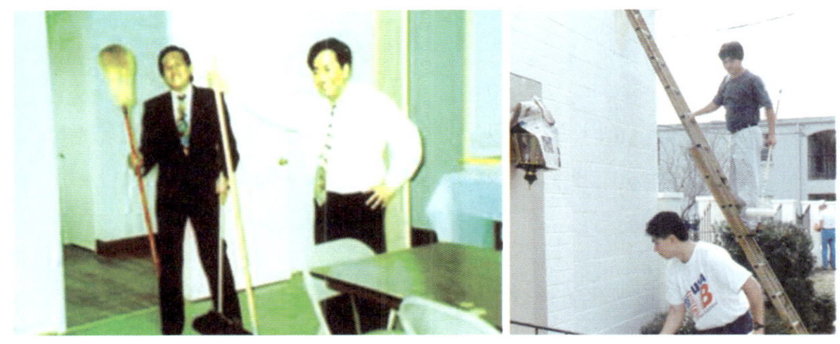

교회를 다시 세우는 마음으로

그리고 교인들은 어려움을 겪었던 것을 아는 분들도 있고 하여
모두 조심하는 것 같았다. 또 이사 온 가정들은 어떤 어려움이 있
었는지를 전혀 모르는 분들도 있었다. 이렇게 교회는 본격적으로
개척이 되고 있었다.

그런데 이 좁은 동네에서 이미 오 목사님의 이미지는 금이 갔었
기 때문에 전도하기가 힘들었다.

그렇지 않은가!

건강한 교회를 찾기 원하는 것이 교인들의 마음이다. 그런데 이
렇게 번개를 맞은 것같이 한번 상처받은 교회에 대한 인상이 그리

좋지를 않았다.

그때 교회에서 약 한 시간 떨어진 주변 마을인데 그곳에 사는 한인들에게서 전화가 왔다. 한 서너 가정 살고 있는데 교회를 찾고 있다는 것이다. 그래서 우리는 연락처를 받고 전화를 했는데 한번 심방을 와달라는 것이었다.

우리 부부는 거리를 생각할 필요가 없었고 운전하는 시간을 생각할 필요가 없었다. 그냥 주소를 하나 받아들고 그 집으로 찾아갔다.

국제 결혼한 젊은 부부였고, 동생과 함께 사는 가정이었다. 또 다른 분들은 국제 결혼 가정과 연세 드신 한국 부부가 사는 가정이 있었다.

이렇게 세 가정이 교회에 나오겠다는 것이다. 얼마나 기쁜지!

이렇게 그 지역에서 Tampa까지 교회에 다닌다는 소문이 나자 함께 따라서 나오는 교인도 있었다.

그때 교회에 나오기를 시작해서 지금까지 교회에 나오는 교인이 있는데 지금은 권사가 되었다.

자매가 함께 사는 가정은 이사를 갔고, 지금은 LA와 북쪽 어느 주에 살고 있다. 그리고 연세 드신 분은 양로원에 계시다가 돌아가셨는데 끝까지 내가 보살펴 드렸다.

또 Tampa에 사는 교민들 중에도 이사 와서 교회를 찾는 사람들도 한두 명씩 교회에 나오게 되었다.

이렇게 가면 교회 부흥은 쉽게 될 것 같은 느낌도 있었다. 그렇게 하여 교인 수가 10명도 안 되는 교회에서 점점 교인 수가 한 명씩 늘어나게 되었다. 정말 '하나님은 우리의 상한 마음을 이렇게 치유하시는구나'라는 마음이 들었다.

새로 구성된 여전도회

그런데 교인수가 늘어나는데 그렇게 평탄하지만은 않았다.

그 당시 플로리다라는 주는 휴양지로서 노인들이 사는 주로 생각했었다. 그리고 Tampa라는 도시는 플로리다 주에 있는 작은 시골 도시로서 한인들에게 정말 생소한 도시였다.

핸드벨을 장만해서 가르쳤다

사람들이 "어디서 사느냐?"고 물어서 "Tampa에 삽니다"라고 대답하면 "어디에 붙어 있는 도시입니까?"라고 할 만큼 사람들에게 전혀 생소한 작은 도시였다.

한국 사람들은 안 가는 도시가 없고, 정말 미국의 구석구석 작은 도시라도 한국 사람이 안 사는 곳이 없다. 그래서 이 Tampa까지 한국 사람들이 찾아오는데, 주로 대도시에서 실패한 사람들, 또는 직장을 잃고 이곳까지 와서 직장을 찾는 사람들도 있었다.

그리고 미국에 들어오기는 했는데, 한국을 나가지 않고 불법으로 체류하는 한인들이 찾아오던 곳이다. 그래서 우리 목사님은 그런 분들에게 직장도 찾아주고 일자리를 찾아 주는 일도 했었다.

아마 이런 현상이 개척 교회의 현상이 아닌가.

그래서 이런 상황에 더 익숙해져야 하는가 보다.

비록 남들은 이해하지 못해도 하나님의 교회가 세워지기만 한
다면 말이다.

09

눈앞이 캄캄했지만…

어떻게 생각하면 돈에 대한 말을 하는 것이 은혜스럽지 않게 생각될 수 있다. 그러나 자식들에게도 부모라는 뿌리가 있고, 나무에도 그 뿌리가 있어야 생명의 열매를 맺지 않는가.

이런 생각에서 이제는 말할 때가 되었다고 생각되어 그 당시 상황을 진솔하게 말해 보는 것이다.

물론 개척이 힘든 것은 분명한 사실이다.

개척한다면 개척 교인이 있어야 하고, 예배드릴 처소가 있어야 하고, 최소한의 재정이 해결되어야 할 수 있다.

이 기본 정도라도 준비된 상태라면 개척할 때 힘든 일들을 감당할 수 있었을 것이다.

그런데 우리는 다시 시작하는 입장이라서 누구도 재정적인 문제를 해결할 수 없었다. 그냥 매 시간 당면한 문제를 우리가 해결해야 했고 감당해야 하는 숙제였다.

그 당시는 재정적 부담이 싫어서가 아니라 앞으로 우리에게 어떤 결과를 가져올지 끝이 보이지 않는 상태였다.

사람들은 자비량 개척이라는 말을 참으로 쉽게들 말한다.

그러나 직접 경험해 보지 않은 사람들은 그 어려움과 심적 고통을 알 수 없을 것이다.

'어디까지? 얼마 정도? 언제까지? 어느 정도의 희생을 자비량이라고 말하겠는가?'라는 말이다.

그래도 감사한 것이 사업을 위해서 쏟아 붓다가 파산하는 것이 아니라는 것이다. 분명히 위로는 천국을 건설하는 데 올려진 재산이고, 이 땅에서는 주님의 교회를 건설하는 데 사용한 재산이었다.

우리는 이렇게 확실한 자부심과 영적인 의미가 있었기 때문에 자비량 희생을 할 수 있었다. 그것을 영적으로 말하면 천국 확장, 천국에 대한 믿음이었다고 할까?

"만일 그리스도 안에서 우리가 바라는 것이 다만 이 세상의 삶뿐이면 모든 사람 가운데서 우리가 더욱 불쌍한 자이리라"(계시록 15:9).

우리 속담에 "밑 빠진 독에 물 붓기"라는 말이 있다.

하루 하루 앞이 캄캄하고 괴로운 그 고통의 끝이 보이지 않아 정말로 답답하고 힘든 상태였지만, 우리에게 천국에 대한 작은 믿음이 없었다면 우리는 정말 미친 짓을 하는 사람들이며, 불쌍한 인생을 살아가는 세상에서 가장 미련한 사람들이었을 것이다.

　　그런데 나의 어머니는 천국을 소망하는 믿음이 아니었기에 많이 속상해 하셨다.

　　예수 믿으면 평안하게 잘사는 것을 원하신 분이었기 때문에 내가 이렇게 물질을 쏟아 붓는 것을 보시고 항상 "너 정신 나간 사람이 아니냐?" 책망하시면서 현실적인 걱정으로 "앞으로 어떻게 살려고 그러느냐? 자식들이 대학도 가야 하는데 왜 그렇게 정신 못 차리고 그렇게 사느냐?"라고 잔소리를 하시고 세상적인 걱정을 토해 놓으셨다.

　　그러니 어머니의 영적인 약한 믿음을 나무랄 수 없고, 나는 영적으로 그렇게 살아야 하는 입장이 참으로 힘들었다. 즉, 내 현실적인 상황과 어머니의 믿음 없는 잔소리 이 두 사이에서 '믿습니다'라고 밀고 나가기가 매우 힘들었다. 실은 이곳에서 교회 개척하는 일에 어머니가 정말 많은 도움을 주셨기 때문이다.

　　그런데도 계속 집을 팔아야 하고 돈을 가져가야 하는 것을 보시는 어머니는 그렇게 잔소리를 할 수밖에 없었다.

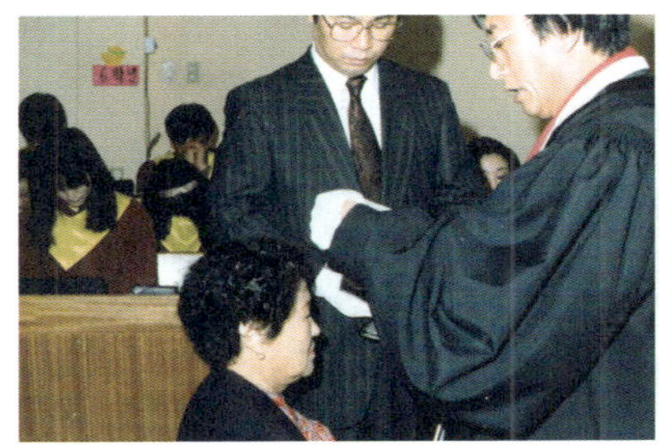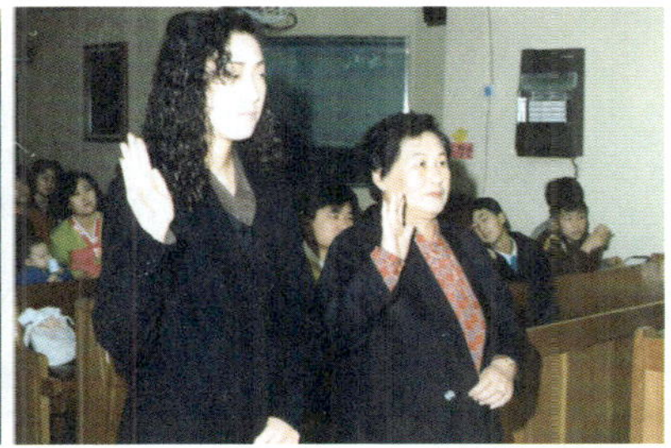

어머니의 교회 생활

　　실제로 어머니는 복부인은 아니었지만 집을 몇 채 가지고 있었기에 모든 것이 가능했다. 자식이라고는 나 혼자이기 때문에 항상 어머니는 나를 위해서 무엇이든지 아낌없이 쏟아 주셨다.

어머니는 원래 통이 큰 분이라서 쓸 때는 아낌없이 쓰셨고, 평소 교회에 드리는 것도 크게 드리곤 하셨다. 그런데 실상 우리가 사는 것을 보니 끝도 없고 철없는 낭비처럼 생각하셨기 때문에 잔소리를 하신 것이다. 그것은 어머니가 교회 개척에 대한 영적 의미를 잘 모르셨고, 또 설명으로 되는 것이 아니었기 때문이다.

오랜 후 어머니가 소천하셨을 때 어머니가 정말 구원을 받으셨는지 의문이 생겼다. 왜냐하면 나와 함께 신앙생활을 하지 않으셨기 때문에 내가 어머니의 구원을 확신할 수 없었기 때문이다.

그래서 나는 어머니의 구원에 대해서 얼마나 울었는지 모른다.

꼭 한 달간을 울었는데, 나중에 꿈을 통해서 어머니의 구원을 확인하고 울음이 그쳐지게 되었다.

우리 개척 사역과 나에게는 더없이 소중한 어머니였다.

현실적으로 자비량 개척은 흔하지 않지만 교회 재정이 약해서 자비로 생활하는 분들이 간혹 있다.

그러나 우리는 생활비는 물론이거니와 교회 운영비와 모든 필요한 것들을 우리가 충당하는 상황에 있었기 때문에, 교회를 위한 자발적 희생이었다고 말하는 것이 더 확실한 표현이 될 것이다.

그것은 노인들만 있는 교회에서 사역하는 입장에서 미국 교회의 어려움을 함께 나누어야 하는 일이 참으로 힘들었다. 그러나 그들의 어려움을 외면할 수 없었고 어려움에 동참하는 것이 마땅한 도리라고 생각했다.

후일 우리 부부가 어려움에 참여했던 것이 미국 교인들과 목사님으로부터 우리 가족이 사랑받는 일이 되었다.

우리는 그랬다. 교회는 나의 집과 같은 의미였고, 내 사업과 같은 의미였기 때문에, 교회에 투자하는 것은 곧 하늘나라에 투자하는 것으로 여겼고, 또한 내 삶의 일부로 생각했기 때문에 가능했다.

그 옛날 하용조 목사님께서 우리들을 교육하실 때 목사님은 물질에 대한 헌신을 신앙생활의 기본으로 삼으라고 하셨다. 세상의 모든 것은 하나님께로부터라고 말씀하시면서 사람의 마음은 물질을 따라 가는 것이라고 하셨다. 그래서 하나님께서 주신 물질을 하나님을 위해 사용할 때 가장 빛이 난다고 말씀하셨다. 돈이 많아서 부자가 아니라 주신 물질을 빛나게 사용하는 자가 진정한 부자라고 가르치셨다.

하용조 목사님의 교육을 받은 우리는 하나님 나라를 위해서 사용하는 것에 구별과 한계를 두지 않고 살았다.

우리에게 귀한 생명을 주신 분은 하나님이시기에 하나님의 일을 위해 헌신하는 것은 마땅한 일이기 때문이다. 그래서 우리가 서울에 있을 때 하용조 목사님과 두란노를 처음 설립하던 초창기 때 역시 그런 신앙으로 모든 운영을 자비량으로 시작했던 것이다. 누가 시켜서 한 것이 아니라 자발적인 헌신이었다.

지금은 자취도 흔적도 없지만, 하나님은 설립 당시 한때 우리의 헌신을 받으셨고 또한 기억하실 것이라 믿는다.

나는 교회 개척이 이렇게 힘든 상황이 될 것에 대해서는 상상도 하지 못했다. 그런데 이럴 때, 신앙의 정도를 알아본다고 하지 않는가.

실상 아무리 신앙이 좋다고 해도 누가 이런 대책 없는 희생을 마냥 좋다 할 사람이 어디 있겠는가?

인간은 한치 앞도 내다볼 수 없는 제한된 시각과 지혜를 가진 사람들이다. 기차는 이미 출발했고, 계속 달리는 중에 믿음으로 '하나님의 뜻'이라고 믿고 갈 수밖에 없었던 상황이었다.

실상 힘들고 어려운 시간을 만날 때마다 캄캄한 터널을 통과하는 마음으로 견디어내만 했다.

사도 바울에 비교해서는 안 되지만 얼마나 힘든 가운데 자비량 사역을 했는가. 우리 헌신이 목숨을 담보로 한 또 고통을 겸한 것은 아니지만…. 이렇게 헌신해서 하나님의 교회가 반듯하게 세워진다면 무엇이 아깝겠는가 말이다.

그렇다. 우리가 주 안에서 하는 고생과 헌신은 하나도 땅에 떨어지지 않고 소멸되지 않는다는 사실이다. 자명한 것은 반드시 주님 안에서 열매를 맺게 되고 하나님의 뜻을 이루게 된다는 사실이다.

물질 희생을 하면서 오히려 내 믿음이 더욱 사역에 고정될 수 있었고, 나의 신앙도 성장할 수 있었다. 오직 "나의 나 된 것은 하나님의 은혜일 뿐"이라고 돌이켜 생각한다.

나의 희생이 주님의 필요가 되고, 주님의 기쁨이 될 수만 있다면 마땅히 우리는 그렇게 살 것이다.

10

정말 어떻게 하란 말인가!

나는 한국에서 생활하던 내 모습과 습관을 쉽게 벗어버리기가 참 쉽지 않았던 것을 고백한다. 솔직히 사모로서 훈련이 되지 못했던 것도 사실이었다.

그러니 초창기에 교인들과 조화를 이루지 못한 부분이 얼마나 많이 있었겠는가 생각해 본다. 따라서 나와 교인들 간에는 서로 알아가고 서로 이해해야 할 시간이 필요했던 것이다.

어느 날 어떤 교인이 나에 대한 불평을 한다는 말을 들었다.

사실 누구든지 자기에 대해 불평한다는 소리를 들으면 기분 나쁜 것이 사실이다. 그런데 큰 이유 없이 뒷소리를 하는 것 같아서 너무 기분이 상했다.

"딴따라"라는 수도 없이 들어서 이제는 아무렇지도 않다. 그런데 "딴따라 짓"은 도대체 무엇이며, 또 얼마나 나를 비하하려고 하는 말인가?

좋게 말해서 연예인이었다는 나의 과거가 이 목회 현장에서 말거리, 뒷소리가 되는 것이 너무 괴로웠다.

옷 입는 것이 너무 사치하다느니, 철이 없다느니….

옷을 입는 것은 내 스타일인데 왜 그런 것이 말이 되는지…

사모로서 단정하고 깔끔하게 누구에게 해가 되지 않으면 된 것이 아닌가.

한동안 내 위치와 생활에 대해서 혼돈에 빠져 도무지 내가 어떻게 처신해야 할지 머리가 터질 것 같았다. 그러나 그 원인을 내가 스스로 제공했던 것을 깨닫게 되었다.

나의 모습이 그때는 이러했었다.

우리 부부가 어느 가정에 심방을 가면 가정 예배를 위해서 보통 방바닥에 둘러앉게 되는 경우가 있다. 그런데 만약 내가 타이트스커트를 입고 가면 바닥에 앉는 것이 상당히 불편한 상황이 벌어지게 된다. 그래서 어떨 때는 보자기로 다리를 가리고 또는 가지고 간 윗옷 같은 것으로 덮고 앉게 된다. 그렇게 가리고 앉아도 자세가 편하지 않고 예배가 끝날 때까지 불편을 느끼면서 앉아 있게 된다.

옷이 불편하니까 이리 돌려 앉고, 저리 돌려 앉고 하면서 교인들에게까지 불편스럽게 보이며 예배드리곤 했었다. 바로 이런 나의 모습을 보는 교인들은 내가 안타깝고 한심하게 보였을 것이다.

이렇게 심방 올 때면 넓은 치마를 입고 올 것이지….

이런 내 모습이 교인들 눈에 얼마나 미련하게 보였을까.

그러니까 보이는 것이 모두 철없이 보였을 것이다.

한번은 이런 일이 있었다.

그 상황은 정말 내가 지혜롭지 못했다고 생각한다.

교인 중 농사하는 분이 있었는데 그 댁에 심방을 가끔 갔다.

그날도 그 댁에 심방을 갔다. 그런데 두 분이 집에 없었고 농장에 일하러 갔다는 것이다.

우리는 농장으로 가서 입구에 차를 세우고 그분들이 작업을 하는 곳까지 들어가야 했다.

두 분이 우리를 보았다. 멀리서 손짓을 하며 반가워서 들어오라고 했다. 그래서 남편은 천천히 그 밭으로 걸어 들어갔다.

그런데 문제는 내가 들어갈 수가 없는 상황이었다.

왜냐하면 우리가 사는 이 플로리다라는 곳은 흙으로 된 땅이 아니라 전체가 물밑에서 올라온 모래땅이다. 그래서 그 밭은 약 5에이커가 넘는 모래밭이었다.

문제는 내가 하이힐을 신고 있었다는 것이다. 그래서 나는 조심조심 들어가기 시작했다.

한번 생각해 보자.

아무리 모래땅이라도 모래사장이 아니고 잘 가꾼 밭이다.

그런데 맨발로 그 넓은 모래밭을 걸어갈 수는 없지 않은가?

그래서 구두를 신고 한 발짝 한 발짝 들어가고 있었다.

그 모습을 상상해 볼 수 있겠는가?

유명한 영화 〈타이타닉〉이 물속으로 침몰하는 장면을 생각하면 잘 알 수 있을 것이다.

배 머리만 하늘로 치솟아 있고 몸체는 물속에 빠진 배 말이다.

마치 내 발이 그렇게 되어버렸다.

힐 뒷꿈치는 완전히 모래 속에 빠지고 발꼬락 앞부분만 하늘로 향한 상태로 그 넓은 밭을 걸어 들어갔다.

그분들은 나의 우스꽝스런 걸음을 멀리서 바라보고 있었다. 한참 만에 그런 발걸음으로 그곳까지 갔다.
"사모님, 여가 어데라꼬 이래하고 오요?"
"글쎄 말이예요. 집으로 심방 가려고 구두를 신고 왔지요."
그런데 내 말은 들으려고도 하지 않았다.
"인자는 여그 올 때 운동화를 신고 다니이소" 하면서 나에게 충고와 같은 말을 타이르듯 하셨다. 그런데 나는 그분들 앞에서 망신당한 것 같아서 너무 부끄러웠다.
정말 내가 어떻게 해야 할지? 이런 것들도 또 하나의 내가 훈련하고 익혀야 할 숙제가 되었다.

나는 철없는 사모였다

이 사건으로 인하여 나는 또 철이 없는 사모가 되었다.

그래서 이 사람 저 사람의 입에 오르다 보니 자연스럽게 별의 별 소리가 다 났던 것이다. 그리고는 나의 행동과 모습을 도매금으로 다 싸잡아서 하는 말이 딴따라였기 때문이라는 것이다.

나는 교인들 눈치 보랴, 남편의 간섭을 받으랴, 어느 장단에 춤을 출 것인지 알 수가 없었다? 도대체 어떻게 하란 말인가?

참으로 걱정 아닌 것으로 마음을 쓰고 있으면서 나는 결단을 내렸다.

나는 나다! 이렇게 마음속으로 선언하고 변신하기로 결단했다

그 후 나는 내 사역에 맞는, 이곳 생활에 편한 복장으로 바꾸기로 작정하였다.

이곳은 무척 더운 곳이 아닌가.

그래서 그 복장은 티셔츠에 반바지였다. 그리고 청바지에 운동화, 또는 슬리퍼를 신었다. 이것은 남편을 향한 데모였으며 내 생활의 개혁이었다.

내 모습을 본 남편이 처음에는 잔소리를 했는데 결국은 나를 이기지 못했다. 이 180도 변신으로 남편과 많이 다투었던 때가 있었는데, 결국 이것이 내 복장이 되었다는 것을 고백한다.

이 생활이 점점 나에게 익숙해지고 편하게 생각되면서, 나는 나의 외모 치장에 대해서 서서히 관심이 없어지게 되었다.

이곳에서는 사모이든, 전도사이든 그런 치장을 해도 누가 봐주는 사람도 없고 관심도 없고 다들 살기에 바빴다. 그래서 이곳 생활을 오래 하다 보니 남을 의식하지 않게 되었고, 실상 이 생활이 너무 편하게 되었다.

그러니까 예배드리는 날과 심방 다닐 때, 교회 사무실에서 일할 때를 가려서 상황에 맞는 복장을 하면 되었다. 어떻게 보면 목회가 내 생활을 편하게 살도록 만들어준 것 같은 생각을 하게 했다.

이제는 넘치지도 않게, 부족하지도 않게, 상황과 분위기에 맞는 복장이 익숙하게 되었다.

오직 하나님이 나를 보실 때 아름답게 봐 주시면 될 테니까….

11

졸지에 셋째 부인이 되었다

목회 생활에 점점 익숙해지고 사모로서 조심스럽게 걸어가고 있을 때였다. 우리는 전도를 위해서 구석 구석 찾아다니며 뭇 영혼을 교회로 인도하기 위한 사역에 집중하고 있었다.

이곳에 이사 온 가족들, 오랜 시간 교회에 나가지 않고 있는 사람들, 살기 힘들거나 고통 중에 있는 사람들과의 상담, 또는 도움이 필요한 병든 사람들, 이런 분들에게 사회의 도움을 얻도록 도와주는 social ministry도 했다.

그러나 이렇게 바쁜 생활을 하는 중에도 나는 가정적으로 세 아이의 엄마였다.

그 때 큰 딸이 17세, 둘째가 9세, 셋째가 4.5세였다.

그런데 셋째를 낳을 때 죽었다가 살아난 경험을 했기에 막내는 내 생명과 같은 아들이었다. 물론 딸 둘도 다 나에게 생명보다 귀한 자식들이다. 그런데 막내가 아들이지 않은가.

한국 사람들에게는 아들 선호 사상이 있다는데 나도 역시 예외가 아니었다.

죽음 가운데서 얻은 아들이라는 강한 고리가 아들을 더 예뻐하게 된 것이다. 그리고 내가 아들을 예뻐하는 것처럼 두 딸도 그렇게 동생을 예뻐하며 적응을 잘해 주고 있었다.

우리가 바쁘게 심방을 다니니까 자연스럽게 큰 딸이 동생들을 잘 돌보아 주었다.

큰 딸과 둘째 딸이 여덟 살 차이였고, 둘째와 셋째가 4살 차이로 큰 딸과 막내 차이는 12살 차이가 된 것이다. 아이들의 나이 차이가 큰 것을 보면, 그 옛날 바로 연예계 생활에서 무척 방황했었다는 증거가 아니겠는가!

어찌되었든 이런 나이 차이가 교인들 눈에는 이상하게 보여졌던 것이다. 그런데 두 딸이 각각 자기 나이에 비해 매우 성숙했고, 참으로 순종을 잘하는 착한 자녀들이었다. 그러니까 교회어서도 순종하는 모습이 자연스럽게 나타날 수밖에 없었다.

그런데 이런 착한 모습도 교인들에게는 이상하게 보여졌나 보다. 왜 이렇게 착한 태도의 아이들이 사람들 눈에 이상하게 보여졌는지 정말 모르겠다.

드디어 어떤 이상한 소문이 솔솔 돌고 있었다.

근거 없고 거짓된 소문은 진실이 아니기 때문에 신경 쓸 가치조차 없다고 생각하지만, 실제로 우리 목회에 직격탄이 되는 소문은 전도에 방해가 되기 때문에 마음이 참으로 힘들었다.

그것은 졸지에 내가 셋째 부인이 된 것이다.

이 소문이 점점 사람들의 입에 입을 통해서 이 작은 동네로 살살 번져가기 시작했다. 그런데 이 소문이 결국은 목사님에게 화살로 날아온 것이다.

"오 목사가 장가를 세 번이나 갔데…."

첫째 아이와 둘째가 엄마가 다르고 지금 사모는 계모이고, 막내는 사모가 오 목사와 결혼해서 낳은 아들이라고 그럴듯하게 만들어진 소문이었다.

소문에 목마른 사람들에게는 우리의 소문이 엄청나게 달콤한 주스 같았을 것이다. 그리고 그들의 입술을 시원하게 해주기에 넉넉한 말거리였다.

Garden Wedding

또한 조용한 Tampa 교민들 사이에는 신나는 뉴스거리였다.

누가 그렇게 시작했는지는 몰라도 이상한 소문이 전전하다가 그렇게 된 것 같다. 그리고 사람들은 어떤 소설을 읽는 것같이 또는 세속적인 어떤 드라마를 보는 것같이 흥미로워했다.

참으로 황당한 것은 한 사람도 만들어진 각본에 "설마, 아니야"라고 말하는 사람이 없었다는 것이다. 그런 각본대로라면 오 목사라는 사람은 희대의 바람둥이가 된 것이다.

그런데 얼마 후 우리 집에 한 통의 편지가 날아왔다.

분명히 우리 교인 같은데 이름은 밝히지 않았다.

그 내용인즉 이러했다.

"오 목사님은 이곳을 떠나십시오. 그 이유는 목사님이 더 잘 아시지 않습니까? Tampa에서는 오 목사님의 가족 상황을 모두 알기 때문에 교회에 나올 사람이 없습니다. 그러니까 오 목사님만 떠나면 잠잠해질 것입니다. 이곳에서는 오 목사님이 설 곳이 없으므로 가족들을 위해서 떠나시는 것이 더 좋을 것입니다."

목사님은 이 편지를 받고 어처구니가 없었다. 그래서 목사님은 박사님 부부에게 이 편지를 보여주었다.

그분들은 깜짝 놀라면서 누가 이렇게 목사님에게 협박 편지를 썼는지 알아보겠다고 했다.

목사님은 교인들에게 그냥 잠잠하라고 하면서 혹시 이런 말이 나오면 흔들리지 말라고 부탁했다.

그러던 어느 날이었다.

우리 집에 여자 교인 세 명이 찾아왔다.

한 분은 연세 드신 분이고 두 명은 자매였다.

결혼 전 교제할 당시

목사님은 친절하게 집안으로 들어 오게 했다. 그리고 나에게 차를 내오라고 하면서 목사님과 대화가 시작되었다.

"어떻게 오셨어요?"

"네, 목사님에게 물어 볼 말이 있어서요."

"말씀하세요."

그분들 중에 연세 드신 분이 말을 했다.

그런데 말을 계속 하지 않고 뜸을 들이는 것 같았다.

처음에는 목사님이 생각하기를 어떤 신앙적인 상담이나 삶에 대한 어려운 말을 하려는 줄 알았다.

"무슨 어려운 일이 있으세요?"

"아니요. 목사님께 드리고 싶은 말인데 목사님이 진실하게 말씀해 주십시오."

"무엇이든지 말씀하세요."

"우리는 목사님을 사랑합니다. 그래서 목사님이 진실을 말씀해 주시면 우리가 목사님을 보호하겠습니다."

"도대체 그게 무슨 말입니까? 말

씀은 고마운데 여러분이 저를 보호할 일이 무엇이 있습니까?”

“죄송합니다. 진실하게 말씀해 주십시오. 목사님, 결혼을 몇 번 하셨습니까?”

이런 질문은 목사와 교인 간에 할 수 있는 말이 아니다.

목사님은 황당했는지 한참 동안 눈을 감고 있었다.

그분들은 오히려 목사님이 마음을 가다듬고 그들이 원하는 진실을 말해 주기를 기다리는 것 같았다.

서로 얼마간 침묵이 흘렀다. 그리고 목사님은 입을 떼었다.

“여러분이 지금까지 보았던 그대로가 나의 진실입니다.”

그런데 그분들은 그 말의 뜻을 모르는 것 같았다. 왜냐하면 그것은 자기들이 생각하는 대답이 아니었던 것이다.

이 대화를 듣고 있던 큰 딸이 나를 불렀다.

“엄마, 이리와, 여기 엄마 아빠가 연애하던 사진이 있어요. 이것을 보여주세요.”

“어머, 어떻게 그런 생각을 했니? 참 좋은 생각이구나.”

나는 그 사진을 가지그 나갔다. 그리고 그분들 앞에 다가가서 사진을 보여주었다.

“집사님, 이 사진을 좀 보세요.”

“무슨 사진입니까?”

“이 여자가 저구요, 군복을 입은 분이 목사님이예요.”

연세 드신 분은 안경을 밑으로 끼고 그 사진을 한참 동안 뚫어지게 쳐다보았다. 그리고 그분이 하는 말이 “남자는 목사님이신데 이 여자는 사모님이 아니예요” 하는 것이었다.

그분은 내가 목사님의 후처라는 생각을 가지고 찾아왔기 때문에 그 사진을 믿지 못한 것이다.

"이 여자가 제가 맞아요. 그때는 처녀 때라서 날씬했고 예뻤지요."

이렇게까지 말했더니 그분은 머리를 흔들고 앉아 있었다.

그러자 옆에 앉아 있던 두 자매가 "어디 나도 좀 보여주세요" 하고 사진을 받아서 보았다. 역시 한참을 보더니 "이 젊은 여자 사모님 맞네요"라고 했다. 그러니까 그 집사님이 한참 보더니 "어디가 사모님이야. 전혀 안 닮았어" 하는 것이다. 두 자매는 "사모님 처녀 때 사진이라서 지금 모습과 다르게 보여서 그래요" 하고 말했다.

이렇게 말하는 것을 들은 목사님이 화가 머리끝까지 올랐다.

"집사님들, 내 집을 나가시오."

목사님의 화난 모습에 오히려 내가 미안해서 "잘 모르니까 그런 거예요. 당신이 참으세요"라고 했다. 그래도 화가 나서 말했다.

"내가 어찌 되었든 당신들과는 목회하지 않아도 좋으니 내 집을 나가시오."

나는 어쩔 줄을 몰랐다. 오히려 그분들에게 미안하다고 말했다. 그랬더니 그 연세 드신 분은 아직도 찜찜하게 생각하고 있었다. 그런데 젊은 자매는 그분에게 말하기를 "아줌마, 우리가 오해했던 거예요. 큰 실례를 했어요"라고 했다.

그래도 그분은 대답이 없었다. 누구에게 우리들에 관한 말을 어떻게 들었는지는 모르겠지만, 그 집사님은 완전히 우리를 그렇게 몇 번 결혼한 부부로 단정을 짓고 찾아왔던 것이다.

그런데 목사님에게서 자기가 원하는 대답을 얻지 못하자 오히려 볼일을 다 못 본 것같이 찜찜해 했다. 이 동네의 말 많은 사람들의 입소문으로 인하여 우리는 완전히 그런 부부가 되어 버렸다.

왜 그렇게 오해되었는가 정리해 보니 사모가 연예인이었다는 점이 나를 그렇게 인식하게 되었던 것 같다. 그리고 내가 아이들과 미국에 늦게 들어왔기에 이것으로 말을 만든 것이다.

연예인이었던 방은미가 미국에서 목회하는 남편과 결혼해서 미국에 오려고 했다는 것이다.

"두 딸의 나이 차이가 8살이 되고 두 아이가 서로 성격이나 분위기가 너무 다르게 보인다. 그래서 둘 다 엄마가 다르다"는 것이다.

또 막내가 큰 딸과 12살 차이가 난 것이 사모가 후처로 들어와서 낳은 아들이라는 것이다.

엄마 아빠가 바쁠 때는 큰 딸이 막내 아들을 잘 돌보아 주었다. 자랑 같지만 딸들이 참으로 순종을 잘했다. 이런 딸들의 모습도 사람들에게는 의심거리가 된 것이다.

딸들이 계모의 눈치를 보느라 막내를 저렇게 잘 돌보고, 계모에게 절절매는 것이라는 말이다.

우리를 향해서 색안경을 끼고 보니까 모든 상황이 척척 맞아 떨어진 것 같았다. 그 말을 듣는 사람들이 의심 없이 믿을 정도로 잘 꾸며진 이야기로 만들어졌던 것이다.

우리는 기도하면서 이것이 끊임없는 사단의 공격, 우리를 겨냥하여 목회를 방해하는 작전이었음을 깨닫게 되었다. 정말 이런 소문이 있은 후 전도에 얼마나 지장이 있었는지 모른다.

가정이 저렇게 복잡한 문제가 많은 목사, 윤리적으로 볼 때 평신도보다도 더 지저분한 목사, 이런 소문이 났으니…. 이 소문으로 우리 교회를 떠난 교인도 있었다. 그러나 정작 우리 남아 있는 교인들은 우리를 믿어 주었고 오히려 방어해 주었다. 그렇지만 우리 교인 수는 적고 교민들은 더 많지 않은가…….

하나님 주신 사랑하는 세 자녀들

그래서 나는 한동안 외출하기가 싫었다.

나를 후처로 생각하는 사람들을 만날까 봐….

이 소문의 영향이 한 5년 이상 걸린 것 같았다.

그 누명을 벗게 된 것은 아이들이 모두 소문나게, 신나게 공부를 잘하였고, 교회에도 열심히 봉사했기 때문이다.

열심히 아빠 목회에 협력하는 모습을 보고 어른들이 칭찬하게 되니까 오해가 풀리게 된 것이다. 그리고 우리 교회가 조금씩 교세가 늘어나니까 그 못된 소문이 소리없이 사라지게 된 것이다.

목사님이 지난 은퇴식 때 이 스토리를 말해서 예배에 참여한 분들이 한바탕 웃기도 했다.

12

맑은 하늘에 날벼락!

나는 좁은 연예계라는 세계에서 살던 사람이었다.

그런데 목회라는 또 다른 세계는 나에게 생소하다시피 적응하기가 힘들고 어려웠던 일들이 많았다.

실제로 교회를 개척하는 데 돈도 필요했고 사야 할 것들도 참 많이 있었다. 서너 가정밖에 없는 교회에서 더욱이 한 가정이 귀하고 귀한데 누구에게 부담을 줄 수 있겠는가? 정말 헌금 주머니가 바람이 불면 날아갈 정도로 가벼운 상황에서 교회의 필요를 누가 감당해야 하겠는가.

그 미국 교회는 거의 노인 교인이었고 건물도 100년 이상 되었다. 피아노도 낡아서 겨우 소리만 낼 정도였다. 그때 열 살 되는 둘째 딸이 피아노 반주를 했고 큰 딸이 올갠 반주를 했었다.

그런데 어느 날 둘째 딸이 조용히 와서 "엄마, 피아노를 치기가 무서워" 하는 것이다.

"아니 피아노를 치는데 왜 무섭니?" 물었더니 피아노를 칠 때 건반 전체가 흔들린다는 것이다.

아니나 다를까? 정말 피아노를 칠 때 페달을 밟으면 피아노 전체가 움직이는 것이다. 그러면서 딸이 만약에 연주하다가 피아노가 떨어지면 자기가 크게 다칠 것 같다는 말이었다.

나는 무엇인가를 준비해야겠다는 생각이 들었다.

실상 그 전에도 몇 명 안 되는 교회 아이들에게 찬양 지도를 위해 핸드 벨을 장만하여 가르치기도 했었다. 그러나 그 교회는 노인들이라서 악기 또는 음향 시스템에 대해서 관심이 없었다.

그런데 기도하는 중에 피아노 장만은 부담이 되었다. 그래서 피아노 한 대 값이면 Key Board와 음향 시스템 전체를 바꿀 수 있겠다 생각했다. 그래서 나는 시간을 내어 한국에 들어가서 주문을 해놓고 다시 돌아왔다.

피아노보다는 못하지만 Key Board (synthesizer)와 음향시스템 교체할 준비를 했다. Key Board는 연습용 Potable이 아니라 사운드가 제대로 된 녹음실 연주용으로 준비했다.

이렇게 전체 구입한 금액이 거의 소형 피아노 한대 값이었다.

이제 주일날 Key Board의 사운드를 피아노 사운드로 만들어서 둘째가 Key Board를 연주했다. 교인들은 어떤 영문인지를 전혀 모르고 있었지만, 새 악기가 등장하고 음향 사운드가 달라지니까 모두 기뻐했다.

예배를 다 드리고 나오는데 어떤 교인이 나에게 다가와 묻는다.

"어떻게 된 거예요 누가 기증했어요?"

"아니요, 제가 샀어요."

나는 아무것도 의식하지 않고 그대로 솔직하게 말했다.

"그래요. 얼마 짜리예요?"

싼 것으로 보이지 않았기 때문에 더 물었던 것이다.

"네, 오천 좀 넘게 다 구입했어요."

이것이 그 교인과 나와의 대화였다.

그리고 나서 한참 후 한 시간 거리의 Orlando에 사는 교인 댁에 심방을 갔었다.

그런데 그댁 부인이 나를 좀 보자는 것이었다.

"사모님, 이상한 소문을 못 들었어요?"

"아니요, 무슨 소문인데요? 말씀해 보세요."

"사모님이 교회 돈을 도둑질했다는 소문이 여기까지 들리네요."

"그게 무슨 말이예요? 교회가 훔칠 돈이 어디 있어요?"

"누구에게서 그런 소리를 들었어요?"

계속 캤더니 바로 악기에 대해서 대화를 나눈 그 교인이었다.

억울할지라도

나는 그분에게 자초지종을 말한 후 여차저차해서 악기와 음향 시스템을 내가 샀다고 말했다.

교회가 몇 가정도 안 되는데 누가 그런 악기를 사겠으며 교회의 돈이 그만큼 있느냐고 말했다. 그 당시 교회 재정으로는 사례도 줄 수 없는 형편이었기 때문이다.

나는 너무 억울해서 가슴이 터질 것 같았고 하늘에서 날벼락을 맞은 것 같았다. 돌아와 교회에 가서 엎드러 펑펑 울었다.

내가 지금까지 살아온 날들에 도둑의 도짜도 나와는 관계없이 살아왔는데 말이다. 어떻게 그것도 목회 현장에서 사모의 옷을 입은 내가 도둑이 되어 버렸는가 말이다.

눈앞이 캄캄했다. 이렇게 나간 소문을 어떻게 막겠는가?

나는 마음으로 '나는 결백하다'고 생각하면서 '나의 진실한 결백을 주님께서 다 아신다'고 생각했다. 이렇게 되뇌며 지내는데도 치욕스러운 마음을 달랠 길이 없었다.

이렇게 한동안 고통스런 마음으로 지내던 어느 날이었는데, 목사님이 집에 있는 나에게 전화를 했다.

"여보, 나 경찰서에 통역을 해주러 갔다 와야 해."

경찰에서 남편에게 전화가 와서 누구인지는 몰라도 한인이니까 도와주러 간다는 것이다. 혹시 이런 일을 통해서 전도할 기회를 얻을 수 있기 때문이다.

"무슨 일이래요?"

"잘 모르겠는데 한국 사람이래."

목사님이 오후 늦게 집으로 돌아와 말했다.

"하나님은 결코 무심하지 않으시고 당신의 진실을 아시고 위로

하시는 것 같아.”

“네? 무슨 말이에요?”

“경찰서에 들어갔더니 한국 사람이라고 하는 사람이 바로 당신을 도둑이라고 소문낸 그 교인이 앉아 있더군.”

“왜요?”

“백화점에서 선그라스를 도둑질하다가 카메라에 잡혀서 그 자리에서 체포되었대.”

“그런데 말이 안 통하니까 나를 부른 거래.”

“어떻게 했어요?”

“내 교인이라고 말하고 내가 보석금을 내고 나왔지.”

“그 교인은 내 앞에서 내가 자세히 모르는 것으로 생각하고 자기가 억울하다고 변명을 너절하게 늘어놓았어. 그래서 ‘미국 생활을 잘 모르고 그랬으니까 앞으로 조심하세요’라고 타이르고 데리고 나왔단다.

“저희가 내 걸음을 장애하려고 그물을 예비하였으니 내 영혼이 억울하도다 저희가 내 앞에 웅덩이를 팠으나 스스로 그중에 빠졌도다(셀라)”(시편 57:6).

그 교인을 보며 “사람이 어떻게 저렇게 뻔뻔할 수 있을까?” 생각하며 얼굴을 쳐다보았단다.

나는 생각했다.

‘자기가 검을 안경을 끼고 사니까 남도 다 검게 보고 나를 도둑 취급을 했구나. 그 검은 양심, 그 검은 입술을 예수의 보혈로 씻고 그 악함을 벗어야 할 텐데…. 그리고 인격이 훈련되지 못한 사람들, 그런 인격들이 교회 안에서 문제를 일으키는구나.

나는 그 교인이 체포된 사실을 생각하면서 하나님이 고통스러워 하는 나를 위로하시기 위해 체포가 되도록 그 사람을 방치하셨다는 느낌과 나를 인정하신다는 하나님의 위로를 느꼈다.

교회에서 열심을 보이는 교인도 겉으로 그 사람을 평가할 수 없다. 왜냐하면 속을 모르기 때문이다. 그러나 그 사람의 말과 행동, 성격에서 인격과 믿음의 정도가 어떤지 알아지게 되었다.

사모라는 이름은 목사의 부인을 존중하는 마음에서 불러준 존칭이라고 생각한다.

그런데 어떤 문제가 생기면 사모 존중은 실종된다.

특히 문제가 생기면 화살을 너무 쉽게 받는 자리가 사모 자리이다. 그 화살이 아프지만 하소연도 못하고 그냥 받아야 하는 것이다.

이런 일도 있었다.

어느 교인이 고부간에 싸움을 하였다. 그 내용은 잘 모른다.

그런데 어느 날 며느리가 시어머니의 단련 때문에 견디다 못해 집을 나와 버렸다.

문제는 그 밤부터였다.

새벽 2시가 넘었는데 전화벨이 요란하게 울렸다.

나는 목사님이 깰까 봐 서둘러 전화를 받고 조용히 "여보세요?" 했더니 귀 고막에 진동하듯 고함소리가 터져 나왔다.

"야! 이 사모년아, 내 아들 내놔. 내가 다 알고 있어."

정말 아닌 밤중에 홍두깨를 된통 얻어 맞았다.

"무슨 일이 있나요?" 했더니 "내 아들 빨리 보내" 하며 전화를 끊었다.

결국 목사님도 잠을 깨고 우리는 불안한 마음으로 응접실에 나와서 걱정하고 있었는데, 한참을 있다가 "띵동" 하는 것이었다.

나는 직감했다. 아니나 다를까!

문을 열어보니 그 젊은 부부였다. 그런데 말하나 마나 시모의 심한 구박과 핍박받는 자부의 일이었다. 그렇게 죽고 사는 둔제가 아니면 조금만 기다려주고 참아 주고 가르치면 모든 것이 해결될 텐데 말이다.

내가 경험한 일은 아니지만 사랑하는 법을 몰라서 그렇게 되었다고 생각했다.

"무엇보다도 열심으로 서로 사랑할지니 사랑은 허다한 죄를 덮느니라"(베드로전서 4:8).

나는 생전 들어보지 못한 독한 욕을 먹고 난 뒤 또 한참 동안 혼돈에 빠져 있었다.

내가 그 시모를 비판하는 것 같아서 미안한 마음이 있다.

날벼락을 맞은 듯

그러나 그런 욕을 어떻게… 생전 처음 들어보는 욕이었다.

그래도 나는 그 시모의 가게로 찾아갔다.

화가 좀 누그러지지 않았을까 하고….

"안녕하세요?"

그런데 나를 보자마자 그녀는 말했다.

"어디를 찾아와! 다리 몽다리를 뿌러뜨리기 전에 빨리 꺼져!"

날카로운 목소리가 내 머리를 때려 그 순간 쓰러질 것 같았고, 다리가 부들부들 떨리고 심장이 벌렁벌렁 뛰어서 안정할 수가 없었다. 나는 속히 그 가게를 나와 운전이 불안한 상태로 간신히 집으로 왔다.

나는 마음을 가눌 길 없어서 조용히 누워서 생각했다.

내가 왜 이런 욕을 먹어야 하나? 억울하기 짝이 없었다.

호흡이 가빠지고 가슴이 막 뛰고 눈물이 하염없이 쏟아졌다.

나는 상상을 초월한 이 사건을 당하면서 하나님이 왜 이런 교인을 보게 하는지를 생각해 보았다.

하나님은 "그렇게 불쌍하게 살아온 그 영혼들을 품으라"는 뜻이었다. 그런데 내 심령에는 그토록 불쌍한 영혼을 품기보다 심한 두려움으로 가득했었다. 그때까지는 내가 무장되지 못했고, 사모로서 넓은 마음이 아니었음을 고백한다.

그 후 나는 "감당하기 힘든 교인들을 어떻게 돌보아야 하나요?" 하고 하나님께 지혜를 간구했다.

그리고 이 사건은 나에게 불쌍한 영혼을 바라보는 영안이 열리는 하나님의 은혜가 되었다.

13

병어리 냉가슴

나는 몸이 약한 편이라서 평소 음식에 굉장히 신경을 많이 쓰는 사람이다. 특히 콜레스테롤이 높아서 고기를 사오면 기름은 무조건 가위로 잘라내고 음식을 했다.

평상시 나의 콜레스테롤 수치는 쉽게 떨어지지 않는 380이었다. 그래서 의사가 되도록 야채를 많이 먹으라고 해서 가족들에게는 좀 미안하지만 나는 샐러드 식탁을 준비했었다.

그랬더니 계속 샐러드가 풍성하게 차려진 것을 보더니 목사님이 식탁에서 아무 말없이 있었다. 그래서 물었다.

"여보, 왜 그러세요? 어서 식사하세요."

"여보, 당신은 나를 토끼로 생각하는 거야? 고기 좀 먹으면 안 되나?"

남편은 정말 심각하고 진지하게 말했다.

매일 풀만 주니까 남편이 아내에게 지금 데모를 하고 있는 것이다. 그런데 나는 "내가 토끼냐?"라고 하는 말이 나를 못견디게 웃겼다. 그래서 나도 웃고 식구 모두가 한바탕 웃었는데, 나는 가족들이 콜레스테롤이 올라갈까 봐 걱정이 되어서 나름대로 조심한다는 것이 그렇게 코미디가 되어 버렸다.

이제 교회가 다시 문이 열리고 속속 새 가정이 들어오는데 그중에 육고기 장사를 하는 분이 있었다.

어느 날 오후에 전화가 왔다.

딸을 시켜서 라면 상자를 보내셨다고 했다.

얼마 있더니 정말 그분의 딸이 라면 상자를 가지고 들어왔다.

그런데 딸의 말에 의하면 "라면은 아닌데 아빠가 보냈어요" 하는 것이었다.

나는 그 상자를 받고 전화로 인사를 했다.

"무엇을 이렇게 많이 보내셨습니까? 감사합니다."

나는 처음에는 고기 종류를 한 박스 보낸 줄로 알았다.

그래서 고맙다고 전화로 인사를 했더니 그분의 말씀이 "고기를 다듬다가 난 파지입니다. 잘 가려내면 먹을 것이 있을 겁니다."

"네, 잘 알았습니다."

상자를 뜯어보았는데 눈에 보이는 것은 하얀 것뿐이었다. 난 '무엇인가?' 하고 자세히 들여다보았다. 이런 것은 난생 처음 보는 것이었다. 혹시 무엇을 잘못 보냈는가? 생각하면서 말이다.

그런데 그것은!

당장 박스를 들어서 몽땅 쓰레기통에 버리려고 했다. 모욕을 당하는 것 같아서 내속에서 눈물이 부글부글 끓어 오르고 어찌 할

바를 몰랐다.

이런저런 생각을 하고 있는 중에 얼마나 지났을까?

문득 내 머릿속에서 스치고 지나가는 것이 내 울분을 멈추게 했다.

그것은 바로 하나님이 내 유치한 모습을 보고 계신다는 것이 느껴졌던 것이다. 그분은 주의 종을 섬긴다고 선심 쓴 것인데 이것이 그분의 섬김의 정도이며, 섬김의 방법이었던 것이다. 만약 그것을 그대로 쓰레기통에 버렸다면 하나님이 노하실 것 같았다.

나는 이해할 수 없는 상황 앞에서 눈물을 흘리며 어떻게 할까를 생각했다. 그래서 쓰레기통을 옆에 놓고 만지기조차 징그러운 그 하얀 기름 덩어리 한덩이 한덩이 꺼내 보았다.

나는 라면 박스를 앞에 놓고 앉아서 비참하게 망가진 나를 생각했다. 이런 경험도 목회란 말인가? 어쨌든 나에게 주어진 이 현실을 소화해야 했다.

나는 미끈거리는 하얀 기름 덩이에 붙어 있다는 고기를 찾았다. 살코기는 거의 찾아보기 힘들 정도로 온통 기름 덩어리였다.

나는 약 한 시간 반 동안 고기를 잘라내면서 그렇게 앉아 있었다. 내가 지금 무슨 짓을 하고 있는 것인지…. 이런 시간 낭비가 어디 있나?

비참하고 한심하기 짝이 없었다. 요리하는 시간도 아니고 그렇게 하여 모두 잘라낸 살코기가 밥공기 하나 정도 나왔다.

라면 한 박스와 고기 한 공기….

내 처지가 어떻게 이렇게까지 되었나?

내가 이런 취급을 당하면서까지 목회를 한다고 해야 하나?

그 기름덩이 박스를 옆에 놓고 살점 한 공기를 보면서 이것이 무엇인가?

라면 한 박스와 살고기 한 공기!

"위엣 것을 생각하고 땅엣 것을 생각지 말라 이는 너희가 죽었고 너희 생명이 그리스도와 함께 하나님 안에 감취었음이니라"(골로새서 3:2-3).

라면 한 박스와 고기 한 공기에 흥분하고 울어야 했던 나는 참으로 감사와 사랑을 모르는 미성숙한 주의 종으로서, 옛 사람이 죽지 못했고 훈련되지 못한 추한 내 모습 그대로인 나를 보게 되었다.

이것이 깨달아지면서, 예수님이 죽은 영혼을 살리시기 위해 낮고 천한 인간의 자리까지 오셨던 것을 생각하면, 주의 종들로서 이런 배부른 투정을 하고 있는 내가 종으로서 자격이 없는 것이 아니겠는가 하는 영적인 깨달음을 얻게 되어 나는 서서히 회개기도를 드리게 되었다.

"이튿날 저희가 베다니에서 나왔을 때에 예수께서 시장하신지라 멀리서 잎사귀 있는 무화과나무를 보시고 혹 그 나무에 무엇이 있을까 하여 가셨더니 보신즉 잎사귀 외에 아무것도 없더라"(마가복음 11:12-13).

살코기 한 공기로 감사 대신 화내고 투정만 부렸으니 나는 얼마나 한심한 주의 종인가?

주의 일을 한다면서 나는 왜 이렇게 내려가기가 힘든가.

왜 이분들의 삶을 이해하지 못하는 것일까?

그러면서 어떻게 그분들을 섬기는 주의 종이라 할 수 있을까?

세상에서 부의 근원이신 예수님도 우리의 가난을 위해 스스로 가난해지신 것이 아닌가.

이 사건은 주님께서 훈련되지 않은 나에게 주신 영적인 훈련이었다. 주님께서 내가 어디까지 내려갈 수 있나, 얼마나 감사할 수 있나를 영적으로 시험해 보신 것이라 생각했다.

앞으로 어떤 상황에도 감사하고, 어떤 음식이든 스테이크를 먹는 것처럼 감사함으로 먹어야 한다는 것을 깨닫게 되었다.

이 사건은 바로 내가 앉아야 할 자리, 내가 서야 할 곳, 내가 있어야 할 주의 종으로서의 나의 현주소였다.

우리 교인들이 힘든 일이 있으면 나도 그 힘든 일을 함께 나눌 수 있어야 했다. 그래서 부족한 여종은 이런 경험을 통해서 교인들의 생활, 그들의 언어, 함께 공존하는 법을 배우게 하셨다.

"내가 비천에 처할 줄도 알고 풍부에 처할 줄도 알아 모든 일에 배부르며 배고픔과 풍부와 궁핍에도 일체의 비결을 배웠노라"(빌립보서 4:12).

하나님께서는 나를 종으로 훈련하시는데 그 과제가 다양했다.

우리 교인들의 이민 초기에 있는 분들이 많아서 참 힘든 생활을 하고 있었다.

그중 사랑하는 한 자매가 있었는데, 언니 집에 살다가 그곳에서 나와야 할 상황에 처하게 되었다. 당장 나오면 거처할 곳도 문제이지만 직장도 필요했다.

나는 목사님과 상의하고 그 자매를 우리 집에 거처하게 했다. 그 자매에게는 거처가 마련될 때까지 큰 딸의 방을 사용하도록 하여 당분간 함께 지내기로 했다.

며칠을 지냈는데 어느 날 아침 둘째가 급히 내 방으로 왔다.

학교 갈 준비를 하기 위해 화장실로 들어갔는데 세면대에서 피를 흘리는 것을 본 것이다.

둘째는 놀란 마음으로 나에게 쫓아온 것이다.

"엄마 큰일 났어요. 언니가 피를 흘려요."

"왜? 무슨 일이냐?"

"나도 몰라."

나는 급히 일어나 아이들 화장실로 들어갔는데 정말 화장대에는 선혈이 낭자했다.

나는 속히 아이들을 준비시켜 학교에 보내고 교회에 나오시는 박사님께 전화를 했다. 사연을 들으시더니 박사님이 폐병일지 모르니 빨리 보건소로 데리고 가라는 것이었다.

나는 보건소에 전화로 약속해 놓고 자매를 데리고 가서 아침에 있었던 일을 설명해 주었다. 그 의사는 기본적인 진료를 하면서 X Ray를 찍고 피 검사를 하고 검사 결과 때문에 내일 다시 오라고 했다.

다음날 검사 결과가 나왔는데 역시 폐병이라는 것이었다.

그 말을 듣고 자매는 울고 말았다.

나는 안아주며 치료할 수 있는 병이니까 걱정하지 말라고 했다.

그런데 그 치료법은 무료이고 약 6개월간 약을 먹어야 하는 것이
었다.

의사가 나를 따로 보자며 자세히 물었다.

"그 여자분과 무슨 관계죠? 같이 사나요? 얼마 동안 같이 살았
죠? 음식을 같이 먹습니까? 그릇은 어떻게 사용하구요? 당신 가
족은 모두 몇 명입니까?"

그러더니 우리 가족 모두 검사해야 한다고 하면서 반응이 나오
면 약을 6개월간 복용해야 한다는 것이었다. 몇 시간을 같이 있어
도 공기로 전염되기 때문에 폐병일 경우 가족이라도 격리시킨다
는 것이다.

할 수 없이 목사님만 빼고 네 식
구가 모두 보건소에서 검사 받았
는데 역시 감염되어 있었다. 그래
서 우리 아이들까지 모두 6개월간
주먹만큼의 분량의 약을 먹게 되
었다.

온 가족이 아무 말도 못하고

좋은 일 하려던 것이었는데 이
게 웬 날벼락인가 말이다.

부모의 일 때문에 아이들까지도 그 독한 약을 먹어야 했으니 이
상황을 어떻게 생각해야 하는지….

나는 그때 독한 약을 6개월 먹는 동안 위장이 상했다.

"형제들아 너희는 선을 행하다가 낙심하지 말라"(데살로니가후서
3:13).

얼마 후 그 자매는 목사님 댁에 미안하다면서 작은 아파트를 얻어 나갔다. 그래서 마음이 아프지만 그렇게 나가게 되었고 작은 직장도 다니게 되었다.

그런데 얼마 후 들려오는 소문이 있었다.

"제일침례교회 사모가 폐병쟁이래."

사모가 폐병이라서 오히려 그 자매가 그 집에 있으면서 폐병이 옮았다는 것이다.

나는 또 졸지에 폐병 환자가 되었다.

이미 퍼진 소문은 내가 발버둥쳐도 그대로이다.

그 말을 들었을 때는 황당했지만 해명하지 않고 참기로 했다. 왜냐하면 내가 아니니까. 또 내가 참아야 하는 이유가 있는데 그 자매는 아직 시집도 안간 처녀이기 때문에 내가 뒤집어 쓰기로 했다.

내가 잠잠해서 그 자매가 결혼을 잘할 수만 있다면….

그 후 그 자매는 결혼을 했고, 지금 다른 주에서 잘 살고 있다.

그러나 한편으로는 우리 아이들까지 6개월간 그 독한 약을 먹느라 얼마나 고생을 했는가 말이다.

아이들 모두 불평없이 잠잠하게 견디면서 끝까지 희생을 감당해야 했었다.

"그가 곤욕을 당하여 괴로울 때에도 그 입을 열지 아니하였음이여 마치 도수장으로 끌려가는 어린 양과 털 깎는 자 앞에 잠잠한 양 같이 그 입을 열지 아니하였도다"(이사야 53:7).

14

착하고 충성된 종아

"사람이 감당할 시험밖에는 너희에게 당한 것이 없나니 오직 하나님은 미쁘사 너희가 감당치 못할 시험 당함을 허락지 아니하시고 시험 당할 즈음에 또한 피할 길을 내사 너희로 능히 감당하게 하시느니라"(고린도전서 10:13).

하나님의 말씀은 우리에게 위로가 되고, 때로는 용기가 되기도 하고, 우리의 사역에 능력이 되기도 한다. 그런데 이 말씀이 그렇게 되기까지는 우리가 겪어야 할 분량만큼의 훈련을 받아야 하는 것이다.

우리가 흔히 사용하는 말 중에 "Burn Out"이라는 말이 있다. 극도의 피곤 상태거나 탈진 상태가 될 때 이런 말을 쓴다.

나는 목회 현장에서 이런저런 경험들을 하게 되었는데 그것들이 나를 "Burn Out"이 되게 만들었다. 이는 나의 기도가 부족했고 훈련을 감당하기에 너무 벅차서 그렇게 되었던 것 같다.

'도대체 나는 제대로 사모 사명을 감당이나 할 수 있을까?' 하는 마음으로 또 병이 생기기 시작했다.

'굳이 이렇게 힘든 곳에서 힘들게 해야만 주의 종인가?'

그런 상황에서 목회가 너무 힘드니까 새벽기도를 6시에 드리고 밤 기도를 11시부터 드리기로 작정했다. 그래서 밤에 심방을 갔다가 돌아오는 길에 교회에 가서 한 시간 정도 기도하고 집으로 오곤 했었다.

그때는 새벽 기도회에 나오는 교인이 한 사람도 없었다.

목사님은 강단 밑에 무릎을 꿇고 기도했고, 나는 맨 뒷자리에서 기도했다. 눈으로는 빈 교회당이었지만 항상 성령께서 교회당 가득 우리를 지켜 주시는 것을 느끼면서 하나님에게 하소연하고, 때로는 남편을 고자질도 하고, 한껏 쏟아 놓으면 마음이 편해지기도 했었다. 그리고 "나는 왜 이렇게 이곳에서 힘들게 목회해야 합니까?"를 계속 기도했다.

"그러니까 하나님의 인도하심으로 우리를 다른 지역으로 옮겨 주시든지 아니면 아주 한국으로 보내주시든지 해주세요" 이렇게 기도하면서 힘들 때는 하나님께 투정을 부리기도 했었다.

이런 기도를 얼마나 했던지…… 하나님이 이런 나를 바라보시고 얼마나 답답해 하셨을까 하는 생각도 해보았다.

그런데 어느 날 기도하는 가운데 마음속에서 하나님의 음성이 들리는 듯한 강한 말씀을 주셨다.

"그 주인이 이르되 잘하였도다 착하고 충성된 종아 네가 작은 일이 말씀이 마음속에서 이상한 움직임이 있는 것 같았다.
"잘하였도다."
나는 아무것도 잘한 것이 없었는데 오히려 성령을 근심케 한 것 밖에는 없는 것 같은데, 이 말씀이 잘 박힌 못처럼 내 심령에 박히는 것이다.
'무엇을 잘했다는 뜻인가?'
도무지 말씀을 이해할 수 없었다.
"착하고 충성된 종아."
그러면 무엇에 충성했다는 말인가?
"네가 작은 일에 충성하였으매."
또 작은 일이란 무엇인가?
"내가 많은 것으로 네게 맡기리ㄴ."
과연 무엇이 많은 것이며 어떻게 맡긴다는 것인가?
"네 주인의 즐거움에 참예할지어다."
그렇다면 현재 이 목회 현장에서 즐거울 것이 없는데 과연 무엇인가?

그런데 계속 말씀을 붙잡고 묵상하는 가운데 그 말씀이 하나님의 음성처럼 내 마음에 들려지기 시작했다. 그 하나님이 주신 말씀은 개척 교회의 교인들 한 영혼 한 영혼에 충성하라는 말씀이었다. 이것이 하나님께 영광이며 상급이라는 뜻으로 깨달아지기 시작했다.

하나님은 때로는 우회적으로 말씀하시면서 깨닫게 하시는 것을 알게 되었다.

교회 피크닉

장윤익 집사부부

여전도회 사업 그라지세일

"잘 하였도다"는 내가 무엇을 잘해서가 아니라 '잘해라'라는 명령과도 같았다.

"착하고 충성된 종아"는 나는 착하지도 충성하지도 않았는데, 부디 "착하게 목회에 충성하여라"라는 명령 같았다.

또한 "네가 작은 일에 충성하였으매"는 실제로 나는 서울을 그리워했었고, 크게 집회하던 것을 생각했으며, 내 악기 하나만 들고 어디든지 이 나라 저 나라를 다니며 큰 집회들을 감당했었다.

그런데 이제는 이 개척 교회에 하나님께서 맡기신 영혼들의 구원과 성숙을 위하여 충성하라는 명령이었다.

그리고 이렇게 하나님의 말씀대로 충성하여 인정받는 주의 종이 되면 하나님을 기쁘시게 해드릴 뿐만 아니라 나에게도 기쁨이 될 것이라고 말씀하시는 것 같았다.

곧, 이것이 하나님께 영광이며 상급이라는 것을 깨달았다.

그렇다. 그 말씀 속에 그렇게 알고 싶었던 하나님의 뜻이 투명하게 다 드러난 것이다. 그래서 하나님께 투정하고 불평하던 것을 하나님이 다 들으시고, 이렇게 말씀으로 타이르시며 순종하라는 준엄한 말씀으로 들려지게 된 것이다.

그런데 깨닫게 된 것은, 나는 괴롭히던 교인들을 벗어나고 싶었는데, 목회는 바로 이런 사람들을 하나님의 사람으로 만드는 일이 일이라는 것이다.

다시 말해 목회는 눈에 보이지 않는 영적인 일인 것이다.

목회는 어떤 이벤트가 아니라 뭇 영혼을 구원하는 일, 죄악에서 돌이키게 하는 일이다. 또 그 작은 일, 그렇게 말썽 부리던 그 한 영혼을 위해서 일하라는 것이었다. 뿐만 아니라 도망가고 싶었던 목회의 현장이 바로 내가 사역해야 할 현주소라는 것을 깨달았다.

하나님께서 이 영혼들 때문에 우리 부부를 이곳에 보내셨다는 주님의 뜻을 확실하게 깨닫게 된 것이다.

사모의 사역은 목사님의 사역과 색깔이 다르지만 동일한 마음으로 같은 뜻을 가지고 함께 일하는 것이다.

하나님의 확실한 뜻을 깨닫지 못했을 때는 이리저리 방황했었는데, 주의 뜻을 깨닫고 나니 영혼들을 바라보는 나의 마음이 달라지고 목회에 집중할 수 있게 되었다.

전에는 '내가 왜 이런 사람들 때문에 마음고생하고 단련을 받아야 하나'라는 생각으로 마음을 열지 못했는데, 그것은 내 마음에 그들을 품을 사랑이 없었던 것을 알게 되었다.

그 이후 불평만을 기도했던 내 입술에서 이제는 우리 앞에 보내주신 영혼들을 붙들고 그들의 영혼 구원과 그들의 영혼이 성숙하게 성장하기를 위한 기도로 바뀌게 되었다.

목사님들이 그래서 아무리 어렵고 고통스러워도 목회를 계속하는가 보다.

만약 주의 종이 영혼에 대한 사랑이 없으면 어떻게 하루인들 그 사람들을 품고 기도할 수 있겠는가.

나는 영혼들을 사랑하는 것이 무엇인지를 몰랐던 사람이다.

내가 먼저 영적인 도전을 받고 나니까 영안이 떠지고 영혼들의 상태가 보이는 것이었다.

그런데 내가 생각하기를 그때부터 철없던 사모가 사모로서 사역을 제대로 시작하게 된 것이 아닌가 회고해 본다.

그리고 기도할 때 하나님께서 영적 지혜를 주셔서 문제들을 풀어가며 적극적인 기도 사역을 할 수 있었고 문제를 가진 영혼들을 내 기도의 품 속에 품을 수가 있었다.

15

호산나 찬양단이 설립되었다

나는 찬양사역자이다.

그러나 예배 시간이 나의 독무대는 아니기 때문에 우리 목회의 현장에서는 찬양을 할 수가 없었다. 왜냐하면 교인들이 찬양을 하려 하지 않고 "사모님이 그냥 다 하세요" 하는 것이었다. 이것은 아니었다.

사모와 비교를 당한다고 생각하면 어떻게 찬양하고 싶겠는가 말이다. 내가 사모이기 때문에 잘하든 잘 못하든 교인들에게 찬양할 기회를 주는 것이 은혜스러울 것 같았다.

그래서 은퇴할 때까지 우리 교회에서는 찬양을 거의 하지 않아서 사모가 찬양하는 사람인지 전혀 모른다.

그런데 실제로는 정말로 찬양을 하지 않으니까 내 영혼이 소멸되는 것 같아서 못 견딜 것 같았다.

LA 세계 선교 교회   주안 장로 교회

그때는 나의 개인 집회도 조심스럽게 나갔었는데….

심지어는 "사모가 돈 벌러 다닌대"라는 말이 들리는데 정말 바늘방석에 앉아 있는 것 같았다.

이런 분위기에서는 개인 집회를 다닐 수도 없었다.

그래서 나는 나의 개인 사역은 일단 접어버리기로 했는데 이것도 나에게는 참으로 아픈 결단이었다.

그런데 찬양 사역을 일절 끊고 나니까 그 답답함과 속타는 마음은 누구도 이해할 수 없고, 모를 것이다.

들나귀에게 고삐를 채워 놓은 것 같다고나 할까. 속된 말로 미칠 것 같은 기분이었다. 거기에다 그 당시 우리가 사는 이 작은 도시는 어디 외출할 곳도 없는 도시로서 한인 수가 약 삼천 명 정도였으니까 내가 답답하다는 말이 이해가 되는지….

그래서 기도하기를 시작했다.

"주님, 찬양하기를 원하는데 현재 제 입장으로는 그것도 참으로 눈치가 보이고 불편합니다. 그래서 찬양을 못하고 있으니 제 목소리가 녹이 스는 것 같습니다. 주님, 녹슬고 찬양하지 못하면 내 목소리는 버려지지 않겠습니까? 주님, 저를 버리시나이까? 어떻게 해야 할는지? 주님을 기쁘시게 해드리고 높여드리는 찬양의 기회를 주시옵소서.”

정말 방법을 찾을 수 없는 막연한 기도를 이렇게 매일 기도했다. 아주 오랜 시간 기도하던 끝에 성령께서 어떤 아이디어를 주셨다. 그것은 찬양단을 조직하라는 것이었다.

그런데 그 당시 우리 작은 교회에서는 찬양단 단원이 될 사람이 없는 실정이었다. 찬양은 예배드릴 때만 부르는 것으로 인식되어 단체를 조직한다는 것은 관심도 없고 꿈도 꾸지 못할 실정이었다. 그래도 나는 성령께서 주신 뜻을 붙들고 기도를 계속했다.

"너희 안에서 행하시는 이는 하나님이시니 자기의 기쁘신 뜻을 위하여 너희로 소원을 두고 행하게 하시나니"(빌립보서 2:13).

어느 해인가, 내가 한국에 집회를 다녀왔다.
막 도착했는데 목사님이 어디 심방을 가자는 것이었다.
그런데 그날은 목사님이 기분이 상당히 좋았다.
어느 가정에 도착했다. 그곳에는 젊은이들이 모여 있었는데 찬양을 하기 원한다는 것이었다.
나는 믿어지지 않아서 자세히 물어보고 다짐을 해보았다. 왜냐하면 찬양단을 조직하고 시작하려면 우선 헌신하는 마음이 기본으로 있어야 하기 때문이다.
그것은 "우리 모여서 찬양하자!"라고 해서 시작하는 것이 아니고 창단을 위한 기도부터 해야 했다. 그리고 찬양단 조직 목적과 활동 범위와 단체 규약도 만들어야 했다.

그래서 그때부터 본격적으로 기도하기 시작했다.

기도하는 중에 성령께서 찬양단의 목적과 규약과 활동에 대한 모든 아이디어를 주셨다. 그리고 단원으로 헌신하는 사람들과 함께 기도하면서 찬양단 조직을 위해서 단체 기도에 들어갔다.

나의 마음속에 '왜 우리가 찬양해야 할까?'라는 질문이 있었다. 물론 주님을 기쁘시게 해드리기 위해서이다.

그러나 활동할 때는 교회 안과 밖에 있는 뭇 영혼들을 전도하기 위해서 찬양단이 존재해야 했다. 그러므로 우리 찬양단의 목적은 영혼들을 주께로 인도하는 것이다.

그래서 "주여, 우리를 구원하소서" "Hosanna"로 단체명을 정했다.

이제 단원이 함께 모여서 기도하고 이름을 만들었다고 알려주고 그 의미를 설명해 주었다. 그리고 함께 사진도 찍고 광고지도 만들고 하여 우리가 호산나 찬양단원의 일원이라는 마음을 갖게 했다.

실상 찬양 단원이라 해야 우리 아이들과 청년들 몇 명이었다.

큰 딸이 키보드, 둘째가 피아노, 그리고 청년들이 기타, 베이스, 드럼을 맡아서 연주하게 되었다.

물론 호흡이 맞는 것은 아니어서 오랜 연습이 필요했는데 이렇게 기도하면서 찬양 연습을 약 6개월가량 했다.

드디어 1992년 송구영신 예배를 시작으로 찬양단이 첫 찬양 예배를 올려 드리게 되었다.

호산나 찬양단 설립 단원

내가 미국에 온 지 만 5년 만에 드디어 하나님을 찬양하는 시간이 열리게 되었다.

이곳에서는 대단한 뉴스거리였다.

그래서 첫 예배드릴 때 신문사에서 와서 사진도 찍고 기사를 적어가기도 했다. 그리고 이곳에 있는 교민들도 좋아했고, 신기하게 생각하기도 했다. 정말 찬양단 공연을 본 적이 없는 사람들이었고, 여기가 그런 지역이었기 때문이다.

실제로 우리 호산나 찬양단이 실력이 부실해서 나는 연습을 맹렬하게 했다. 보통 저녁에 만나는데 밤 12시까지 연습을 기본으로 했다.

어떤 청년이 "사모님, 목구멍에서 피가 나요"라고까지 말했다.

이렇게 몇 년을 연습, 연습, 훈련을 하니까 모두들 준가수들이 되어 갔다.

처음 찬양 예배가 정착하기까지 참으로 많은 연습과 기도와 눈물이 필요했다. 그 당시 실상은 예배자가 고작 서너 명 정도였고 때로는 교인들이 전혀 참석하지 않을 때도 있었다.

연습할 때처럼 교인들이 없는 텅 빈 예배당에서 찬양 예배를 올려 드리기도 했다.

그럴 때 나는 단원들에게 위로하기를 "교인들은 없지만 지금 이 자리에 누가 계시지? 성령님께서 천군 천사와 함께 계신단다. 그러니 빈 의자를 바라보지 말고 위를 보고 찬양하자"라고 했다.

이렇게 말하면서 사람에게 하는 찬양이 아니라 위에 계신 하나님께 올려 드리는 찬양이라고 가르쳤다.

우리는 금요일에 찬양 예배로 드렸고, 주일 오후 예배 시에도 찬양을 올려 드렸다. 그렇게 하여 호산나 찬양단은 일주일에 2회 찬양 예배를 드리게 되었다.

이렇게 나는 찬양단과 함께 찬양하는 시간을 갖고 혼신을 다해 찬양 했다. 그런데 당시는 우리와 같이 작은 도시에서는 찬양단을 가진 교회들이 많지 않았다.

우리 교회에서 찬양단이 구성되어 예배 때 찬양한다는 소문이 잔잔히 퍼져 나갔다. 그래서 그때부터 우리는 원정 찬양 집회를 다니게 되었다.

첫 외부 집회 출발 전 Skipper 목사님의 기도

맨 처음 원정 집회를 갔던 곳은 조지아 주 오거스타라는 도시에 있는 순복음교회였다.

Tampa에서 U haul을 빌려서 악기와 스피커 등 모든 장비를 싣고, 단원들은 차 세 대로 나누어 떠났다.

다른 교회에서 공연을 할 정도라면 얼마나 연습을 해야 하는지 말하지 않아도 알 것이다.

정말 아마추어 중에서도 아마추어들을 데리고 찬양단을 하는데 얼마나 피나는 연습을 했겠는가. 그래도 강단에 세워 놓으면 찬양자들답게 찬양할 수 있었으니 하나님이 친히 훈련하신 것이다.

지방에 가서 공연을 한다고 하니까 평소에 안 나오던 기도 시간에도 열심히 나왔다. 그래서 원정 공연을 위한 음향장비시스템을 사서 준비해야 했다. 이미 교회에 부착해 놓은 장비를 뜯어서 가지고 갈 수 없었기 때문에 여행 시의 장비가 필요했다.

그때 그 음향장비는 현재 우리 교회 '정혜영' 권사님께서 약 만 불 가량의 장비 일체를 구입해 주셨다. 그 장비를 지금은 주일학교에서 사용하고 있는 것으로 안다.

드디어 찬양공연을 하게 되었다.

찬양자들인 우리들도 은혜를 받았고, 그 교회 교인들도 색다른 은혜를 받았다.

우리 단원들이 춤추며 찬양하는데 보여주는 찬양이 아니라 함께 찬양하는 공연이었다. 그러자 교인들도 모두 일어나 함께 춤추며, 뜨겁게 찬양하며 스스로 은혜 가운데 들어가는 것이었다.

이렇게 은혜 받는 모습을 경험하면서 찬양단원들도 찬양사역에 대한 열정이 달아오르고 있었다.

이곳은 비록 시골이지만 호산나 찬양단이 은혜스럽게 예배인도를 잘한다는 소문이 잔잔하게 번져갔다. 그래서 Tampa에서 가까운 도시에 있는 우리 교회보다 작은 교회들이 초청을 해왔다.

이렇게 여러 교회를 다니다 보니 우리 호산나 찬양단이 전문가처럼 되어 가고 있었다.

처음에는 좀 떨고 위축되더니, 그 후에는 어떤 교회에 초청을 받고 나가도 신나게 공연에 임하게 되었다. 그리고 집회가 끝나면 우리 단원들과 그 교회 교인들과 함께 친교를 나누면서 하나님의 은혜를 확인했다.

그런데 분명한 것은 호산나 단원들이 이렇게 집회를 다니면서 믿음생활이 더욱 적극적으로 변하고 있었다. 또한 영혼 구원에 대한 관심이 높아지게 되었고 우리가 사역하는 목적이 무엇인지 분명히 알게 되었다.

우리는 플로리다 주 내에 있는 미국 침례교회의 초청을 받기도

했다.

가까운 지방은 우리 자비로 왕래하며 찬양사역을 했다.

또 Tampa에 있는 Association에서 호산나의 찬양 공연을 요청했다. 그 래서 정해진 날짜에 그 교회에 가서 찬양공연을 했다.

그 교회는 어떤 공연도 가능하도록 준비된 교회였다.

그런데 참으로 재미있는 것은 그때 우리가 공연했던 그 스페인풍 교회가 지금 우리의 예배당이 된 것이다.

우리가 그 교회에서 공연하고 약 5년 후 그 교회를 구입하게 된 것이다.

본 교회 주일 예배시

애틀랜타 남부 침례교회

115

16

교회 건물을 구입하다

우리가 예배드리는 미국 교회 west shore baptist church는 대부분이 노인들이었다. 약 50명 정도의 교회인데 겨우 운영하는 정도지만 한인들에게 열린 마음을 가진 사람들이다.

우리 교인들은 가끔 여전도회에서 김치를 담아서 김치 바자회를 하는데 김치를 담을 때는 젓국을 사용한다. 그 냄새가 미국인들에게는 장난이 아닌 것을 우리는 잘 안다. 김치는 친교실에서 담는데 젓국 냄새가 온통 교회를 진동하게 된다.

처음에는 미국교인들의 불평을 했었다.

그래서 목사님이 김치 담그는 것을 미리 알면 그날 밤에 창문을 다 열어 놓고, 에어컨 온도를 낮게 틀고, 또 선풍기를

여러 대 틀어 놓고, 냄새를 최대한 빼고 난후, 방향제를 뿌려서 우리 교인들의 불평을 막아 주기도 했었다.

Skipper 목사님은 부모와 같이 자상하고 사랑이 많은 분이다.

그도 그럴 것이 미국 교회가 재정적으로 약한데 우리 부부가 잔

잔하게 도움이 되고 있었기 때문이다.

그것은 교회 지붕 수리이며, 수도 공사며, 교회 페인트 등 큰 공사를 할 때 우리가 건물 공사비들을 동참해서 지원했기 때문에 항상 고맙게 생각하며 잘해 주었다.

우리의 마음은 미국 교회, 우리 교회가 따로 없다. 다 하나님 안에서 우리는 한 교회이다.

그래서 미국 교회에 내 교회 의식을 가지고 그 교회에 헌금에 동참했던 것이다. 어차피 함께 사용하는 건물이 아닌가!

어떤 보상을 위해서가 아니라 미국 교회가 힘든 것을 아는데 비록 우리 교회는 재정적으로 힘이 없지만 개인적으로 우리가 할 수 있는 것도 복이기 때문에 하나님 앞에서 솔선해서 우리가 했던 것이다. 그래서 Skipper 목사님이 우리를 고맙게 생각하셨다.

어떤 때는 내가 한국에 나갔을 때 한 달 이상 아이들 학교에 데리고 다니는 운전을 친히 해주시기도 했었다.

그 뿐 아니라 오 목사님 혼자 심방다니면 아이들의 학습을 위해서 부모처럼 학교에 대신 가주시기도 했었다.

이렇게 약 10년 동안 우리는 Skipper 목사님과 친밀한 관계를 유지하면서 지내왔었다.

그런데 그 후 오 목사님이 우리 교회 건물을 구입하겠다고 했다.

그 당시 우리 교인이 40명 정도 자녀들까지 50명 가량이었다.

교인들이 네 다섯 가정 정도만 정상적인 수입이고 대부분 힘들게 사는 실정인데 건축 헌금을 도저히 기대할 수 없는 이런 상황에서 어떻게 건물을 구입한다는 것인가!!!

그 교회는 얼마 전 우리 호산나가 초청을 받아서 찬양 공연을 갔던 교회였다. 약 100년된 건물로서 스페인 풍의 건축인데 마침 그 교회를 $44만 불에 판다는 것이다. 사연은 길지만 아무튼 미국 교회 Association을 통해서 우리 목사님에게 Offer 가 들어 왔다.

대지가 4 Acre, 예배당과 교육과과 친교실, 주일학교까지 큰 건물 3동에 면적은 약 4만 SQ 이상이다.

새빛 교회 본당

새빛 교회 전경

우리가 이 교회를 사게 된 이유가 있었는데, 처음 교회 구입 당시 Tampabay Association의 제의가 있었는데 큰 건물이라서 Tampabay Association과 서로 22만불에 반반 공동 구매하자는 계획이었다.

이 금액 정도면 우리 교회가 가능하다고 판단이 되어서 기도 많이 했고 교인 총회를 거쳐서 결정했었다.

교회 구조는 강단이 높고 상당히 컸다. 그리고 교회의 행사를 위해서 휘장도 멋있게 달려 있는 완전히 극장식 무대처럼 어떤 행사이든, 공연을 할수 있는 구조로 지어진 건물이었다.

그 당시 목사님이 처음 이 교회를 볼 때 이 강단에서 예배드리며 호산나가 찬양하는 그림을 그리면서 우리가 이 교회를 사야 한다고 생각했던 것이다.

그래서 새벽 예배드리고 나서 그 교회 건물에 와서 매일 7곱번씩 돌면서 기도하기도 했었다.

우리는 미국 교회 Skipper 목사님에게 이 사실을 알려 드렸다.

그 사실을 알게 된 목사님은 슬퍼하시면서 가지 말라고 이 교회를 공동 오너로 해주겠다고 하시며 말렸다.

그러나 목사님을 배신하는 것이 아니라 예배와 앞날을 생각해서 이 교회로 가야 하겠다고 설득시켜 드리고 우리 교회는 이전을 작정했고 드디어 1995년 12월 초에 이사를 하게 되었는데 정말 슬픈 사연이지만 우리가 이전하고 한달이 못되어 그만 목사님이 소천하셨다.

그래서 12월 말에 장례 예배를 드려 드리고 미국 교회와는 슬픈 이별을 하게 된 것이다.

이렇게 우리는 이미 이사를 다 끝내고 교회를 이리 저리 정리하고 있었는데..... 그런데 Tampa 시에서 "건물용도 변경"이 안 된다며 Association이 포기하는 바람에 우리가 다껴안게 되었다.

그 당시 우리 교회가 이 큰 건물을 단독으로 구입하는 것은 불가능한 상태에서 교회 건물 유지와 운영비는 엄청나게 큰 투담과 희생이 될 것을 짐작하게 하였다.

교인들 40명으로 건축 헌금 약 10만불은 작정 해 놓았지만 나머지 34만불은 어떻게 해야 하는가 말이다.

물론 Tampa Association에서 공동 구매를 포기하는 바람에 우리가 몽땅 뒤집어 쓰게 되었지만 이 결과에 대해서 목사님이 자신에게 책임이 있다고 생각하게 된 것이다.

그래서 여러 방법을 생각했는데 건물 구입할 경우 한국에서 송금이 가능하다는 말을 들었다.

그렇다면 건물 구입비를 송금해오면 목사님 혼자서 교회를 구입할 수 있으리라 생각했다.

그런데 선배 목사님이 교회는 그렇게 구입하는 것이 아니라고 하셨다.

많이 부담하는 것은 좋지만 아무리 교인들이 어렵다고 해도 교인들이 각각 건축 헌금에 동참해야 내 교회 의식을 갖게 된다는 것이다. 그 조언을 듣고 보니 충분히 이해가 가는 말씀이었다.

교회를 계약하고 나니 배보다 배꼽이 더 큰 상황이 발생했는데 100년 된 건물로 수리가 계속 터져 나왔다.

목사님은 교회 행사에 적합하게 생각하고 구입을 결정했지만 낡은 교회 건물 수리비는 미처 생각지 못했었다.

지붕 공사. 에어컨 공사, 교회 지붕에 올려 놓은 에어컨들이 무려 16 Unit 이었고 본당에 상업용 15 ton 짜리가 2 Unit 이었다. 그리고 중간 교육관과 빌딩과 친교실과 주일 학교 예배당 건물에 에

어컨이 14 Unit 이 따로 따로 있었는데 문제는 이 16 Unit 의 에어 컨이 번갈아 가면서 고장이 나는 것이다.

이렇게 크고 작은 수리비가 보통이 아니었다. 정말 이럴 때마다 마음이 참으로 힘들고 무거웠다.

교회 매입 계약 당시

지붕, 에어컨 및 본당 수리

그 마음이 힘든 이유는 뻔하지 않았겠는가! 건물 보험금이 계속 오르는데 그 해는 일년에 $8,500불이었다.

그리고 34만불 융자금의 매달 납부금은 2,800불 가량이었다.

또 약 4만 Square feet 건물의 전기료, 상업용이고 건물이 많기 때문에 가격이 상당히 많이 나왔다.

그 당시 한 주일 헌금이 약 1,500불 정도였는데 매월 융자 월부 금, 보험금, 매월 전기료 1,200불, 예상치 않았던 건물 수리비, 전도사, 선교 지원비, 사례비, 목회 운영비 등등, 한 달이 금방 금방 돌아오는데 정말 숨 막히는 상황이었다.

그 당시 이 지역에서 한 소문이 잔잔히 돌고 있었다.
"새빛 교회에서 전기료를 못내고 유지하기 힘들어서 파산 일보 직전이란다."하는 말이다.

실제로 힘들었지만 절대 아니라고 안심시켰다. 그러나 적은 교인수에 헌금 계산이 빤하기 때문에 그런 말이 만들어진 것이다.

그렇다. 교회 건물 유지를 위해서 당장 지불할 돈은 필요한데 이 상상을 초월한 금액을 누가 책임지겠는가?

40명 교인에게 엄청난 유지비를 광고하면 당장 부담스러워 교회를 떠날 것이고… 그러니 결국 이 엄청난 유지비를 누가 부담했어야 했겠는가? 말이다.

실상 이 교회로 이전하기를 결정하고 추진한 것은 목사님 자신이지 않은가….

이사 온지 몇 개월도 안되었는데 다시 빌려 쓸 교회도 없고, 제대로 건물을 살 형편도 아니고 진퇴양난이었다.

결국 교회 재정 형편이 제대로 돌아갈 때까지 모든 유지비 부족을 우리가 책임지기로 작정했던 것이다.

그래서 우리는 필요한 유지비를 헌금으로 드리고 그 금액을 교회 유지비로 사용하도록 자비 부담했던 것이다.

왜냐하면 선배 목사님의 조언이 목사의 개인 사비로 충당하는 것을 교인들이 알면 헌금하지 않을 뿐 아니라

교회의 어려움이 있어도 당연히 목사가 다 해결할 것으로 알아

서 교회에 대한 책임을 느끼지 않는다는 것이다.

그래서 목사의 사비부담보다 교인들의 영적으로 건강한 헌신을 행할 기회를 주는 것이 바람직하다고 말했다.

솔직하게 말하면 교인 40명 정도로서 어떻게 이 큰 교회의 경비를 감당했었겠는가!

어렵게 사는 교인들에게 건물 유지를 위한 헌금 강조도 할 수 없고 또 이런 교회 형편을 알게 되면 전도하기도 어려울 것이다. 왜냐하면 헌금 부담 때문에 누가 우리 교회에 들어오겠는가?

실상 우리는 10년전 설립 당시부터 모든 부담으로 자비량 운영을 했었기에 아마도 이런 상황을 견딜수 있지 않았나 생각해 본다.

전부터 우리 부부에게는 돈이란 액수에 있는 것이 아니라 사용의 의미에 있다고 생각하고 살아왔다.

그러나 한편 왜 적은 수의 교인으로 우리가 이 큰 교회를 떠 넘겨 받아서 이렇게 허덕여야 하는가?

우리가 왜 들어왔나? 하는 생각도 해 보았다.

졸지에 모든 것을 떠 맡는 상황 앞에서 왜? 우리가 이런 희생을 감당해야 하는가? 하는 의문을 갖기도 했었다.

그런데 교회는 이미 들어온 상태여서 어디로 다시 이사 갈수도 없는 상황에서 기도하는 중에

하나님의 뜻을 알 것 같았다.

"주가 쓰시겠다 하라."는 예수님이 벳바게에서 예루살렘 입성

을 위하여 나귀 새끼를 끌어 오라는 말씀이 생각났다.

아! 이 건물을 사는 것도 혹시 하나님의 뜻이 있겠구나! 무엇인지 아직 모르겠지만 어떤 모양으로든지 주님께서 우리 교회를 쓰신다면 순종하는 마음으로 드려야 하리라는 믿음이 생긴 것이다.

현재 상황에서는 아무 것도 알수 없지만 훗날 주님께서 우리 교회를 통해서 영광을 받으시리라!

가장 힘들었던 약 4-5년간은 참으로 숨 막히는 기간이었는데 새 교인들이 오면서 점차적으로 교회를 유지하면서 목회를 할 수 있었다.

그런데 우리가 매달 융자금, 건물보험비, 수리비, 모든 부담을 무명 헌금으로 처리했었기 때문에 그 당시 교회의 재정부장 집사님만은 이 사실을 알고 있었다.

어느날 재정부장님이 "교회의 재정은 빤하고, 언제 부흥할지 모르는데 계속 이런 희생으로 언제까지 교회 유지를 할 것입니까? 교인들에게 광고하여 같이 부담해야 할 것 같군요." 말하자 그 때 목사님은 "교회 숫자적인 부흥에 지장이 있습니다. 그리고 교인들이 힘든데 절대로 부담을 주면 않됩니다. 할수 있는데 까지 하겠습니다."고 말했다.

그분은 이런 우리 가정을 무척 걱정했었는데, 그 때 나는 이미 몸이 좋지 않은 상태였어도 실상 나를 위하여 의료 보험을 들수가 없었다. 그런데 결국 재정 부장이 "사모님 이렇게 지내다가 큰 일 납니다" 하시면서 2002년 말에 의료 보험을 교회 재정으로 직접 가입해 주었다. 그런데 그것이 2003년에 드디어 뇌 종양 수술하는데 큰 도움이 될 줄을 어떻게 미리 알 수 있었겠는가….

그분은 우리 가정을 염려하며 나의 상태를 배려해 주시고 은혜를 베풀어주신 귀한 성도였고 하나님의 은혜의 통로였다.

하나님은 이렇게 우리의 헌신을 아시고 우리에게 실질적으로 돕는 자를 예비하셨던 것이다.

새빛 교회에서 가장 우리를 잘 알고 도움이 되셨던 분은 지금은 타주에 가신 "H" 재정집사님이셨다.

그 당시, 한국에서 송금액수가 일년 1회 5천불 밖에 할수 없는 때였기에 더욱 우리가 힘들었던 것이다.

실상 내가 일년에 2번 -3번 한국에 왔다 갔다 했던 이유가 물론 어머니가 계시기 때문이기도 했고 또 나의 집회 때문이라고도 말했다. 그러나 실상 속 내막은 송금이 가장 큰 이유였다.

1년 교회를 유지해야 할 금액을 송금하려면 한번으로는 어림도 없고 최소 내가 두 번씩 한국을 나갔었다.

그래서 일년에 두 번씩 해마다 송금해준 친구가 여럿 있었다.

그 중에 한 친구가 적극적으로 도와주었는데 지금도 그 친구를 생각하면 너무 고맙고 감사한 친구가 있다.

그런 적극적인 도움의 손길이 없었으면 송금할 길이 없었고 우리는 앞이 캄캄한 상태였을 것이다.

그런 돈이면 장사를 해도 넉넉한 돈인데 장사는 못하게 하고 이게 무슨 짓인가??? 하는 생각도 했었다.

내 마음은 항상 불안했고 친구들 신세를 지면서 교회를 유지했던 나는 심장이 마르는 것 같았다.

정말 기도 없이는 견딜 수 없었던 참 힘든 날들이 있었다.

예배 인도 중

새빛 교회 강단앞에서

낡은 건물이라 연속적으로 수리비, 관리비는 계속 터져 나왔고 밑 빠진 독에 물 붓는 것 같은 상황 속에서 우리의 사례비에 대한 기대는 아예 실종 상태가 되어 버려서 관심도 가질 수 없었다.

그래서 교회가 안정되어 정상적으로 융자금을 갚을 수 있을 때까지 항상 마음 조리면서 교회를 운영했었다.

그리고 그 후 교회에서 우리는 사례비를 2004년부터 정상적으로 받기 시작했었다.

교회를 구입해서 교회 재정이 안정될 때까지 우리가 희생할 수 있었던 것은 우리의 재산이 많아서가 아니다.

우리의 소유는 모든 것이 하나님께로부터라는 신앙 때문이었다.

그리고 세상의 모든 하나님의 것이 우리의 것이며 우리의 것이 하나님의 것이라는 신앙이다.

물질은 세상 살아가는 도구에 불과하며 어떻게 사용하는가? 하는 것에 사용의 의미와 가치가 있다고 생각하고 살았다.

그래서 사역은 곧, 나의 일이고 내 일이 곧, 하나님의 일이라는 의미였고 하나님의 것이 나의 것, 나의 것이 하나님의 것이라는 믿음으로 살아왔다.

　이런 형편의 어려움을 견디면서 드디어 우리 목사님이 은퇴하기 2년 전에 융자를 다 갚고 하나님께 온전히 하나님의 교회로 헌당해 드렸다.

　목사님은 은퇴할 때 교회에 빚을 남겨두고 싶지 않았던 이유가 몇가지 있었다.

　첫째, 하나님께 대하여 교회 설립자로서 책임감과 사명감을 다하여 끝까지 헌신하는 마음이었다.

　둘째, 후임자의 목회가 안정되기까지 얼마나 시간이 걸릴지? 부흥할지? 아니면 어려움을 겪을지? 모르는데

　교회가 빚으로 재정상 어려움을 겪지 않게 하기 위해서였다.

　셋째, 교인들에게 교회 융자로 인한 재정적 부담을 벗게해 주려는 설립자의 교회 사랑, 교인들 사랑이었다.

　결국 교인들과 함께 깔끔하게 헌당하여 하나님의 집으로 올려드리게 되었던 것이다.

　실상 교회의 융자가 있다는 것은 다 갚기 전까지는 우리 집이 아니다. 은행이 소유한 은행 집인 것이다.

　그래서 교인들에게 아무 빚 부담없는 하나님의 교회에서 하나님께 행복한 예배를 드리게 하려는 마음이었다.

　절대로 교회 건물에만 무게를 두는 것이 아니라 교회는 곧, 하나님의 집, 하나님께 예태드리고, 기도하는 집, 하나님께 기도하

며 교통하는 온전한 우리의 예배당이 있다는 것이 얼마나 행복하고 감사한가 말이다.

그리고 호산나 활동뿐 아니라. 이 지역 한인 교회의 큰 행사는 모두 우리 새빛 예배당을 사용하게 되었으니... 분명히 하나님께서 우리의 헌신을 받으셨고, 주님께서 이 작은 Tampa 지역의 모든 교회들이 함께 드리는 축제를 위하여, 모든 성도들의 찬양과 각종 큰 행사를 통해서 당신이 홀로 받으시는 영광을 위하여 이렇게 새빛 예배당을 구입해야 할 이유가 있었다고 생각했고 아울러 하나님께서 모든 행사와 각종 예배를 위하여 "우리의 헌신을 요구하셨던 것이구나!"라고 나중에 확신하게 되었다.

새빛 교회여! 하나님께 영광을.......

탬파 지역 교회 연합 찬양제

극동 방송 합창단 방문 공연

17

호산나 한국 찬양 공연을 계획하다

호산나는 점점 단단하게 훈련되어 마음과 뜻이 하나가 되어 사역하고 있었다. 교회에서 찬양단을 운영하는 것과 찬양단의 수명을 길게 한다는 것이 얼마나 어렵다는 것을 찬양단을 가져본 교회나 운영해본 사람들은 잘 알 것이다.

교회에는 구속력이 없고 대가를 지불하는 기관이 아니다.
그래서 수명이 길지 못하고 운영이 잘 안 되는 것이다.
이런 현실과 상황 속에서 우리 호산나는 정말 은혜스럽게 유지되고 진행되고 있었다.
지방을 다닐 때는 단원들이 자비를 들여 호텔비며 음식비를 지불하면서 열심히 참여했다.

앞에서 말한 것처럼, 우리 교회가 그 교회를 구입하느냐 마느냐 하다가 결정을 했다. 그래서 작정 헌금도 하고 본격적인 건축 헌금에 들어갔고, 우리가 건축헌금의 분량을 이미 따로 드렸다. 그리고 기도하는 중에 우리 호산나가 건축 헌금에 동참했으면 하는 마음이 강하게 들었다.

비록 학생들이고 청년들이지만 적으면 적은대로 하나님께 헌신하는 것이 무엇인지 교육하고 싶었다. 그래서 기도하면서 더 구체적인 아이디어를 얻게 되었다.

모이면 예배, 모이면 기도하던 때였다

우리로서는 대단히 큰 꿈이었다. 그래서 호산나 한국 집회 여행을 교회에 내놓았다.

교인들의 반응은 '황당하다'였다. 꿈만 가지고는 안 된다는 것이었다. 대부분 학생이기 때문에 경비 부담도 있고, 호산나가 한국 찬양 수준에 어림도 없다는 것이었다.

그래서 나는 교인들에게 믿음의 확신을 말했다.

"우리의 현실을 보지 마십시오. 하나님의 뜻이라면 우리가 부족하고 초라해 보여도 반드시 이루실 것입니다."

그런데 교인들이 너무 반대를 하니까 목사님이 나에게 주의를 시키는 것이었다.

"여보, 당신의 믿음과 뜻은 참으로 귀한데, 만약 일이 잘못되면 교회에 큰 문제가 될 거야. 조심해야 돼. 사모가 찬양단을 이끈다고 하면서 만약 잘못되면 그것은 교회가 큰 파탄이 나는 일이 될 수 있어."

목사님은 교회의 평안과 교인들의 시험거리를 만들지 않기 위해서 그렇게 말을 했다.

그래서 나는 일단 한국에 가서 가능성을 타진해 보기로 하고 1995년 가을에 한국에 나가 집회를 다녔다. 그러면서 내년에 내가 호산나 찬양단을 이끌고 다시 오겠다고 하면서 집회 시간을 달라고 부탁했다. 그리고 몇 가지 목적이 있다고 말하면서 첫째는, 건축 헌금 모금이며 둘째는, 호산나 찬양단원이 헌금에 동참하는 일로 인하여 교회를 사랑하는 마음을 갖게 하기 위함이고 셋째는, 이런 활동으로 인하여 호산나 찬양단원들이 사역에 적극적인 사명감을 갖게 하기 위함이라고 설명했다.

그런데 역시 그 반응은 "Not My Business!"였다.

참으로 나는 실정을 모르는 황당한 여자가 되고 말았다.

그리고 안타까웠는지 "전도사님 혼자서 집회하세요. 우리가 건축헌금을 따로 모금해 드릴께요"였다.

그 말을 고마웠지만 나의 의도는 그것이 아니었다.

그분들의 말대로 부담없이 나 혼자 다니면서 교회 건축을 소개하면 헌금을 모아 줄 것이다. 그리고 그 헌금을 교회에 드리면 그것은 방은미의 건축 헌금으로 끝날 것이다.

이런 반응에 나도 실망하면서 이 교회 저 교회 다니며 집회 스케줄을 달라고 목사님들을 만났다. 그래도 하나님은 내 기도를 듣고 계셨다. 드디어 집회를 열기로 약속을 잡았는데, 부평에 있는 소명 감리교회였다. 한국에 있을 때부터 친분이 있었고 서로의 사역을 존중하며 교제했던 친구 목사님이 섬기시는 교회였다.

힘든 일을 하는데 도움이 되었으면 좋겠다면서 집회 시간을 주셨다. 그러면서 어떻게 그렇게 큰 일을 하려 하느냐고 하셨다. 나는 집회를 계획하게 된 동기와 목적을 일장 설명했다.

목사님은 나를 알고 믿어주기 때문에 쉽게 집회를 허락했다. 이제 집회를 얻게 되니 문제가 다 해결된 것 같은 마음이었다. 그리고 아무리 불신 시대이지만 하나님의 진실은 반드시 승리할 것이라는 믿음으로 계속 기도했다.

그러나 이제 집회 한 곳 스케줄로 어떻게 팀을 데리고 올 것인가 내 마음이 무거워졌다. 그래서 또 한 교회의 목사님을 만났는데 압구정동에 있는 광림교회였다. 그곳에서 목사님이 교회 건축을 위해 수고한다고 하시면서 스케줄을 주셨다.

이제 두 곳이 결정되었다. 마음이 훨씬 가벼워졌다.

그런데 귀국할 날짜가 다가오는데 이제 두 곳밖에 없으니…. 생각할수록 마음이 초조해지는 것이었다.

귀국하기 바로 전날, 경기도 광주에서 목회하는 내 친구 목사님께 연락을 했다. 역시 친구 목사님이라서 그런지 쾌히 승낙해 주었다. 이렇게 하여 나는 한국에서 확실하게 세 교회의 집회 일정을 가지고 다시 귀국하게 되었다.

내가 교회에 가서 교인들에게 세 교회의 집회 일정을 갖고 왔다고 했더니 "세 교회 하자고 한국 가느냐?"는 반응이었다.

세 교회에서 모금해 주어도 단원들이 한국 갈 비행기 값도 안 됩니다. 역시 여행가는 것도 아니고 단원들을 데리고, 그렇게 낭비성이 있는 출행은 모험이라는 것이다.

이제는 내가 믿음을 말하지 않을 수 없었다.

한국에서 비록 세 교회이지만 기도하고 나가면 성령님께서 친히 엮어 주실 것이라는 강한 믿음을 말했다. 그리고 "호산나 한국 행을 위해서 뜨겁게 기도 많이 해주십시오" 하며 강하게 부탁했다. 그리고 호산나 단원들에게 말했다.

"지금은 세 교회지만 하나님께서 어떻게 엮어주시고 인도하실 줄 믿는다. 다만 하나님을 의지하고 호산나는 간다."

이렇게 확신에 찬 말로 한국 가는 것을 발표하고 난 뒤 "비행기 표는 자비부담이다. 힘든 사람은 안가도 좋다. 가는 사람은 시간과 경비를 하나님께 드리는 맘으로 동참해야 한다. 여러분들 기도하면서 결정하고, 그리고 앞으로 한국 집회를 위해서 본격적으로 준비하라"고 했다. 실상 학생들이 무슨 돈이 있었겠는가? 그리고 우리 교인들의 생활은 다 넉넉하지 못한 집들이었다.

그래도 계속 기도했다.

우리 집은 세 아이가 모두 단원으로 가야 했고, 우리는 네 사람이 가야 하니까 힘들게 경비를 부담했다. 그런데 처음에는 아무도 가겠다는 단원이 없었다. 나는 기운이 빠지는 것 같았다.

그래도 실망한 마음에 안고 계속 기도했다.

그랬더니 얼마 후 한 사람씩 한국에 가겠다고 자원자가 나왔다.

그리고 물었다.

"가면 숙식을 어떻게 하는 것입니까?"

"하나님이 다 책임지실 것을 믿고 나가는 거야. 밥 먹고 자는 것은 걱정하지 말고 결단만 해."

그런데 실제로 나에게는 아무 대책이 없었다. 정말 아무것도 없고 전혀 도움이 없으면 내가 숙식까지 부담할 각오가 되어 있었다. 그리고 집회를 엮으면서 점차적으로 모든 부담을 해결할 수 있다는 생각이 들었고, 모든 상황은 하나님의 일이기 때문에 하나님께서 친히 해결하실 것이라는 믿음이 있었다.

그런데 이름도 없는 팀인데, 하루 집회를 하면서 10명 이상의 숙식을 부담해야 하는데 그만한 가치가 있느냐였다.

그리고 시골에서 촌사람들이 온다는데 한국 교인들이 눈길이나 돌리겠는가.

일반 성도들의 호응도가 없는 집회는 교회로서는 안중에도 없는 것이다. 그래서 우리 집회가 전혀 반응이 없을 것이라는 부정적인 마음이 작용했던 것이다.

나도 우리의 상황을 인정한다. 그리고 각 목사님들의 교회를 생각하는 그 생각들을 충분히 이해한다. 또 한편, 실제로 어떤 모금 집회를 한다고 해도 그것이 진실인지를 파악할 수 없는 경우가 있을 것이다. 하도 교회를 빙자하고 집회를 이용하는 거짓 집회자들이 활개를 치는 세상이니까 말이다.

미국에서도 잘 모르는 어느 작은 도시의 작은 교회에서 나와 찬양 집회를 한다는데 믿어지겠는가?

그 당시만 해도 Tampa라는 도시는 너무 생소한 도시였다.

어떻게 생각하면 뒤에서 콧방귀를 뀔 수도 있었을 것이다.

그러나 나는 하나님 앞에 진실한 마음이기에 그것이 문제가 되지 않았다. 나는 감정적으로는 조금도 흔들림이 없었다. 다만 이 일이 하나님의 일이므로 하나님께서 그분들에게 진실을 알게 하시리라 믿고 기도로 준비했다. 그래서 하나님이 하실 일을 바라보고 하나님의 능력을 믿는 마음으로 섭외를 시도했던 것이다.

우리 목사님도 어떤 집회를 정할 때 이런 점들을 고려하기 때문에 나도 충분히 목사님들의 말을 이해한다.

우리에게는 중요한 영적인 사역이지만 아무 관계없는 목사님들이 우리를 이해할 이유가 없었던 것이다. 그러니까 믿을 수 없는 찬양단에게 귀한 시간을 줄 수 없다는 뜻이지만, 나는 그런 교회들이 섭섭하지 않았다.

나도 그렇게 주제를 잘 파악하고 있었기 때문이다.

그러나 하나님은 이런 소자들을 사용하신다는 믿음이었다. 그리고 이 작은 사람의 기도 가운데 하나님의 계획을 친히 이루실 것이라는 믿음 말이다.

이것은 내 기도가 이루어지기를 바라는 것이 아니라 하나님의 뜻이 이루어지기를 믿는 믿음이었다. 그래서 누가 무엇이라고 해도 하나님이 하실 일을 바라보고 강하게 밀어붙였던 것이다.

"만군의 여호와께서 맹세하여 가라사대 나의 생각한 것이 반드시 되며 나의 경영한 것이 반드시 이루리라"(이사야 14:24).

18

호산나 드디어 한국 입성

내가 호산나를 데리고 한국에 나갈 정도로 내 단원들에 대한 내 사랑이 컸었다.

그러나 한국에서 우리 단원들을 촌사람같이 취급하는 것이 마음 아팠다.

호산나를 홀대한다 해도 호산나 하나, 하나는 하나님이 얼마나 사랑하는 나의 단원들인가!

그래서 나는 기도하고 결정한 목표이기 때문에 계속 한국 교회를 섭외했었다.

나는 비록 3 교회만 섭외되었지만 희망을 잃지 않았다.

사랑하는 호산나가 더 이상 평가받지 않기를 위해서 약 6개월간 맹연습에 들어갔다.

아마추어 이지만 역시 연습을 강행했더니 공연만큼은 잘 감당할 수 있게 되었다.

만족하진 안지만 집회 때 성령의 충만함을 입으면 성공적으로 인도 할 수 있으리라는 기대감이 생겼다.

드디어 출국 날자 1996년 6월 6일이었다.

그래서 그 날자에 맞추려고 하루 전에 한국에 들어갔다.

인천 공항에 도착했다. 그야말로 초라한 촌뜨기들 우리들의 모습이었다.

그런데!!! 하나님의 은혜는 인천 공항에서부터 시작되었다.

우리는 고생하기를 각오하도록 마음을 단단하게 무장하게 하였다.

그래서 우리는 어떤 기대도 전혀 기대하지 않고 도착하여 어디에든지 숙소를 정하려 했었다.

우리의 일행이 짐과 악기같은 것이 있기 때문에 이제 어떻게 다녀야 하겠는가? 생각했다.

그런데 부평의 "소명교회" 교회 류심현 목사님이 부 목사님 편에 교회의 버스를 내 보내 주셨다.

그리고 새벽에 도착했으니 시장할 것인즉, 공항에서 단원들에게 아침을 사주라고 하셨단다.

정말 상상치도 못했던 뜻밖의 환대였다.

공항에서 식사하면 비싸니까 밖에 나가서 먹자고 했다.

그런데 목사님께서 이른 아침에는 식당이 문을 열지 않으니 공항에서 해결하라고 하셨단다.

하나님 사랑하는 마음과 우리를 이해하고 받아주시는 목사님으로부터 하나님 사랑을 느낄 수가 있었다.

류심현 목사님이 제공해 주신 미니 버스

빌라를 제공해 주신 김장로님

이렇게 우리들은 하나님의 역사하심을 체험하고 있었다.

단원들은 너무 뜻밖의 환대라서 놀라고 있었다.

그리고 목사님께서 우리가 타고 가는 버스를 서울 근교에 다닐 때는 전용으로 사용하라고 배려해 주셨다.

나는 눈물이 날 정도로 목사님께 너무 고마웠다.

그리고 교회에서 Sound System 일체를 실어 주셔서 집회 때마다 사용하라고 하셨단다.

이것이 웬 은혜인가!

그리고 또 상상치 못했던 은혜가 있었다.

우리 호산나의 단원 중 10명이 나갔다.

나는 여관에서 방 두 개만 빌릴 계획을 하고 나갔다.

그런데 교회 장로님의 빌라 두 채를 한 달간 빌려 주셨다. 물론 전혀 무료다.

이 빌라는 아직 분양되지 않은 것이라고 하면서 교인 중에 건축하시는 장로님이 주신 것이란다.

감사한 것을 어떻게 말로 표현하겠는가!

미국에서 걱정했던 숙식이 그대로 해결된 것이다.

그 빌라와 교회가 좀 거리가 있었다.

그러면서 교회에서 직원들 식사가 매일 있으니 때때마다 와서 식사를 하라는 것이다.

시작부터 숙식이 제대로 해결된 것이다.

말씀만 들어도 예상 밖의 감사. 감사였다.

그렇게 하나님께서 "소명"교회 목사님의 사랑으로 완벽하게 모든 것이 마련되어 있었다.

우리 호산나는 집회 시작도 하지 않고 미리 하나님의 일하심을 눈으로 보게 된 것이다.

우리는 빌라 두 채에 나누어서 들어가 짐을 풀고 일단 기도에 들어갔다.

이렇게 큰 배려로 우리를 도와주시는 "소명"교회를 위해서 감사 기도하고 하나님의 은혜에 감사했다.

우리는 간단하게 예배드리고 앞으로 건축 헌금이 들어오면 관리해야 할 회계를 정했다.

모든 지출과 수입은 우리 중 한단원이 관리하기로 했었다.

그는 "황선미" 단원, 현재는 권사님이 되었다. 그리고 매일 함께 모여서 계산을 보기로 했었다.

이제 우리는 "소명"교회에서 일체 연습을 하게 되었다.

그리고 첫 집회가 압구정동 "광림 교회" 였다.

시작을 그렇게 대단한 동네, 그렇게 큰 교회였으니 우리가 얼마나 보잘 것 없게 보였겠는가?

이제 교회에 도착했고 부목사님이 영접했다. 시골티 나는 우리들의 모양을 보시고 대단히 실망하신 것 같았다.

그분과 인사하고 난 뒤 내 마음은 매우 긴장되고 위축되는 것 같았고 순간 자신이 없어지는 것 같았다.

그러나 내가 지금 인솔하고 온 첫 집회인데 단원들에게는 적극적이고 긍정적인 모습을 보였다.

그런데 우리를 데리고 집회 장소를 갔는데 그 교회의 남전도회 예배실이었다.

물론 어디서라도 공연을 할 수 있는데 내가 조금 착각했었다.

그래도 우리는 감사해야 했고 아무 불평없이 공연을 준비했다.

그런데 지금 우리사역의 현장에 이런 일이 발생했다.

우리가 인천에서 연습을 많이 했으며 연습 때 사용했던 Sound System을 가지고 왔다.

공연을 시작하려는데 그만 Sound System이 몽땅 꺼졌다.

Sound System 을 사용하는 기사님이 직접 따라 와서 도와주고 있는데 아무리 찾아보아도 고장 날 리가 없다는 것이다.

그래서 나는 부 목사님께 교회 Sound System 을 사용할 다른 장소는 없느냐? 고 물었다.

본당 밖에는 없다고 한다. 그래서 혹시 본당을 사용할 수 없겠느냐? 고 물었다.

담임 목사님의 허락없이는 본당은 사용할 수 없단다.

이 집회가 첫 집회인데 전자 악기도 사용할 수 없고 마이크도 전혀 사용할 수 없고 어떻게 집회를 하겠는가!

그래서 나는 단원들을 다 데리고 분장실로 들어가서 기도하기 전 먼저 상황을 잘 설명하면서 마이크가 안 나오니까 소리를 최대한도로 내야 한다. 고 말해 주었다.

절대 위축되지 말고 이전보다 더욱 뜨겁게 찬양하고 사람보지 말고 하나님만 바라보면서 찬양하라고 하나, 하나 안아주고 용기와 담대함을 심어주고 드디어 강단에 섰다.

마이크는 열 개를 모두 차려 놓으라고 했다.

마이크가 앞에 있는 것과, 없는 것은 심리적인 차이가 있고 보는 사람들에게도 전시 효과가 있기 때문이다.

비록 아무 소리가 나지 않아도 마이크를 세워놓으면 어떤 Synergy 효과를 얻을 수 있기 때문이다.

그리고 둘째가 Piano를 치고 막내 아들이 Drum 을 힘있게 다른 악기 대신 두 배로 열심히 연주 했다.

나는 이것이 사단의 공격이라는 것을 말해 주고 우리가 절대로 위축되어서는 않된다고 말해 주었기 때문에 단원들은 완전히 성령의 술에 취한 듯 찬양 속에 몰입했다.

그 분위기가 함께 하는 교인들에게 그 열기가 전달된 것 같다.

교인들이 함께 뜨거워지는 것을 느낀 호산나는 완전히 천군 천사들의 합창과 같은 분위기를 연출했다.

이렇게 집회가 계속 되었고 나의 Solo 시간이 되었다.

다행히 나는 평소에도 마이크 없이 노래 할 수 있는 소리가 큰 목소리이다.

내 순서에 찬양 두곡을 한다. 이 시간쯤 되면 호산나 집회는 3분의 2가 진행되는 시간이다.

그런데 내 순서가 지나고 단원들이 찬양하려고 들어 와서 찬양을 몇 소절을 부르는데 Electric System 이 다 켜지게 된 것이다.

그 음향 기사는 아무 일도 하지 않고 그냥 앞 좌석에 앉아서 System 이 다 죽은 상태에서 그냥 모든 것을 켜 놓고만 있었다고 하면서 무슨 조화인지 모르겠다고 한다.

나는 안다. 사단의 방해였지만 우리의 뜨거움을 이기지 못한, 결국 우리의 승리였다.

사운드가 켜지고 모든 것이 빵빵하게 울려 나오니까 호산나는 완전히 성령의 능력에 사로잡힌 듯 찬양했다.

이것을 같이 경험하고 있는 그 교회 교인들은 영문도 모르고 강렬한 성령의 체험을 하게 된 것이다.

참으로 호산나가 서울에 와서 시작부터 원색적인 공격을 받은 것 같아서 마음이 무척 힘들었다.

그런데 집회가 끝나고 참여했던 교인들이 이번 주 저녁에 다시 집회를 해 달라는 요청이 쏟아졌다.

짐도 실어 주고 버스를 타는데 까지 따라와서 또 와 달라고 계속 요청하는 것이다.

그분들은 Electric System 사정이 잘못된 것을 전혀 눈치 채지 못했던 같았다.

그리고 장로님, 권사님들이 가지 못하게 할 정도로 이 집회를 더 많은 교인들이 봐야 한다고 하면서 말이다.

그리고 어느 장노님은 지금 당장 담임 목사님께 전화해서 집회를 잡겠다는 것이다.

나는 그 반응에 너무 감사했고 호산나 단원들도 예기치 않았던 반응에 마냥 기뻐하였다.

비록 힘든 공연이었지간 하나님이 기뻐하셨다는 것을 그 반응을 통해서 확인하게 되었다.

그래서 그분들에게 주일 저녁에 작은 교회에 집회가 예약되었다고 하면서 거절했다.

아무리 작은 교회이지만 그 교회에서도 은혜를 나누고 호산나가 더 많은 교회를 방문하므로 많은 경험과 하나님의 은혜를 경험하게 하기 위해서이다.

이 집회가 우리의 처음 교회였고 시작부터 하나님은 우리를 귀하게 사용하셨고 그 후부터 호산나가 가는 교회마다 대단한 환호 속에 집회가 진행 되었다.

그런데 아직도 집회를 연결하는데 마음이 초조하기는 마찬가지였는데 기도하는 중에 머리에 쪄오르는 생각이 있었다. 그것은 바로 홍보였다.

한국에 있을 때 간간히 나의 사역을 응원해 주고 도울 수 있으면 도와주시던 분이 있었다.

그분은 교계에서 위치가 있으신 분이고 엄청나게 바쁘신 분이다. 그래도 나는 신문사에 전화를 걸었다.

그분은 "국민일보" 이사님이시다.

이렇게 작은 사람이 전화한다고 쉽게 연결될 분이 아닌 것도 잘 안다.

그러나 하나님께서 연결되게 하시면 옛날에 나를 도와 주셨던 것처럼 이번에도 어떤 도움이 있을 것이라는 기대감과 믿음으로 전화를 했다.

역시 연결되기가 하늘에 별 따기였는데 연결이 된 것이다.

"이사님, 안녕하셨어요? 제가 방은미입니다."

"아, 방 전도사님 한국 나왔어요?"

"네, 제가 지금 찬양단을 데리고 한국 집회를 나왔는데 제가 신문 광고가 필요한데 기사화 할 수 없는지요?"

그분은 워낙 바쁘신 분이라서 긴말로 안부전하고 지난날을 얘기할 겨를이 없는 분이시다.

그런데 "그거 어렵지 않지요. 내가 ~~~ 기자를 연결할테니 약속하고 사진 찍고 하세요." 하시는 것이다.

그래서 기자와 시간 약속하고 우리 단원들 모두 데리고 나가서 사진도 찍고 드디어 신문에 기사가 나갔다.

하나님의 은혜는 그 때부터였다.

신문 기사를 본 전국의 교회들이 한번씩은 스케쥴 문의를 해왔던 것이다.

이렇게 하여 우리는 전국을 누볐는데 한달에 40회 집회를 감당하게 되었다.

정말 나중에는 시간이 모자라서 집회를 못하고 돌아올 정도였다.

어떻게 40회 집회가 가능했느냐? 하면 아침 집회, 낮 집회, 밤 집회 이렇게 하니까 가능했다.

교도소도 갔고, 학교도 두 곳 갔었고, 직장 선교, 병원 선교, 요즘은 수요일도 아침 집회가 있어서 가능했다.

"한인사회에 화합·찬양붐"

미 호산나선교단 내한공연

미국에서 한인교회를 대상으로 찬양선교를 하고 있는 호산나찬양선교단(단장 방은미전도사)이 최근 입국, 찬양집회를 열고 있다.

지난9일 금곡장로교회를 시작으로 찬양집회에 나선 호산나찬양선교단은 14일 광림교회(김선도) 16일 은평감리교회(김영헌) 19일 마산합성제일교회(황삼익) 21일 부산침례교회(김병수) 23일 부산수영로교회(정필도)30일 화광교회(최이작)등 한달동안 전국 순회공연을 갖는다.

호산나찬양단은 미국 플로리다주 템파제일침례교회(오승일)에 출석하는 중·고 대학생 직장인 15명으로 구성돼 있으며 지난 92년 재미한인청소년들의 탈선을 막고 교회로 인도하기 위해 결성됐다. 지금까지 미국 전역에서

"이민교회·교포청소년들에 사랑·관심을…"

10차례 순회집회를 하면서 불화가 있는 교회에 화합을 가져다 주고, 찬양이 식은 교회에는 찬양의 붐을 일으키고 있다는 평을 받고 있다.

이번 국내공연은 템파제일교회가 최근 마련한 교회건물의 구입비용과 청소년선교기금을 마련하기 위한 것으로 이 교회는 10년전 개척한뒤 템파지역복음화에 기여하고 있다.

단장 방전도사는 『이민교회의

호산나찬양단 방은미단장(왼쪽 두번째)과 단원들. 7월3일까지 순회집회를 갖는다.

어려움과 한인 청소년들의 고통을 소개하기 위해 고국에 왔다』며 『많은 한국교회들이 이민교회에 관심을 갖게되고 한국내 미션스쿨에서 집회할 기회가 있었으면 좋겠다』고 말했다(032-525-9191).

국민 일보에 난 호산나 기사

하루도 쉬는 날 없이 집회하는 일정을 호산나가 감당했는데 시골 우리 동네에서 찬양하는 단원들이 바쁜 일정을 소화하는 가운데 하나님이 친히 역사하심을 똑똑하게 체험하게 되었다.

한국에서 마지막 집회는 또 다른 인천의 "숭의 감리교회"가 있다.

10명중 다섯명 만 남았는데 그 큰 교회에서 역시 같은 반응으로 함께 은혜를 체험했다.

역시 하나님이 역사하신 것을 우리 단원들이 확실하게 보았다.

그리고 우리는 모두 미국으로 들어오는 가운데 LA에 있는 장로교회 두 곳을 방문하여 찬양예배를 드렸다.

그곳에서도 좋은 반응으로 우리를 대해 주셨고 관광까지 시켜주셔서 참 은혜스러운 시간들을 보내고 왔다.

우리는 전적인 주님의 은혜로 환대받게 해 주시고 한국집회의

목적을 달성하고 승리의 개가를 부르며 Tampa 에 도착하게 되었다.

우리가 공항에 도착하니까 교인들이 몇 명 나와 주었다.

그동안 놀라운 소식을 이미 알고 있었기 때문이었다.

"예수의 이름으로 우리는 승리했습니다."

교회에 와서 모든 것을 결산했다.

한국에서 교회들이 넘치는 헌금을 주셨다.

우리가 한국에 있을 때 "소명" 교회에서 빌려준 버스는 서울 근교에서 사용했다.

그러나 지방에 가면 우리 악기가 있기 때문에 리무진 버스를 자비로 대절하기도 했고, 부산에 두 번 집회를 갔을 때는 비행기로 왕래했었고 또 숙소는 호텔에 묵으면서 지냈고 식사는 우리 자비

로 해결했었다.

　또 호산나 단원들이 공연 중 병이 나면 안 되니까 넉넉하게 불편없이 사용해도 모든 경비가 다 채워졌다.

　회계를 맡은 "황 집사"가 모든 경비를 다 지불하고 송금 해온 헌금을 계산하니 상상 이상의 금액이었다.

　우리 교회 교인들은 모두 다 깜짝 놀랐다.

　교인들은 예상외로 들어온 헌금이었기에 비행기 표 반값씩을 돌려주라고 교회 집사님들이 결정했단다.

　그래서 호산나 10명 모두, 우리까지 반값을 받게 되었다.

　그리고 호산나 단원들이 교회 앞에 드려진 헌금이 2만 불이었다.

　2만 불이란 이곳에서는 쉽게 생각할 수 없는 큰 금액이었다.

　처음에 가지 말라던 교인들이 놀라서 어떻게 이런 돈을 모금할 수 있느냐? 며 물었다.

　나는 오직 하나님이 하시면 않되는 것이 없다는 것을 말해 주었다.

그 후 호산나 찬양단은 정말 뜨거운 찬양으로 헌신 봉사하며 사랑받는 단원들이 되었다.

나는 이렇게 한국과 미국에서 찬양사역으로 열정을 쏟고 있는 가운데 2003년에 몸이 극도로 약해져서 호산나 찬양 사역을 쉬고 호산나에 헌신을 다할 단원을 단장으로 세워 놓고 나는 호산나 후진에 물러났다.

때로 결정적인 어떤 행사가 있을 때는 내가 또 들어가서 예배 또는 기도 시간을 만들어 살펴 주기도 한다.

그리고 외부 찬양 집회를 나갈 때 내가 나가서 예배를 인도하기도 했다.

그렇게 호산나는 오늘날도 열심히 예배를 수종드는 아름다운 사역을 계속하고 있다.

"새빛의 호산나여 영원하라!"

19

헌신의 열매

　지금 생각해 보면 우리 교회가 호산나 찬양단을 운영할 수 있었던 것은 특별한 은혜였다.

　처음 창단되었을 때는 밤 12시까지 연습을 하면 우리 아이들은 피아노, 키보드를 쉬지 않고 연주했다.

　두 아이가 중학교, 대학교 때인데 얼마나 공부에 중요한 시간이었던가. 어떤 때는 아이들이 울기도 했다.

　내일 시험인데 연습은 하지 않을 수 없고, 공부는 해야 하고, 그 상황에서 엄마에게 말할 수도 없고, 불평도 하지 않고, 그냥 울기만 하던 아이들이었다.

　나도 마음이 아팠지만 내 아이들이라고 사정을 봐줄 수 없었다. 오직 기도하면서 아이들의 공부에 지장이 없도록 스스로 공부를 놓치지 않기를 위해서 기도했다.

　어떻게 생각하면 엄마라는 사람이 대책없는 사람, 무식자처럼 강행을 시킨 것 같은데 실상 나는 믿음이 있었다.

아이들은 아주 공부를 잘하고 있었다. 그런 상황은 하나님께서 그렇게 해주신 것이라고 믿고 있었다.

나는 아이들에게 학교에서 공부를 집중하며 꼼꼼히 하라고 일러 주었고, 그렇게 아이들은 학교 공부를 잘했다. 그리고 약간의 복습시간이 효과적이었기에 공부에 지장없이 주의 일도 할 수 있었다.

우리 교회에서 찬양단을 지속할 수 있었던 이유는 우리 가족이 주축이 되었기 때문이다. 우리 가족이라면 나와 우리 아이들이다. 나는 교회를 개척하면서 아이들 세 명을 음악 학원에 보내서 피아노와 Drum을 개인 교습을 받게 했다. 실상 세 아이를 함께 보내니까 돈이 만만치 않았다.

그때는 호산나를 시키기 위해서 보낸 것이 결코 아니었다. 어찌되었든 주를 위해서 헌신과 봉사할 자격을 갖추게 하기 위해서였다.

당시 우리 교회는 예배 시에 반주자가 없는 실정이었고, 있다 해도 안정적이지 못한 상황이었다. 그러므로 자연히 우리 아이들이 어릴 때부터 교회 반주를 하게 되었던 것이다.

우리 교회는 개척할 당시 Tampa에서 떨어진 인근 도시에 또 한 교회를 개척했었다. 그 지역에 있는 사람들이 교회를 세워달라는 요청에 의해서 한 시간을 넘게 가는 곳에 매주일 가서 예배를 드리곤 하였다. 그때마다 둘째가 그곳까지 가서 예배드릴 때 피아노 반주로 이미 봉사하고 있었다.

아마 그렇게 봉사한 것이 훈련이 된 것 같았다. 피아노 반주도

곧잘 했다.

물론 목사님도 사례비를 받지 못하면서 개척했기 때문에, 어떻게 보면 우리가 교회 개척이라는 명목으로 아이들을 부려먹은 것 같으나, 실상 아이들이 하나님에게 순종하며 헌신했던 일이 된 것이다.

이렇게 중학교 때부터 하나님의 일에 헌신 봉사한 딸에게 하나님이 얼마나 큰복을 주셨는지.

자랑이라고 생각할까 봐 조심스러운데, 개척 교회 때문에 온통 정신을 빼앗기고 사는 부부인데, 어떻게 우리 아이들에게 공부를 잘해 주기를 기대하며 좋은 대학에 갈 수 있다고 기대를 했겠는가. 그러나 하나님은 확실하게 하나님께 헌신 봉사하는 자녀들을 책임지신다는 것을 똑똑히 보여주셨다.

경쟁하듯 공부해서 일등한 것이 절대로 아닌데 일등을 놓치지 않았다.

교회 찬양단을 위해서 이렇게 밤늦도록 연습하는 생활을 하는데도, 학교에서 하는 큰 프로젝트에서는 항상 일등이었고 상이라는 상은 다 휩쓸어왔다. 각 분야에서 다들 성공했다.

그리고 둘째는 공부도 잘했지만 하는 일마다 리더십을 발휘하니까 학교에서도 독보적인 존재가 되었다. 그래서 12학년 때는 자연적으로 학교에서 총회장을 맡아서 수고하기도 했다. 결국 졸업할 때는 말할 필요없이 일등 졸업생으로 연설을 했다. 지금도 학교 현관 벽 위에 보면 역대 총회장의 이름들이 새겨 있는데, 둘째 이름이 기록되어 있다.

Drum 연주하는 중학생 아들

Duet으로 찬양하는 두 딸

대기실....각 분야에서 다들 성공했다

우리는 사립학교에 보낼 경제적인 능력이 없었다.

그런데 딸이 워낙 공부를 잘하니까 대학을 높여서 가기로 생각하는 것 같았다. 하도 좋은 학교에 미련을 가져서 어차피 다른 주에 가면 돈이 많이 드는 것은 마찬가지니까 이왕이면 특차로 하버드 대학교에 원서를 넣으라고 했다.

실상 하버드 대학교를 보내려고 말한 것이 아니다. 아이도 하버드 대학교는 불가능하다고 겁을 먹었다. 그래도 나는 하버드 대학에 특차로 넣으라고 말했는데, 그렇게 말한 것에는 이유가 있다.

특차는 어느 학교든지 그 학교밖에는 다른 곳에 원서를 넣지 못하기 때문이다. 그러니까 결국 결정한 대학으로 가는데 왜 원서비를 여러 곳을 넣어서 낭비하겠는가.

그리고 내 마음에는 만약 하버드에 들어가지 못하면 주립대학을 보낼 생각이었다. 주립대학에 갈 경우 2년 만에 졸업을 할 수 있었다. 고등학교에서 대학 점수를 이미 받아 놓았기 때문이다.

그리고 주에서 장학금과 여러 가지 지원금을 생각하면 학비뿐만 아니라 자동차도 살 수 있고 생활비도 주에서 주는 지원금으로 넉넉하게 해결될 것이었다. 그래서 우리 형편에 그것이 유익할 것 같아서 대학을 특차로 아주 높여서 접수하게 했다.

그런데 이런 생각으로 특차를 지원한 하버드 대학교에 합격하게 된 것이다. 우리 형편을 아시는 하나님께서 합당한 곳어 보내 달라고 기도한 것밖에 없다. 그렇게 해서 원서를 보냈는데 합격 통지서를 받게 된 것이다. 정말 놀라운 하나님의 은혜였다.

우리처럼 가난한 주의 종의 자녀가 어떻게 하버드 대학에서 공부를 마치겠는가? 학비가 걱정이 되었다. 그러나 세계적으로 손꼽히는 대학에 가게 된 것은 주의 일을 위해서 헌신한 자들에게 주시는 하나님의 상급이며 축복이라는 것을 확인하도록 하셨다고 나는 믿었다. 그 당시에는 대학들에서 목회자 장학금이 없을 때였기 때문에 목회자 장학금의 혜택을 받지 못했다.

그래서 둘째, 셋째 모두 목회자 장학금을 받지 못하고 자비와 융자금으로 공부했다. 그러기에 더욱 기도했다.

"많은 부모가 다 원하는 학교, 하버드 대학교에 입학하게 되었으니 아이의 학자금도 잘 감당하도록 해 주실 줄 믿습니다."

이제서야 말하지만 딸과 아들의 학비를 조달하기 위해 이 어미가 무척 힘이 들었다는 것을 고백한다.

지금 생각하면 억울하게 생각되는 현상이었다. 얼마 전부터 장애 자녀와 목사 가정의 자녀들에게 주는 장학금이 마련되었다는 것이다.

몇 년 뒤에 학교에 들어갔으면 당연히 목사 자녀 장학금 혜택을 받았을 것인데, 그 당시는 융자 외에는 전혀 도움을 받을 길이 없었다. 인간적으로 억울한 마음은 있었지만, 그래도 우리 돈으로 당당하게 학자금을 지불할 수 있는 것이 감사했고, 당당하게 부모의 책임을 다할 수 있었던 것이 감사했다. 그래도 우리에게 주님께서 물질을 주셨으니 내 딸을 위해서 떳떳하게 사용할 수 있었다. 우리에게 주신 물질을 주를 위해 쓰고, 자녀들을 위해 사용하고, 사회를 위해 사용하는 삶, 이것이 떳떳한 시민이 아닌가 생각했다.

나는 평소에 아이들에게 하나님의 일을 먼저 하라고 항상 잔소리처럼 가르쳐 왔다. 그 신앙 교육이 그대로 이루어진 것 같았다.

하나님은 우리 아이들이 말씀대로 순종하는 모습을 보시고 그렇게 복을 주셨다고 믿는다. 아이들에게 큰 믿음이 있었던 것은 아니었지만 중요한 것은 울면서라도 엄마의 말에 순종했고, 후일 하나님의 일이 그렇게 중요한 것을 스스로 깨닫고 순종해 주었다는 것이다.

부모의 품안에 있을 때, 이토록 헌신하고 봉사했기 때문에 주의 일하는 데 우리에게 큰 힘이 되었다. 그러므로 아이들이 대학을 가고 집을 떠날 때까지, 그래서 다른 단원이 오기까지 큰 딸과 작은 딸이 악기를 연주하며 찬양했었는데 일인이역이라고 할까?

호산나 단원 중에서 열심히 봉사하는 가운데 복을 받은 경우가 있는데, 대학에 다니면서 봉사를 아끼지 않았던 단원이 치대를 마치고 지금은 치과 의사가 되었다. 그뿐인가 또 다른 단원은 아들이 없었다. 그런데 열심히 봉사하는 가운데 하나님께서 아들을 선물로 주셨는데, 지금은 건강하고 멋지게 자라서 역시 그 아들이 학생 찬양단의 리더로 예배를 인도하며 봉사하고 있다.

뿐만 아니다. 호산나에서 봉사하던 총각이 좋은 처자를 만나 결혼하고 미국에서 일류회사에 취직이 되는 경사가 줄을 이었다. 지금은 경건한 가정으로 행복한 삶을 누리고 있다.

큰 딸은 오랜 시간 교회 찬양대 지휘자로 봉사했고, 호산나를 이끌어가는 데 어려움이 없었다. 이 밖에도 크고 작은 하나님의 복을 받은 증거로 인해 단원들은 주를 위해 더 많은 봉사를 아끼지 않았다. 두 딸이 노래를 잘했는데, 둘이서 듀엣을 할 때 아름답고 색다른 하모니를 만들어 노래하곤 했다.

둘째는 후일에 음대 교수로, 오페라 가수로 활동하기도 했다.

막내는 대학에 들어가기 전까지 드럼을 연주해 주었기 때문에 악단의 중심이 되어 주었다.

지금 막내 아들은 영어권을 위해서 목회하는 목사가 되었다. 이렇게 자녀들이 음악에 대한 달란트가 있기 때문에 음악적으로 손색이 없었던 것 같다. 아이들이 밑바닥에서 움직이지 않고 서 있으니까 호산나가 바로 설 수 있었다.

참 신기한 것이 있는데, 우리 아이들이 학교로 인하여 집을 떠나게 되었는데, 중요한 위치를 감당했기에 아이들이 떠나서 호산나가 힘들 줄 알았다. 그런데 거의 비슷한 시기에 찬양자와 연주

결혼 전까지 찬양대 지휘로 봉사

둘째 딸, 대학에 가기 전까지 봉사

아들, 호산나 드럼 연주자로 봉사

자를 보내주시는 것이었다. 그래서 호산나 활동에 조금도 지장을 받지 않도록 유지가 되었다.

물론 단원이 바뀔 때마다 찬양단의 모양이 조금씩 달라지게 되었지만, 그러나 이 모든 것이 하나님의 은혜였다.

"호흡이 있는 자마다 여호와를 찬양할지어다 할렐루야"(시편 150:6).

나는 이렇게 생각했다.

호산나는 예배 시에 예배자들의 영혼 구원의 역사를 바라보며 찬양하는 호산나였다. 그래서 하나님은 호산나의 찬양을 기뻐하시고 이토록 돌보아주시는 것으로 믿는다. 나는 호산나를 생각하며 구호를 만들었다.

"한번 호산나면 영원한 호산나이다!"

몸이 점점 약해지고 있었는데…

나는 성격상 쉬는 것을 잘 못하는 사람이다.

지혜롭게 쉬는 것도 주의 백성들이 해야 할 일이라 생각한다. 왜냐하면 하나님께서 맡겨 주신 어떤 일이라도 건강하게 감당해야 하기 때문이다. 그래서 더 건강한 내일을 위해 지혜롭게 쉬어야 한다.

"사랑하는 자여 네 영혼이 잘 됨같이 네가 범사에 잘되고 강건하기를 내가 간구하노라"(요한삼서 1:2).

이 복은 주님 안에 있는 자들이 삶의 현장에서 받는 복이다.

그런데 생각할 것이 있다. 우리가 예수 안에 있다고 다 동일한 복을 받는 것이 아니라는 것을 짚고 넘어가야 한다. 그것은 영혼이 잘되는 복, 범사에 잘되는 복, 영육이 강건한 복은 위로부터 내려주시는 전적인 은혜이다. 그러나 이 은혜의 복들이 내 것으로 되는 것은 전적인 내 책임이다.

이런 영적인 측면에서 생각할 때 하나님께서는 인간들에게 이미 건강의 복을 주셨다고 믿는다. 그러나 역시 건강하게 사는 책임 또한 나에게 있다는 것을 간과해서는 안 될 것이다.

이렇게 말씀을 내 생활에 비추어볼 때, 나는 미련하게 생활했었던 내 자신을 돌이켜본다.

난 참으로 건강한 사람이었다. 예를 들어 잠이 부족해도 식사를 건너뛰어도 때로는 과로했어도 큰 문제가 없었다.

그래서 나는 365일이 부족한 사람처럼 뛰어다니며 일했다.

나는 미국에 오기 전까지는 펄펄 날아다니듯 일을 가리지 않고 했다.

그런데 미국에 오면서부터 모든 생활의 리듬이 바뀌게 되었다.

그 이유는, 오랜 시간 목사님이 혼자서 생활할 때 아침 식사를 하지 않았던 것이다. 또 아이들이 학교 가는 시간이 아침 7시이니까 모두 아침을 먹지 않으려 했던 것이 이유였다. 이런 생활을 하다 보니 나도 아침을 먹지 않는 것이 내 생활처럼 되어버렸다.

그리고 취침 시간이다.

우리는 늦은 심방으로 인하여 취침 시간이 일정치 않았다. 그리고 새벽 기도와 밤 기도를 하는 바람에 잠자는 시간은 필요한 때마다 자곤 하는 생활이었다. 또 심방 다니는 차 안에서 졸음이 올 때 눈을 붙이는 것으로 잠자는 시간을 대신했었다.

다시 말해서 우리의 생활은 질서가 완전히 무너진 생활을 하게 되었던 것이다 그래도 나는 건강한 사람이니까… 라고 생각했었다.

그런데 어느 때부터인가 이상한 증상이 나타나기 시작했다.

조금만 배가 고파도 손이 떨리고, 몸이 떨리고, 시간이 좀 지나면 머리가 아프고 어지럽고 쓰러질 것 같았다.

나는 그냥 '배가 너무 고파서 그렇구나!' 생각했다.

그리고 몸이 이상해진 것은, 우리가 사는 동네는 아열대지방으로서 여름에는 서울의 삼복 더위 같은 뜨거운 날들이 약 6-7개월 되기 때문이라고 생각했다.

그래서 이곳에는 Air Condition이 없으면 지내기가 엄청나게 힘든 곳이다. 그런데 내가 언젠가부터는 어디를 가나 추워서 견딜 수가 없는 상태가 되었다.

구역 예배를 위해서 어느 가정에서 모이면, 모두 더우니까 Air Condition이 있어도 선풍기를 더 틀고 공기를 시원하게 한다. 그런데 나는 추워서 항상 윗 재킷이나 스웨터 같은 겉옷을 가지고 다녀야 했다.

남들은 내 모습을 보고 덥다고 야단이었다. 그래도 나는 추워서 웃옷을 벗을 수가 없었는데 교인들은 내가 왜 그런지를 몰랐다.

그리고 나는 여름에도 감기를 달고 살았고

가을이면 감기와 친구하다시피 항상 동행하며 살았다.

겨울에는 앓아 눕는 날이 더 많을 정도였다.

그래서 겨우 교회만 다니고 외출을 하지 못할 정도가 되어 버렸고, 몸이 이렇게 아프니까 관절이 약해지는 것이다. 도저히 서서 일하거나 앉아서 일할 수 없을 정도로 몸이 쑤시고 아픈 상태가 되었다.

　너무 아프니까 아이들이 돌아가면서 다리를 주무르고 두드리고 안마를 해주었다. 식사 준비를 하려면 부엌에서 서 있는 시간이 많은데, 1시간 정도면 나는 더 이상 일할 수 없었다. 그래서 식사도 속히 하는 것으로 만들었다.
　참으로 내가 나를 어떻게 조절할 수 없는 상황이 되면서 너무나도 괴로웠다. 이렇게 잔병으로 힘들어하니까 목사님이 새벽기도와 밤 기도를 쉬라고 했다. 사실 새벽에 나갈 힘도 없었고, 밤에 기도하러 갈 기운도 없었다.

　이렇게 오랜 시간을 지났다.
　어느 날 나는 침대에서 일어나지 못할 정도로 어지러웠다.
　지구가 빙빙 도는 것 같았고, 내가 누워있는 침대가 거꾸로 도는 것 같아 침대에서 떨어질 것 같은데 아무것도 할 수 없는 상황이었다.
　나는 공중에 붕~~ 떠서 빙빙 돌고 있는 우주선을 타고 있는 것 같아 정말 무서웠다. 그리고는 의식을 잃어 버리고 말았다.
　둘째가 먼저 나를 발견했다. 그리고 앰뷸런스를 불러서 나를 태우고 응급실로 데리고 갔다.

　검사를 받게 되었는데, 병명은 저혈당이었다.
　그런데 그 저혈당 수치를 알기 위해서 정밀 검사를 하는데, 오전 내내 굶기고 이상한 주스를 한 시간마다 먹게 했다. 그리고 매 시간마다 소변을 받아 검사를 했다. 그렇게 6번 이상을 검사했다.

한국에서 자매 같은 옛날 가족들	Cleveland 침례교회 오 목사님 부흥회

그 다음날 결과가 나왔다.

혈당 수치가 40정도였다. 이 정도 수치로 내려가면 죽는다고 한다. "어떻게 이렇게 하고 살아왔느냐?"며 나를 보고 미련하다고 했다.

나는 우리 교회 박사님에게 이 상황을 이야기했더니, 혈당 수치가 40정도로 쓰러진 상태가 되면 바로 '가사상태'가 된다고 했다. 병원에서는 나에게 하루에 끼니를 여섯 번씩 먹으라고 했다.

의학적인 용어를 잘 모르겠는데, 내 인체가 당을 소화시키는 기능이 저하되었다는 것으로 기억한다. 한 끼를 먹을 때 당을 소화하는 것이 적기 때문에 여섯 끼를 먹으면서 조금씩 당을 채워야 한다는 것이다.

말이 쉽지 어떻게 여섯 끼를 먹겠는가?

나 혼자 살겠다고 여섯 끼를 먹는 것도 참 우스꽝스러운 짓 같았다. 그래서 내 생각에 많이 먹으면 자연히 소화시키는 시간이 길어질 테니 당도 더 많이 흡수하게 되지 않겠나 하는 생각을 하게 되었다.

또 문제는 이렇게 많이 먹기 시작하니 몸무게가 넘치는 것이다. 몸무게가 넘치니까 자연히 다리가 더 아프게 되었고 전혀 나에게 도움이 되지 않았다. 그리고 배도 남산만 하게 나오고 옷도 맞지 않았다 이것도 나에게는 스트레스였다. 성도들이 지나가는 말로 "사모님, 기도 많이 하세요. 기도하지 않으니까 그렇지요" 한다.

내가 몸이 아프면서 새벽기도와 밤 기도를 쉬었던 것이 교인들의 눈에 그렇게 보인 것이다. 그러면 그 교인은 새벽 기도회에 나오는가 하면 전혀 나오지 않는 사람이 그런 말을 한다. 그냥 사모가 몸이 아파서 기도회에 나오지 못한다는 말만 들은 것이다.

그 말을 들을 때 참으로 슬펐다.

이것도 은혜스럽지 못한 현상이었다. 나를 위해서 기도해 주는 사람은 없는 것 같고 "네가 아프니 너를 위해서 기도 좀 하라"는 식이다.

정말 냉정하게 느껴질 정도였다.

그리고 기도했다.

"주님, 정말 슬픕니다. 우리는 누가 기도해 줍니까?"

벌판에 나 혼자 서 있는 것 같은 기분이 들었다.

눈물이 쏟아져 내렸다. 내 몸이 아픈데 어떻게 하란 말인가?

내가 일부러 아프고 싶어서 아픈 것인가? 참으로 불행스런 마음이었다.

이런 현상은 정말 주의 일을 하는 나를 방해하며 공격하는 사단의 전략인 것을 안다. 나를 쓰러지게 하는 사단의 작전인 것이다.

몸속에서 점점 이상이 생기고 있었다

그러나 내가 이렇게 힘들 때 내 곁에 아무도 없음을 생각하니 더욱 슬펐다. 나는 이렇게 슬플 때 하나님께 고자질하면서 울며 기도하는 습관이 생겼다.

생각해 보면 내가 이렇게 병치레를 하게 된 것도 영적인 측면에서는 사단의 공격이라고 하겠지만 현실적인 측면에서는 나에게 책임이 있다고 생각했다.

내 생활의 기본적인 리듬이 깨지면서부터 이렇게 엉망이 된 것이다. 이런 상태의 내 생활에서 나는 병을 용납했고, 병을 키워왔던 것이다. 즉, 영적인 생활도, 현실 생활도 내가 관리를 잘 못하면 그렇게 된다는 것을 알게 되었다.

사람이 한번 약해지니까 원래대로 회복하기가 참 어려웠다. 그리고 내 몸에서 이런 적신호의 불이 켜지자 계속 또 다른 병에 시달리게 되었다.

21

둘째 딸 Harvard 대학을 졸업하다

미국에서 좋은 대학에 들어가려면 공부를 열심히 해야 하지만 특별활동이 활발해야 한다. 그런데 미국에서는 좋은 학교에 입학하기보다 졸업하기가 하늘에 별 따기처럼 어렵다.

특히 하버드 대학교는 도중에 포기하는 학생도 많고 휴학하는 학생도 많이 있단다. 그리고 가끔 학업에 시달리다가 결국은 목숨을 끊는 학생도 있다고 한다.

딸이 졸업하는 그 학년의 학생 한 명이 자살을 했다. 어떻게 보면 학교에서 공부하는 것이 사람 잡는 것이 아닌가 라는 생각도 해보았다. 물론 하버드 대학교는 세계적인 학교라서 그러리라 생각한다.

그러니까 해외에서 또는 미국 내에서 우수한 학생들, 정말 최고의 두뇌들만 모이는 학교이다. 그러니 보이지 않는 경쟁이 얼마나 치열하겠는가.

딸이 가끔 말해 주었다.

미국 아이들과 공부하다 보면 우리처럼 이민 온 사람들은 무엇인가 안 되는 것이 있다고 한다. 그것은 아기 때부터 부모에게서 배운 생활 문화라든가, 그들의 생활 예법이라든가, 그리고 그들이 사용하는 생활 용어는 배우고 익혀서 되는 것이 아니란다. 그들과 대화하거나 또는 공부 시간에 미국 학생들과 토의를 할 때는, 그들 생활의 깊고 익숙한 미국의 정서를 모르기 때문에 간혹 멍청해질 때도 있었다고 한다.

이런 점이 이민자들의 어려운 점이라고 생각했단다.

그리고 시간을 얼마나 소중하게 생각하고 아끼는지, 어떤 면에서는 참 좋은 생활훈련이라고 생각해 보았다.

반면에 얼마나 스트레스가 클까도 생각해 보았다.

밥상 앞에서도 책, 차를 타고 가면서도 책, 교회에 가서도 책, 예배시간만 제외하고는 항상 책을 들고 있었다. 심지어 화장실에 가면서도 책을 들고 들어가서 나올 생각을 잊어버렸다.

책에 사로잡힌 사람처럼 된 것 같았다.

앞에서도 말했지만 우리 아이가 하버드 대학교에 들어갔을 때는 장학금 혜택이 별로 없었다. 그 당시에는 목사 자녀들에게는 혜택이 전혀 없었다. 더욱이 우리의 생활 형편으로 사립대학에서도 제일 비싼 하버드 대학교에 공부시키기에는 역부족이었다.

둘째가 합격 통지서를 받아들었을 때 우리는 너무 기뻐서 함께 손을 잡고 기도하였다.

아니는 나에게 물었다.

"엄마, 하버드 학비가 얼마나 비싼지 알지? 나를 4년 동안 지원해 줄 수 있겠어요?"

나는 아이가 학교에 아직 들어가기 전인데 학비 걱정부터 먼저 하니 참으로 속이 상했다. 그러나 불안한 마음을 줄 수 없어서 자신 있게 말해 주었다.

항상 Top을 달리던 둘째 졸업

"그럼, 물론이지. 하나님께서 정은이가 지금까지 하나님의 일을 위해 수고한 것을 잘 아시는데, 공부를 잘 마치도록 다 마련해 주실 것으로 엄마는 믿는다."

그러나 그때 우리 교회는 건물을 구입하고 난 후였기 때문에 재정적으로 자립 상태가 아니었다. 여전히 그 큰 교회를 운영하기에는 역부족이었다.

처음 건물에 이사 왔을 때는 성인 교인 수가 약 40명 정도였기 때문에 헌금이 아주 힘든 상태였다.

교회의 재정상 사례비도 책정하지 못한 상태일 뿐만 아니라 교회의 유지비도 부족하면 우리가 채워야 했다. 그래서 항상 서울에서 교회 건물 유지비와 우리 생활비를 가져와야 모든 것을 해결할 수 있는 때였다.

막내아들만 가정 사정을 잘 모르지 딸 둘은 이런 부모의 힘든 형편을 잘 알고 있었다. 그래서 내가 주립대학에 보내려고 했던 것을 둘째는 알고 있었다.

이렇듯 우리 형편을 잘 알고 있었기 때문에 학비가 불안했던 것이다. 하버드 학생들은 소위 '알바'를 하면서 공부하는 학생들이 없다. 그들에게는 한 시간이 그들의 학업과 실력을 좌우하는 생명과 같은 소중한 순간들이기 때문이다.

또한 경제적으로 부유한 학생들이 대부분이다.

그 당시에는 목회자 장학금이 없을 때였기에 가난한 목사의 자녀들은 여러 면에서 참 힘들고 어려웠다. 어떤 외부 장학금 혜택이 있었겠지만, 우리는 무지해서 전혀 받을 수 없었다.

그래서 세상에서 제일로 생각하는 하버드에 합격을 했으니 서울에서 어떤 방법으로든지 돈을 더 가져다가 학비를 확실하게 조달해 주어야 했다.

나는 주말에 어떻게 지내는지 아이에게 전화를 했다. 그때는 핸드폰이 없던 시절이다. 그래서 아이는 학교 공중전화를 이용하거나 친구 집에서 전화 신세를 지거나 했다. 그렇게 딸아이의 근황을 알려면 일주일을 기다려야 했다.

그런데 어느 날 주말이 아닌 주중인데 아침에 전화가 왔다.

나는 반가웠다.

"여보세요?"

정은이였다.

"웬일이니? 아침부터 수업이 없니?"

"엄마, 수업에 들어갔는데 교수님이 나에게 수강료가 아직 들어

오지 않았다고 강의를 듣지 못한다고 했어요. 교실에서 나오는데 정말 창피하고 속상했어요.”

“어머나! 엄마가 바빠서 등록금을 내지 못했구나. 정은아, 미안하다. 내가 오늘 당장 가서 등록금을 보낼게. 그리고 학교에다 보냈다고 전화할게. 오늘 곧바로 보내고 학교에 전화하면 내일은 수업을 들을 수 있도록 부탁할 테니 안심해라.”

그런데 실상은 돈이 없었다.

그리고 날짜가 지나간 것이다.

당장 한국에 나갈 수도 없고, 나는 은행으로 쫓아가서 책임자를 찾아갔다. 융자를 얻기 위해서였다.

우리가 이곳에서 경제적으로 힘들게 살아도 한국에서 수시로 돈이 들어오는 기록이 있기 때문에 신용 등급은 상당히 높았다.

그리고 은행에서는 우리를 잘 알고 있었다.

은행에 가서 이런 이야기를 하면서 급하게 융자를 부탁했다.

그때 그 은행의 책임자는 나를 잘 알기 때문에 아무 조건없이 속히 융자를 해주었다.

나는 은행에서 하버드 대학교로 즉시 wire로 송금을 했다. 그리고 하버드에 전화를 해서 날짜를 놓쳤다고 말하고 당장 수업을 듣게 해달라고 당부했다.

그래서 딸이 곧바로 수업을 듣게 되었다.

이렇게 하버드에서 아무 후원도 없이 공부시킨다는 것은 우리 형편으로는 정말 무척 힘든 일이었다. 그런데 정은이가 졸업하고 몇 년 후에 신체장애자와 목사 자녀들에게 정식으로 장학금 제도가 생겼단다.

그 소식을 듣고 눈알이 빠지는 것같이 약이 올랐다. 절대로 학비가 아까워서 그런 생각이 든 것은 아니다. 돈이 문제가 아니라 우리가 그렇게 힘들고 어렵게 학비를 조달했던 그 고생이 억울했던 것이다.

내 생각에 그렇게 장학 제도가 생긴 것은, 그때가 미국 경제 사정이 제일 고조되었을 때였기 때문이라고 생각된다.

그런 가운데 아이는 경제학부에서 공부했는데 참으로 값진 공부를 했다. 우리 생활이 경제적으로 안정적이지 못해서 항상 마음 졸이고 살았기 때문에 꼭 필요한 것만 해주었다.

딸에게 생활비도, 용돈도 넉넉하게 주지 못해서 항상 내 마음이 속상해 있었다. 물론 우리처럼 가난한 학생들도 많이 있었을 것이라고 생각은 하지만 말이다.

딸은 그래도 불평 한마디 없이 가난한 상황을 잘 이겨 나갔다.

하버드에서 공부하다가 간혹 휴학하는 학생이 생긴단다.

그 이유는 여러 가지이겠지만, 하나는 공부를 제대로 따라가지 못해서고, 또 하나는 가난해서 학자금을 감당하기 힘들 경우에 휴학을 하게 된다는 것이다.

이렇게 공부하기가 어려운 학교였으니, 딸이 자기 공부를 유지하기가 얼마나 힘들고 바쁜 상황이었겠는가? 그러면서도 한마디 불평도 하지 않고 공부에만 몰두했던 정말 착하고 성실한 아이였다.

나는 그저 딸에게 고마울 뿐이다.

하버드 경제학과 졸업

딸은 어려운 중에도 경제학을 공부하고 졸업을 했다. 그리고 학교 교수의 추천으로 백악관에 취업 원서를 제출했다.

세 번 인터뷰를 하는데 다 통과되었다.

그런데 인터뷰가 다 끝날때쯤 딸을 부르더니 "너는 미국 시민이냐? 영주권자이냐?"를 물었단다.

그래서 영주권자라고 대답했더니 백악관에는 시민권자라야 직원이 된다는 것이다. 그러면서 "시민권을 받고 싶으냐?"고 물어서 딸은 당연히 받겠다고 말했단다.

그래서 모든 Information을 다 제출하고 돌아왔단다.

3개월 기다리는 동안 딸은 쉬고 있을 수 없어서 보스턴에 있는 큰 회사에 좋은 보직을 받고 취업을 했다. 그리고 3개월 만에 정확히 백악관을 통해서 시민권을 받게 되었다.

모든 것이 하나님의 은혜였고 감사뿐이었다.

그런데 딸이 시민권을 기다리는 동안 마음이 돌변했다.

기다리는 중이었는데 얼마 있더니 전화가 왔다.

"엄마, 나 노래할래."

"너 지금 백악관에 들어가야 하는 것 아니니? 백악관에서 네 시민권을 만들어준 이유가 무엇이니? 와서 일하라고 준 것 아니야? 그러면 안 된다."

"괜찮아, 백악관에서는 서류상 처리한 것이니 내가 가도 안 가도 나를 기억하는 사람이 없을 거예요."

나는 혹시라도 딸에게 무슨 일이라도 생기면 어쩌나 하는 노파심이 생긴 것이다. 아무튼 딸은 백악관과는 아무 관계없는 사람인데도 그 인터뷰 때문에 쉽게 시민권을 받게 되었다. 참으로 하나님의 은혜는 우리의 성각과 계산과는 다르다는 것을 알 수 잇었다.

그러나 나는 딸의 변심에 염려가 되었다.

"이제 무슨 노래냐? 노래는 어릴 때부터 공부를 해야 전문가가 될 수 있단다. 그렇게 공부하고 싶다면 차라리 경제학으로 대학원을 가는 것이 어떻겠니?"

"아니야 엄마, Music is my life, 노래 없이는 못살 것 같아. 그래서 다시 음악 공부를 할 거예요."

아니 이게 또 무슨 조호-인가? 나는 불안한 마음이 들었다.

"정은아, 나는 이제 음악 학비는 못준다. 동생 한길이도 대학교 다니지 않니?"

"엄마, 걱정 마세요. 내가 벌어서 공부할게요."

하버드 대학의 경제학부를 졸업한 인재이다.

딸은 교회에서 피아노 연주도 잘하고 찬양도 정말 잘했다.

그러나 이제 와서 새삼스럽게 무슨 노래 공부를 한다는 말인가.

처음에는 내가 말렸다.

얼마든지 주님을 찬양할 수 있으니까 그만두라고 했다. 아무리 Classic Music이라고 해도 세상 음악이다.

나는 대중가요를 했지만 세상과 음악의 세계를 잘 안다. 그래서 반대하며 말렸다.

그러나 딸은 대학에서 필요한 음악 과정을 마치고 음악 대학원에 오디션을 하게 되었다.

다른 유명한 'J' 와 'M' 학교에서도 오디션을 보았다. 자기에게 적합한 학교를 찾기 위해서였다.

세 곳을 보았는데 세 군데서 다 합격 통지서를 받았다.

그러나 딸이 결정한 학교는 클리블랜드에 Case Western University의 음대인 C. I. M.이다.

딸이 그 학교에 간 것은 공부를 좋아해서 제대로 음악을 공부하러 간 것이다. 그리고 박사를 해도 제대로 Case Western University의 박사로 학위를 받게 된다는 것이다.

딸은 이 학교를 선택했고, 그곳에서 장학금 일부를 받으면서 공부를 하게 되었다.

딸은 경제적으로 넉넉한 형편이 아니어서 걱정이 많이 되었다. 그러나 엄마가 경제적 도움을 줄 수 없는 형편인 것은 동생의 대학비를 부담하고 있었기 때문이다.

이제는 그렇게 살지 않아도 되는데 늦게 공부한다고 그렇게 고생하니 마음이 너무 아팠다.

그 당시도 엄마가 한국에서 계속 돈을 가져와야 하는 형편을 잘 알고 있던 딸이다. 그래서 딸이 그렇게 고생하는데도 엄마가 도움을 줄 수 없는 것이 내 마음을 너무 힘들게 했다.

자기 좋아하는 공부를 하겠다고 그 렇게 고생하는 딸이 얼마나 안쓰러 운지…. 이렇게 고생을 감내한 딸은 결국 그 학교에서 오페라 프리마돈 나(Opera Prima donna) 자리까지 가게 되 었다.

딸은 참 예쁘다. 그러나 동양인 얼 굴의 학생으로 이 자리까지 가는 것 은 무척 어려운 실정이다.

대부분 중세 때의 곡을 연주하고 그 배경의 인물을 공연하기 때문에 동양인 얼굴이 맞지 않는다고 한다.

그러나 딸이 정말 훌륭한 여자 교 수를 만나서 오페라 가수가 되었는 데, 그 교수는 전에 유명한 오페라 가 수로 활동하던 가수였다. 그래서 그 교수는 딸의 재능을 가지고 그 학교 에서 프리마돈나를 만들어 내었다.

또한 딸이 몇 개 국어를 말하고, 뛰 어난 노래 실력으로 어떤 공연도 척 척 해낼 수 있었던 것이 그 자리까지 갈 수 있게 한 것이다.

클리블랜드 C.I.M.에서 성악과 교수로

오페라 공연 후

딸의 지도 교수

딸은 C. I. M.에서 공부할 때 미국과 유럽 여러 도시의 세계적
인 Vocal Competition에서 여러 번 수상을 했었다. 이런 기록들이
딸의 실력을 인정받게 했고, 학교에서는 간판 가수로 대우를 받게
했던 것이다.

이렇게 하여 그 학교에서 대학원을 졸업하고 박사 과정을 마치
고 음악 박사 학위를 취득하게 되었다.

박사 학위 취득과 아울러 C. I. M.에서 성악과 교수로 채용 되어
서 교수 생활을 오래했었다.

22

어머니가 영주권을 반납했다

어머니와 나는 이산가족으로 월남해서 일가친척이 없다.

어머니 형제들은 모두 이북에서 숙청을 당했는지도 모른단다. 그래서 내가 결혼을 하고 나니 어머니는 형제가 없으니까 더욱 외롭게 살았다. 결혼 전까지만 해도 어머니의 모든 것은 딸이었고, 어머니는 나의 든든한 기둥처럼 사셨다.

그런데 내가 결혼을 하고 난 후 어머니 마음속에는 딸을 빼앗긴 것 같은 마음이 있었던 것 같았다.

이해할 수 없는 성질을 부리신다든가, 속에 없는 말씀을 하신다든가, 특히 아버지에 대해서는 신경이 날카롭게 되어 나를 감시하셨다. 왜냐하면 아버지는 늘 나를 데려가고 싶은 마음이 있었기 때문이다.

실제로 아버지는 가끔 나를 데려가겠다고 해서 어머니와 얼마나 싸우셨는지 모른다.

도대체 내가 무슨 존재인지….

이렇게 양쪽 집에 고통만 안겨 주고 불화를 만드는 존재가 아닐까 하며 나를 비관하기도 했었다.

이런 상황에서도 항상 어머니는 가진 것이 있으면 모든 것을 나에게 주셨고, 결혼한 딸인데도 살림이며 아이들 양육하는 모든 것을 어머니가 돌보아 주셨다.

굳이 변명을 하자면 내가 무척 바쁜 사회생활을 하고 있었기 때문이다. 그래서 내 마음속에는 항상 어머니가 참으로 큰 존재로 자리하고 있었다.

그런데 우리가 드디어 이민행이 결정되었을 때, 사실 내가 이민을 오기 싫었던 큰 이유는 어머니였다. 나의 개인 사역을 버리기가 힘든 것도 있었지만 나를 분신처럼 여기시는 어머니, 그 어머니를 뒤로 하고 떠나온다는 현실이 너무 어머니에게 잔인한 상황이 되었던 것이다.

한편으로 생각하면 내가 꼭 어머니를 버린 것 같은 비참한 생각까지 드는 것이다.

그런데 이런 나의 아픈 마음을 어머니에게 한번도 표현하지 못했던 것이 참으로 아쉽다. 어쩌면 어머니가 너무 슬퍼하실 것 같아 오히려 내 마음을 묶어 두고 감추었다고 할까. 또 어떻게 생각하면 어머니께서 '냉정한 년'이라고 생각하셨을지도 모른다.

아무튼 어머니와 나 사이는 이런 절절한 사연이 있는 사이였다. 그런데 우리가 이민을 오고 어머니를 홀로 서울에 남겨 두었으니 내 마음이 어떠했겠는가.

내 마음은 항상 어머니 곁에 가 있었다. 그리고 내가 시민권을 받은 뒤 곧바로 나는 어머니 초청을 시작하였다.

어머니를 초청하여 어머니가 영주권을 받게 되기까지는 오랜 시간이 걸렸다. 2000년도에 어머니가 영주권을 받게 되었고, 어머니를 일 년에 두 번씩 모시고 들어왔다. 그런데 실상은 그때 이미 어머니가 치매가 시작되었던 것이다.

어느 해인가 늦은 가을에 내가 서울에 갔는데, 어머니가 말도 안 되는 억지를 부리셔서 내가 말대꾸를 했더니 그 밤중에 나를 나가라고 쫓아내고 문을 잠궈 버렸다.

나는 서울에 가자마자 졸지에 집에서 쫓겨나고 말았다. 난 너무 황당한 상황이라 절친한 친구 목사님을 불러서 그 친구 집에서 신세를 지게 되었다.

나는 이런 어머니의 상태를 전혀 눈치 채지 못했다.

오랜 만에 나를 보면서 묵었던 화를 다 푸시는 것으로 생각했다. 그런데 그것이 아니었다.

도무지 어머니의 성격이 어디로 튈지 분간하기 어렵고 이해가 불가능할 정도로 변해 가셨다. 그러나 그렇게라도 어머니를 모시고 오면 이제 자연스럽게 미국에서 정착하시기를 바라는 마음이었다.

그래서 돈이 들어도 모시려고 했던 것인데, 실제로 나도 참 힘들고 정말 피곤한 상황이었다. 그러나 어머니의 마지막을 내가 책임져야 한다는 생각 때문에 피곤한 것은 문제가 안 되었다.

2002년 초에 어머니와 함께 미국 집으로 왔는데, 어느 날 아침에 어머니가 급히 내 방을 들어오셔서 "어멈아, 나 죽는다" 하시는 것이었다. 어머니를 보니까 코에서 선지피 같은 덩어리가 쏟아지고 있었다. 나는 일단 세면대에서 씻겨 드리고 의사에게 가자고 했다.

그런데 어머니는 싫으시다고 하면서 약을 사내라는 것이다. 아니 무슨 약을 사야 한단 말인가.

그래서 이곳에서는 일단 의사에게 보이고 약 처방을 받는다고 말씀을 드렸다. 그랬더니 화를 내시면서 먼저 사람이 살고 봐야지 무엇 때문에 의사를 만나야 하느냐고 하시는 것이다.

나는 어머니가 지금 상태가 좋지 않으니 속히 의사를 만나자고 졸랐다. 드디어 예약없이 갈 수 있는 의사를 찾아서 함께 들어갔다.

문제는 의사의 말을 들을 수가 없는 것이 어머니를 답답하게 한 것이다. 내가 의사에게 들은 말을 전하니까 "내가 너를 어떻게 믿느냐?" 하시는 것이다. 그리고 미국이라는 나라는 못살 곳이라면서 나를 빨리 한국에 보내 달라시는 것이다. 그래서 나의 일정을 잘 조절한 후 6월경에 어머니를 한국으로 보내드렸다.

그런데 10월 말경이었다. 어머니에게서 전화가 왔다.

어머니는 귀가 안 들려서 항상 혼자만 말씀하시고 "알겠지? 끊는다" 하시고 일방적으로 전화를 끊으신다.

나는 아무 말도 못하고 그냥 어머니의 말씀만 듣고 같이 끊는 것이 전부였다.

그날도 그렇게밖에 전화할 수가 없었는데

"얘야, 나는 한국 국민이기 때문에 영주권이 필요없다. 그래서 대사관에 반납했으니 그렇게 알아라."

나는 말로 소통이 안 되니 얼마나 답답한지 혼자서 애를 태웠다. 어떻게 받은 영주권인가 말이다. 그리고 그 영주권은 어머니에게 앞으로 다가올 마지막 그날 때문에 대비하여 만든 것인데 말이다.

그래서 대사관에 전화를 걸었다.

여차저차한 사연으로 내 어머니가 영주권을 반납하셨다는데 그런 일이 있느냐고 물었다.

대사관에서 알고 있었다.

내 어머니가 치매라고 말했더니 "치매 걸린 분이 대사관에 와서 영주권을 반납할 수 있느냐"면서 도리어 내 말을 믿지 않는 것이었다.

아주 똑똑한 할머니가 오셔서 자기는 한국 국민이기 때문에 영주권이 필요없다고 하셨단다. 그리고 처리가 된 지 일주일이 지나서 도저히 환원할 수 없다는 것이다.

나는 얼마나 억울한지 당장 서울로 나갔다.

대사관에 가서 월요일부터 금요일까지 출퇴근을 하다시피하면서 끈질기게 영주권을 돌려 달라고 의자에 껌딱지처럼 붙어 앉아 있었다. 그런 나를 대사관 직원들은 모두 알게 되었다.

금요일 날이었다.

영사가 나를 불렀다. 안 된다고 나를 설득하려는 것이었다.

오히려 나는 그 기회에 영사를 설득해 볼 생각이었다.

이제 문을 닫아야 할 시간이라고 하며 나가라고 했다.

그래도 나는 의자에 붙어있듯이 앉아 있었다.

못 말린다고 생각했는지 영사가 나에게 하얀 봉투를 하나 건네주었다.

이 봉투는 절대로 뜯지 말고 미국에 들어가서 이민관이 직접 뜯어야 한다는 것이었다. 알았다고 한 후 나는 그 흰 봉투 하나를 받아 들고 어머니에게 새 여권을 만들어 드리고, 아무 도장도 없는 빈 여권을 들고 어머니를 모시고 미국 시카고 공항으로 들어왔다.

이민 창구에서 불법자들을 모아 놓은 방으로 우리를 보냈다. 그곳에는 수도 셀 수 없는 수많은 사람들이 순서를 기다리며 앉아 있었다.

나는 어머니를 휠체어에 앉히고 그 방에서 같이 기다리며 시간을 보내고 있었다. 너무 시간이 오래 지나가니까 "왜 이렇게 안 가는 거냐? 피곤하구나" 하셨다.

나는 어머니에게 설명했다.

"어머니가 영주권을 반납해서 이곳에서 심사받고 들어가야 해요."

"뭐! 네가 영주권을 버렸어?" 하며 일어나시더니 나를 마주 보고 주먹으로 막 때리는 것이었다.

나는 어떻게 할 수가 없어서 앉아서 그 많은 사람들이 보고 있는데 창피하지만 그냥 맞고 있었다.

이민국 경찰관들이 그 상황을 보고 우리 앞에 쭉 포위하듯 둘러서서 "왜 그러느냐"고 무섭게 물어보았다.

그때 어머니는 한국말로 그 경관들에게 인사를 하면서 "내 딸이 내 영주권을 버렸답니다. 그리고 딸이 나를 죽이려 해서 이렇게 때려 주는 것입니다"라고 말을 하셨다. 물론 경관들이 어머니의 한국말을 알아듣지 못했기 때문에 내가 무사했지….

그리고 나를 독방으로 따로 부르더니 신분 조사에서부터 사건의 자초지종을 물어보는 것이었다.

"어떤 사이냐? 무슨 일이냐?" 등등…

나는 자세히 설명하면서 흰 봉투를 가지고 왔다고 말했다.

나는 그 속에 설명이 되어 있을 것이라고 말해 주었다. 그 경관은 자기가 뜯을 수 없는 것이란다. 모든 서류를 순서대로 올려놓는 긴 유리통의 중간쯤에 내 서류가 끼어 있었다. 그 경찰은 내 서류를 꺼내어 맨 밑으로 바꾸어 주었다. 그래서 그나마 속히 이민관을 만나게 되었다.

역시 그 이민관도 자기가 뜯을 성격의 서류가 아니란다.

"그러면 어떻게 해야 하느냐?" 물으니 "일단 Tampa로 가서 이민관을 찾아가라"는 것이었다.

우리가 탈 비행기는 이미 떠났기에 다음 저녁비행기로 Tampa까지 모시고 오게 되었다.

내가 몸이 아플 때 큰 딸이 한국에서 할머니를 모시고 왔다

나는 생각한다.

이 세상에서 아무 도장도 찍히지 않은 빈 여권에 비자도 없는 여권을 들고 여행하는 사람은 한 사람도 없다. 하나님의 은혜가 아니면 도저히 불가능했고, 어머니는 도로 한국행 비행기를 타야 했을 것이다. 나는 불가능한 사건 시작부터 오직 불쌍한 어머니를 위한 기도와 함께 여행을 했었다.

하나님이 함께하신 것이다.

비록 나는 어머니에게 두들겨 맞아서 온몸에 시퍼렇게 멍이 들어 한참 동안 아팠지만, 그 현장에서 어머니가 나를 구타한 사건은 그들이 우리를 빨리 집으로 보내주는 급한 마음을 갖게 한 것이다.

그 후 나는 집에 와서 이민국에서 통지가 오기를 기다렸다.

드디어 한 달 만에 통지서를 받고 이민국으로 찾아가니 어머니를 당장 한국으로 내보내라는 것이었다.

나는 이민관에게 물었다.

"흰 봉투를 받았어요? 한국에서 영사가 어머니 사정을 잘 설명했을 텐데요. 그런데 왜 어머니가 나가야 합니까? 그리고 그 흰 봉투에 뭐라고 써졌습니까?"

그랬더니 그 이민관이 하는 말이 "영사가 쓴 편지는 자기가 해결할 수 없으니 편지받는 자가 알아서 해결하라"는 것이란다.

나는 정말 어처구니가 없고 맥이 탁 풀어지고 기가 막혔다.

그러나 "아무도 뜯어보지 말라"고 경고한 것이 집에까지 오게 한 것이 되었구나 생각하니 오히려 감사했다.

나는 그때부터 맹렬하게 기도하기 시작했다.

"하나님, 제가 어머니의 마지막을 지켜야 하는 이유를 잘 아시지 않습니까? 어머니에게는 영주권이 필요합니다. 어머니가 병들어서 분별력 없이 그렇게 처리한 것을 불쌍히 보시고 영주권을 다시 주십시오."

이민국에서는 절대로 재신청을 받아 주지도 않았다.

나는 또 매일 출근하다시피 이민국에 다녔다.

그래서 이민국 사람들을 다 알게 되었다.

나는 이민국 직원들에게 "당신은 어머니가 계시느냐?" 물었다.

너무 냉정하게 사무적인 사람들에게 인간적인 동정을 끌어내 보려고 그렇게 질문했던 것이다.

한 달 이상을 쫓아다녔다. 결국은 어느 이민관이 하는 말이 "나올지 안 나올지 장담할 수 없다. 다만 서류만은 접수시켜 주겠다"라고 하면서 받아 주었다.

드디어 어머니의 서류가 다시 들어가서 텍사스로 날아갔다. Texas에서 어머니 서류를 받았다는 편지가 왔다.

하나님이 구구절절한 나의 기도를 다 들어 주신 것이다.

이 사건은 우리 교인들이 함께 기도해 주었고 서울에 있는 내 친구들이 기도해 준 사건이다.

영주권을 반납하면 10년 이상 절대로 재발급받지 못한다는 것이 이민법이란다. 그런데 이렇게 힘들고 어려웠는데 불가능을 가능케 해주신 것은 분명한 하나님의 은혜였다.

드디어 2005년 초에 영주권이 다시 나오게 되었다.

실상 세상 법이 아무리 엄해도 하나님 안에서 불법만 아니면 하나님의 능력으로 모든 것이 가능하다는 말이다. 비록 불편한 영어지만 그들의 마음을 움직이도록 하나님께서 지혜를 주셔서 말하게 하시고 일하게 하셨다. 그래서 서울을 나갔는데 어머니의 상태가 너무 심각해서 도저히 여행할 수 없는 상태가 되었다.

모시고 오지 못하고 그만 양노원으로 모시게 되었다.

새 영주권은 나왔는데 어머니는 양노원에 계시고….

나는 어머니의 영주권을 가지고 나갔다가 주인 없는 영주권만 들고 다시 집으로 돌아왔다. 마음이 아프고 어찌할 수 없는 상황에서 영주권 사건은 어머니를 위해서 내가 할 수 있는 마지막 도리가 되었다. 그리고 이 마지막 영주권 사건은 어머니를 위한 나의 마지막 효도가 되었다고 생각한다.

이제 어머니의 새 영주권은 내가 소중하게 보관하는 어머니의 유물이 되고 말았다.

23

외로운 투병 생활을…

언젠가 서울 극동방송에서 방송 프로를 가지고 우리 교회를 방문했는데, 그것은 '우리 교회 좋은 교회'였다. 한국에서 극동방송의 전파를 들을 수 있는 모든 청취자에게 전하는 교회 탐방 프로였다.

내가 이전에 극동방송의 가족이었기 때문에 우리 교회에 온 것도 있지만, 미국 전역에 흩어져 있는 한인 교회를 탐방하는 데 우리 교회가 선택된 것이었다.

재미있게 방송을 끝냈고, 방송 PD가 우리 부부에게 선물을 하나 주었다. 그것은 우리 부부가 한국에 가서 건강 검진을 무료로 받을 수 있는 증서였다.

그 후 몇 달이 지나서 우리 부부는 한국에 가서 지정된 병원에서 건강 검진을 받았다.

나에 대한 검진 결과가 나왔다.

우선 갑상선에 양쪽으로 종양이 발견되었는데 조직 검사 결과 암은 아니었다. 그리고 간과 쓸개에 종양들이 수없이 많이 붙어 있었다.

이것을 본 의사가 "왜 그렇게 종양을 주렁주렁 달고 다니세요?" 하는 것이었다. 그 의사는 물론 내 마음을 편하게 해주기 위해서 그렇게 표현한 것으로 생각한다.

그러나 기분이 상당히 좋지 않았다.

밥을 많이 먹어도 그렇게 피곤하고 지친 것은 저혈당이 큰 이유 가 되었다. 그런데 이렇게 많은 종양들이 나의 영양을 빼앗아 먹 어치우니까 내가 건강할 수 없었구나 싶었다. 나의 상태를 알고 나니까 마음으로 실망스럽고 비관스럽기까지 했다.

'나는 도대체 왜 이런 모양인가?'

'이것이 내 체질인가?'

'사단이 가만히 가져다 놓은 것인가?'

정말 내 마음이 혼란스럽게 여겨졌다. 그러나 한편으로 참 감사 한 것은 종양이 많이 달려 있어도 암이 아니라니 얼마나 다행이며 감사한 일인가.

사단이 가만히 갖다 놓아도 하나님은 나를 버려두지 않으신다 는 믿음이 마음에서 일어나고 있었다.

그런데 현실적으로 나는 머리가 계속 아프고 약을 먹어도 낫지 를 않고 아픈 증세가 계속되었다. 그리고 항상 미열상태로 있는 것이 나를 너무 기분 나쁘게 하였다. 나는 거동을 하면서도 항상 아픈 상태로 일하며 움직였던 것이다.

그런데 나 혼자만 답답한 것이, 정말 아파서 자리에 눕는다거나 입원을 한다거나 이런 것이 아니었다. 참 속되게 표현하면 정말 미칠 것 같았다.

내가 너무 아프다고 하니까 가족들은 얼마나 싫증이 났겠는가? 나도 잘 안다. 그런데 나는 아팠다.

이 세상에는 불행하게 사는 사람들, 온갖 불행스런 상황 속에 사는 사람들이 많을 것이다. 보기에는 건강한데 실제로는 병이 있는 사람, 즉 나와 같은 사람들도 있을 것이다. 누가 어떻게 생각한다 해도 나는 참 불행한 시간 속에 살고 있다고 생각했다.

이렇게 생활을 하던 어느 해 나는 한국에 집회가 있어서 나갔다. 그런데 이상한 것은 한국에 가서 바쁘게 집회 활동을 하면 몸이 아픈 것을 싹 잊어버린다. 그래서 생각하기를 "내가 집회 활동을 하지 않아서 그렇구나"라고 생각했다.

집회를 다 마치고 귀국했다.

집에 와서 좀 쉬는데 머리가 또 아프고, 이제는 눈도 흐릿해지고, 그리고 한쪽 귀가 들리지 않는 것이었다.

나는 생각하기를 '한국에서 너무 바쁜 일정으로 인하여 내가 너무 과로했구나' 하고 생각했다. 그래서 목사님에게 말했더니 좀 더 푹 쉬라고 했다.

나는 집에서 쉬면서 집으로 오는 전화를 받는데 왼쪽 귀로는 들을 수가 없을 정도였다. 전화 소리가 마치 스피커가 찢어지는 소리처럼 나서 도무지 말소리를 들을 수 없을 정도였다.

참 고통스러웠다. 나는 나의 몸 상태를 생각하면서 불행감에

서 헤어나올 수가 없었다. 이런 불행감은 믿음과는 별개의 감정이
었다.

'내가 이렇게 믿음이 없었던 감정적인 사람이었나!'

웅프라 정상에서

웅프라 정상에서 먹는 라면

우리는 그때까지 의료보험이 없었는데 교회가 재정적으로 어
려웠기 때문이다.

그런데 바로 그해, 교회의 재정 집사님이 내 상태를 아시고 싼
보험을 들게 해주셨다. 그래서 목사님이 이제는 보험이 있으니까
정밀 검사를 해보라고 했다.

먼저 나는 귀에 문제가 있는 것 같아서 이비인후과에 찾아가서
의사에게 나의 상태를 자세히 말했다. 뇌 MRI를 찍자고 해서 나
는 의사가 시키는 대로 했다.

며칠 뒤 점심시간인데 간호사에게서 전화가 왔다.

그날은 내가 약속한 날이 아니었다.

순간 나는 무엇인가 직감되는 것이 있었다.

내 머릿속이 꼭 깊은 물속에 푹 잠기는 것같이 멍해지는 것이었
다. 우리말에 "밥알이 모래알 같다"라는 말대로 나는 모래알을 굴

리는 것 같아서 밥알을 모두 뱉어 버렸다.

그리고 옷을 갈아입고 병원으로 갔다.

드디어 의사를 만났다.

MRI를 비추어 보았다. 뇌 사진인데 왼쪽 아래쪽으로 골프공만한 크기의 하얀 구멍이 뚫려 있었다.

나는 가슴이 철렁 내려앉는 것 같았고, 내 심장이 멈추는 것 같았다. 그래서 의사에게 물었다.

"저 하얀 공처럼 보이는 것이 암입니까?"

"내가 볼 때 모양이 암처럼 보이지는 않지만, 이것은 이비인후과 진료가 아닌 것 같으니 뇌 전문의사에게 가야 할 것 같습니다."

나는 일단 암이 아닐 것이라는 말에 안도의 한숨을 내쉬었다.

그리고 의사는 뇌 전문의 몇 명을 소개해 주었다.

나는 소개해 준 의사를 만나려고 이 병원 저 병원 찾아다녔다. 의사들마다 모두 수술해야 한다는 것이었다.

수술에도 방사선 수술과 뇌 절개 수술 두 가지 방법이 있다고 했다. 그래서 나는 의사를 만날 때마다 물었다.

"당신의 환자를 수술할 때 혹시 사망한 환자가 있었나요?"

"여러 명 있었습니다."

너무 솔직하게 말해 주었다. 나는 너무 겁이 나서 수술을 하고 싶지 않았다.

"하나님, 저를 치료해 주세요. 치유의 광선으로 수술하시면 의사의 수술보다 더 완벽하리라 믿습니다. 성령님의 불칼로 완전 치유하여 주십시오."

나는 뇌를 절개하는 수술이 너무 무서웠고, 수술을 피하고 싶었고, 정말로 기도로 치유 받고 싶었다.

나는 겁을 먹고 아무 결단도 내리지 못한 가운데 시간을 끌고 있었다.

그런데 가족들이 난리가 났다.

둘째 딸이 하버드 대학교에서 친분이 있던 의사에게 연락을 했다. 그분은 Tampa에서 의료 활동을 하시던 분인데, 그분의 친구가 이 분야에서 유명한 의사였다. 이 의사는 이곳 주립대학의 교수이시면서 수술의사로 미 전지역에서 일등으로 표창을 받은 의사였다. 이 의사에게 진료를 받으려면 예약 후 약 일 년 정도는 걸린다고 했다.

그런데 딸의 친구였던 그분의 소개로 며칠 안에 특별 스케줄을 내주었다.

의사를 만났다.

그분에게 물었다.

"당신은 당신의 환자를 수술할 때 사망한 사람이 있나요?"

"아직까지 한 명도 없습니다."

"만약 수술을 받으면 어떤 후유증이나 손상되는 부분은요?"

"당신의 상태로는 너무 늦게 발견했기 때문에 손상되는 부분이 많을 것입니다."

"어떤 손상입니까?"

"첫째 귀의 청각을 잃을 것이고, 평행을 잃을 것이고, 한쪽 시력을 잃을 가능성이 있습니다. 그리고 왼쪽 얼굴에 또는 팔도 마비가 올 수 있습니다. 후각과 미각에 손상을 입을 수도 있습니다. 그리고 더 많은 손상을 입을 수 있다는 것을 미리 말합니다.”

“청각을 살릴 수 없습니까?”

“최선을 다하겠지만 장담은 못합니다.”

그래도 나는 “최선을 다하겠다”는 말이 고마웠다.

이분은 목사님의 아들이고 자기 교회에서 집사님이란다.

나는 믿는 사람이라서 기도로 치유받기를 원하는 마음이 있다. 고 했다. 그랬더니 “나도 당신의 길음을 압니다. 그러나 현재 당신의 상태는 시간이 더 늦을수록 그 대가를 치러야 할 것입니다”라고 했다.

나는 처음에는 그 말을 이해하지 못했다. 집에 와서 아이들에게 그 의사의 말을 전했다.

그 대가에 대해서 물었더니 그것은 죽을 수도 있다는 말이란다. 그래서 가족들이 빨리 수술 결단을 하라고 난리가 났다. 그러나 내 마음이 수술을 결단하는 데는 더 많은 기도시간이 필요했다.

그런데 내가 용기를 얻게 된 것은 우리 교인들이 얼마나 뜨겁게 기도해 주었는지 뿐만 아니라 세계에 흩어져 사는 주의 백성들이 나의 투병 소식을 듣고 기도해 주는 분들이 너무나 많았다.

교회 홈페이지로 들어와서 메시지를 남기기도 했고, 내 개인 홈페이지에 직접 들어와서 위로의 편지들, 기도문을 보내주신 분들, 또 전화번호를 알아서 직접 전화해 주시는 분들이 무척 많았다. 이렇게 사방에 흩어져 살고 있지만 예수 안에서 한 가족인 것을 체험하게 되었다.

실제로 나는 투병할 때 비록 내 가족도 있고 교인들도 있었지만 정말 혼자인 것 같았다. 누구도 나와 함께할 수 없다는 것이다. 그래서 나는 외로웠고 싸늘하고 어두운 방에 갇혀 있는 것 같았다.

아무도 나의 투병에 동참할 수 없었다. 누구도 나의 수술을 대신해서 받을 수 없었다. 오직 투병의 현장에 나 홀로 갇혀 있었고, 외롭고 고독한 마음이 나를 욱여싸고 있었다. 아마 나와 같이 큰 병에 걸린 사람들은 이 마음을 이해할 것이다.

하나님이 함께하시는 믿음이 없었다면, 나는 이 고통의 늪에서 빠져 나올 수 없었을 것이다.

이전에 호산나 단원이었던 영적인 딸이 한국으로 들어가 있었는데 내 소식을 듣게 되었다. 내가 그렇게 된 사실을 인터넷에다 알리고 치유를 위해서 기도로 응원해달라는 글을 올렸단다. 그런데 전혀 알지 못하는 곳에서, 얼굴도 보지 못한 주의 백성들이 이 소식을 접하고는 세계 방방곡곡에서 응원가를 보내준 것이다.

나는 교회 홈피를 보면서 너무 깜짝 놀랐다. 인터넷 정보망의 위력을 보았다.

나는 아무것도 아닌 작고 작은 사람이다. 그런데 그런 나를 기억하는 사람들이 있었던 것이다. 정말 오대양을 건너 육대주에서 응원의 메시지가 날아오는데 그것은 하나님의 응원가였다. 아시아, 중동, 유럽 곳곳에서 심지어 아프리카에서까지 나를 기억하는 주의 가족이 이렇게 많이 있었나?

이런 상황을 보면서 나는 얼마나 마음 든든해지던지!

나는 결코 혼자가 아니었다. 세계적으로 흩어져 있는 나의 기도

가족들이 이렇게…. 이를 통해 나는 하나님의 위로와 사랑을 체험
하게 되었고, 아울러 용기를 얻게 되었다.

나를 응원해 주는 주님과 주의 백성들이 이렇게 내 곁에 있었
다. 할렐루야!
나는 이번 수술에 하나님이 개입하시고, 친히 역사하심을 확신
했다. 내 마음이 든든해지니까 두려움이 사라지게 되었다. 그래서
서둘러 수술 날짜를 잡고, 드디어 오랜 투병 끝에 수술하기로 작
정하였다.

24

뇌종양 수술

이 세상에 수술하기를 좋아하고 기뻐하는 사람은 한사람도 없다고 생각한다.

내가 참으로 믿음으로 수술을 하기로 작정을 했는데도 수술하는 그날까지 불안한 마음에 잡혀 있었다.

그래서 그야 말로 새벽기도와 밤 기도를 그 날까지 계속했다.

우리 집에서 교회까지 High Way 로 약 30분 거리다. 그래서 기도가 길어지면 교회에서 자기도 했다.

남들이 나를 이상하게 보아도 나는 정말 심각했다. 나 나름대로 기도로 무장하고 수술 날자를 기다리는데….

물론 죽으면 천국!!! 나도 잘 안다.

그러나 내 마음에 아직 죽음이 준비된 상태가 아니었기 때문이다.

이 수술은 대 수술이었다.

옛날 한국에 있을 때 가까운 분이 뇌수술을 하다가 운명을 달리한 두 분을 보았기에 더 겁이 났던 것이다.

막상 누가 "당신은 지금 천국 가고 싶습니까?" 라고 물으면 솔직한 심정으로 나는 대답을 못할 것 같다.

좌우지간 나는 지금 너무 겁이 난 상태이다. 난 아직도 삶을 포기할 수 없는가보다!

그런데 이 의사는 뇌수술의 전문가이며 한사람도 실패한 적이 없는 능력있는 의사란다.

나는 그 의사를 믿는 것보다 나를 치유하시고 나를 살리실 하나님의 능력을 믿는다.

그러나 이런 의사를 만난 것도 하나님의 은혜라고 생각했다.

드디어 수술 날이 왔다. 그 날은 2003년 10월 29일이었다.

입원과 수술 수속을 위해서 새벽 5시에 병원으로 갔다.

내 수술 시간은 새벽 6시부터이다. 침대에 누워 있는데 마취사가 들어 왔다.

마취 주사를 맞고 몇분이 안되었는데 그 때부터 나는 구토를 하기 시작했다.

너무 토하니까 마취사가 의사에게 상의를 하는 것 같았다.

눈알이 빠질 것 같이, 정신없이 구토를 하고 있는데 그냥 침대를 끌고 가는 것이다.

침대에 끌려가는 것까지 의식했었는데.......

내가 침대에서 눈을 뜨자마자 나는 또 계속 토했다.

창자까지 딸려 나오는 것같이 고통스러운 구토였다.

누워있는 침대 앞쪽으로 바로 위에 시계가 있었는데 그 시계는 7시를 가리키고 있었다.

나는 지금까지 1시간 동안을 구토하고 있었던 것이다.

나는 이렇게 계속 구토를 해서 도저히 수술을 할 수 없을 것이라는 생각이 들었다.

구토가 너무 심해서 그랬는지 목소리도 잘 나오지 않는다.

그래서 개미 목소리로 "Nurse, Nurse"를 불렀다. 얼마 있다가 Nurse가 들어왔다. "무엇이 필요하니?"

"나 수술하지 않을 것이다. 왜 나에게 이렇게 고통을 주니?"

"이제는 구토 고통이 사라질 것이다. 걱정하지 마라."

"무슨 말이야? 그래도 난 수술하지 않겠다."

"너의 수술은 벌써 끝났다."

"어떻게 한시간만에 수술이 끝나느냐?"

"아니다. 지금은 저녁 7시다. 너의 수술은 13시간이 걸린 것이다."

그러니까 마취 시작에서부터 마취가 끝날 때까지 13시간이 걸린 대 수술이었다.

나중에 알고 보니 수술 시간만 9시간 가까이 걸렸다고 한다.

그렇게 토하던 것이 점점 사라지는 것이다.

꼼짝도 못하고 누워있는 내 몸에는 여러 바늘이 꼽혀 있었다.

내가 깨어나서 이제 말을 하니까 Nurse는 내 의사를 불렀다.

내 수술의사가 들어 와서 내 손을 잡고 다정하게 말을 시작했다.

"Honey, Congratulation." "Thank You."

"But, I am Sorry. Lost Your Hearing."

청각을 살리기에는 혹이 너무 컸다는 것이다.

그리고 혹이 너무 커서 다른 신경에까지 붙어 있어서 많은 손상이 있을 것이라고 했다.

사람이 참으로 간사하다. 수술하기 전에는 생명만 다시 얻기를 그렇게 기도했는데 이제 생명을 얻고 나니까 다른 부분들이 손상을 입었다는 말에 이렇게 마음이 낙심이 되니 내 마음에 진정한 감사가 없는 것일까?

나는 그 말을 들을 때 가슴이 북받쳐 오면서 뜨거운 눈물이 내 뺨을 타고 주루룩 흘렀다.

그런데 이상한 느낌이 있었다. 오른쪽 눈에서만 눈물이 흘러내리는 것이다.

의사는 내 뺨에 흐르는 눈물을 닦아 주면서 왼쪽에 여러 가지 손상이 있을 것인데 그것을 적극적으로 적응하도록 노력하라고 당부해 주었다.

나는 그래도 생명을 다시 얻도록 수고해 주어서 고맙다고 인사를 했다.

나는 이렇게 해서 수술을 끝냈고 몇일 동안 병원에서 치료를 받고 퇴원했다.

집에서 왔다 갔다 하면서 치료를 받는데 정말 손상 입은 것이 하나둘이 아니었다.

먼저 왼쪽 귀가 전멸이다. 나는 졸지에 귀먹이가 되었다.

이것뿐이 아니라 왼쪽 귀에는 폭포에서 쉼없이 쏟아지는 폭포수의 엄청난 굉음이 있었다.

이 소리는 앞으로 내가 훗날 눈을 감을 때까지 들리는데 이 소리를 속히 적응해야 내 자신이 편해진단다. 정말 이런 후유증이 있다는 것을 미처 알지 못했다. 알아도 별 도리가 없었겠지만….

밤에 잠을 잘 때도 불면에 시달리는 것도 어쩌면 이 소리가 방해를 해서인지도 모르겠다. 또 운전할 때 왼쪽에서 빨리 달리는 차의 소리를 전혀 듣지 못하기 때문에 무척 위험하다. 또 주차 할 때도 왼쪽에서 차의 소리를 듣지 못하니까 얼마나 불편한 일이 생기는지 모른다.

또 다른 후유증이 나타났다. 오른 쪽 얼굴과 왼쪽 얼굴에 감각이 달라진 것이다. 그해 겨울 날씨가 무척 추웠는데 왼쪽 뺨은 전혀 시리지도, 찬 느낌이 전혀 없이 오른쪽 뺨만 시렸던 것이다.

그리고 오른 쪽 눈은 공기가 찬 느낌인데 왼쪽 눈을 전혀 감각이 없다. 확실히 감각에 이상이 온 것이다.

교인 중에 음식 잘 만드시는 분이 맛있는 국을 만들어 오셔서 먹어야 빨리 회복한다고 밥을 차려 주셨다. 나는 한 수저를 떠서 입에 넣었는데 수저를 입에서 빼는 순간 국 국물을 삼킬 수도 뱉을 수도 없었다.

입에 물고 있는데 입안 전체가 쓸개를 씹은 듯 온통 써서 어떻게 할 수가 없었다

"왜 그러세요?" 나는 말을 할 수가 없어서 손짓으로 괜찮다는 표시를 했다. 그리고 지그시 눈을 감고 그냥 꿀꺽 삼키면서 도저히 그분에게 국이 쓰다고 말할 수 가 없었다.

그래서 의사에게 물어 보았다. 그것이 후유증이라고 한다. 혀의 신경이 짤려 나가서 맛을 잃은 것이라고 한다.

그러나 오른 쪽은 살아 있으니까 점점 회복되면서 오른 쪽으로 맛을 느끼도록 적응이 될 것이란다.

그것이 언제쯤 될 것이냐? 고 물었는데 언제라고 말할 수 없지만 내가 적극적으로 적응해야 한다고 했다.

정말 그 입맛의 고통이 약 3년 이상 걸렸다.

그 뿐인가! 왼쪽 눈에 감각뿐 아니라 눈물이 안 나오고 왼쪽 상 거풀 근육이 풀어진 것을 알게 되었다.

한쪽 눈에는 축축하게 눈물이 흐르는데 한쪽 눈은 매 말라서 말똥 말똥하게 그냥 있다.

얼마나 괴로운지 아는가? 두 눈이 다 피곤하다. 마른 눈은 나중에 아프기까지 한다.

그래서 이제는 눈물을 될 수 있으면 흘리지 않으려 한다.

정말 이렇게 하니까 눈물이 말라 버린 것 같은 느낌이 든다.

또 괴로운 것이 있다. 그것은 왼쪽 코, 왼쪽 코는 콧물이 나오지 않는다. 이것도 얼마나 불편한지 아는가?

건강은 회복했지만...내 몸에 아직 장애가......

대부분 뇌수술한 사람들의 후유증 현상이 두통이다.

난 의사가 아니라서 잘 모르겠다. 그러나 너무 머리가 아프니까 이런 생각이 들었다.

머리에서 몸이 제 기능을 할 수 있도록 신경이 뻗어 있는데 지금 나는 여러 곳의 신경이 짤려 버린 것이다.

그런데 나의 끊어진 신경이 제 기능을 할 수 없으니까 이것이 두통으로 나타난 것이 아닌가….

그러나 이 모든 후유증상은 내가 감당해야 할 "내 몫에 태인 십자가"라고 생각해야지 아무리 잘 살아도, 건강하게 살아도 한 평생이다. 두 평생을 사는 사람은 아무도 없다.

그런데 주의 백성들은 이 세상 한 평생 후에도 영원한 천국의 삶이 있지 않은가! 말이다.

그러나 모든 인간은 다 육신의 죽음을 피해갈 자가 없다.

내가 수술 전에 만약을 대비하는 마음으로 유언장까지 써놓고 마음을 모았던 일을 생각했다.

우리 인생의 날을 누구도 장담할 수 없다는 것이 더욱 강하게 느껴졌다.

생명은 하나님 손에 있다는 것을 이론으로 잘 안다.

그런데 실제로 생사를 걸어 놓은 상황 앞에서 인생은 이론이 아니라 실제라는 것을 알게 되었다. 그래서 이론이 아니라 실제적으로 하나님 손에 있는 인생, 정말 잘 살아야겠다고 생각했다.

그것은 하나님의 뜻대로 말씀에 순종하는 삶, 하나님을 기쁘시게 해드리는 삶이리라….

. 육신이 후패해지고 죽음에 이를지라도 우리는 부활 후 천국의 새 소망이 있지 않은가! 할렐루야!!!

그런데 내가 이렇게 살아 회복되었으니 후유증쯤 이기고 감당해야 하지 않겠는가!

항상 내 마음속에 변함없이 주를 향한 뜨거운 열정과 영혼들을 사랑하는 마음이 있으니…. 항상 주의 위한 사명과 내 마음의 열정을 아시고 그렇게 할 일이 있으매 살리신 것이라 생각했다.

25

큰 딸의 결혼

우리 가족은 아버지를 중심으로 온 가족이 교회에 헌신하는 생활을 했었다. 이미 호산나 찬양단을 통해 세 아이들이 시간과 재능을 총동원하여 헌신하고 있었다.

큰 딸은 주립대학에서 3.9%, 우등으로 졸업하는 학구파 학생이었다. 그렇게 학교를 졸업하고 난 후 직장을 다니면서 교회에서도 여러 모로 봉사함으로 아버지의 목회를 돕고 있었다. 우리 교회는 비서를 채용할 만큼 재정이 안 되는 형편이라서 큰 딸이 꼼꼼하게 비서 역할을 잘 감당하고 있었다.

예를 들면, 교회에서 예배를 위한 주보를 만든다든가, 교회행사를 위해서 광고지와 전단지를 제작하고, 그리고 아버지의 스케줄을 정리하고 체크한다든가, 이 밖에도 눈에 띄지 않는 많은 일들을 감당해왔다. 그래서 아버지에게는 큰 동역자나 다름없이 교회의 일을 도왔던 소중한 일꾼이었다.

그런데 이제 결혼할 나이가 넘었는데, 아버지가 계속 끼고 살수는 없는 일이었다. 본인은 이디로 살아도 좋다고 생각했던 것같다. 이렇게 조용한 날을 보내고 있는 중에 호산나 찬양단에 한젊은이가 들어왔다. 찬양을 좋아하고, 참 순수한 믿음의 청년이었고, 매우 부지런하고 무슨 일이든 열심이었다. 그런데 우리 교회에 오면서부터 큰 딸을 눈여겨보았던 것 같다.

큰 딸은 교인들에게 칭찬을 받는 처녀였다.

큰 딸을 두고 "천사표 딸, 무공해 신앙" 등등 넘치는 칭찬을 아끼지 않았다. 큰 딸은 일단 말없이 순종하며 누구에게나 예의 바르게 행동했다. 이런 모습이 그 청년의 눈에도 좋게 보였던 것 같다.

이렇게 교회 생활도 함께하고 성경 공부도 함께하는 가운데 이렇게 한 해 두 해 몇 년이 지났다.

어느 날 큰 딸이 음악 콘서트에 간다는 것이다.

"어떻게? 누구와 가니?"

"종일 형제가 티켓이 두 장 있는데, 나에게 가지 않겠느냐고 해서 같이 가겠다고 했어. 세계적으로 유명한 오케스트라야."

그렇게 말하는데 조금도 이상할 것이 없었고 반대할 이유가 전혀 없었다.

"그러니? 그럼 잘 다녀오렴."

그랬는데 그날 밤에 와서 기분이 좋아 보였다.

아마 큰 딸이 생각하기를 그 청년이 자기에게 마음이 있어 한다는 것을 눈치 채고 있었던 것 같다. 그러나 공개할 상황이 아니니 조심, 조심하고 있었던 같다.

그런데 얼마 후 나는 교인으로부터 큰 딸이 데이트한다는 말을 들었다. 그래서 나는 조용히 딸을 앉혀 놓고 물었다.

"엄마, 엄마가 이렇게 알게 되어서 미안해요. 그 사람은 신종일 씨예요. 아직은 연애하는 사이가 아니에요. 그냥 이 사람이면 어떨까 하고 살피고 있는 중이예요."

"네가 어떻게 살피고 있는데?"

"작년부터 QT를 서로 나누면서 말씀에 비추어서 성격이나 신앙을 알아가고 있어요. 아직 확신이 없어서 엄마에게 말하지 않았어요."

"그렇다면 지금까지 QT를 나누면서 그 사람에 대해 어떻게 알았니?"

"내 생각이 맞는지는 몰라도 성실한 사람이며, 신앙적으로 진실한 면이 있어요. 장래가 있는 사람이에요. 그리고 자기 인생에 책임을 질 줄 아는 사람이라고 생각했어요. 또 자기 일에 부지런해서 좋다고 생각했어요. 지난번 음악회에 간 것 말고는 아직 정식으로 데이트를 한번도 해보지 않은 사이예요."

딸은 나름 진지하게 살펴본 것 같다.

"그러면 네 마음에 교제할 마음이 있느냐?"

"만약 엄마 아빠가 하지 말라고 하시면 지금이라도 마음을 끊을 수 있어요. 그러나 아직 그런 단계가 아니에요.

그래서 나는 기도해 보자고 했고 아빠에게 말을 했는데 아빠도 역시 기도하겠다고 했다.

그런데 한 달이 지나가도 남편의 허락이 없어서 나는 재촉했다. 실상 남편은 목사의 사모가 되기를 생각했었다.

또 남편은 딸이 이제 자기 곁을 떠날 것을 생각하니 선뜻 허락하기가 싫었던 모양이다. 그래서 나는 남편에게 "왜 그렇게 아이의 마음을 힘들게 해요. 빨리 허락해 주세요" 했다.

남편을 종일 형제를 불렀다. 그리고 하나 하나 물어보았다. 직접 만나고 대화해 보더니 믿음이 생긴 것 같았다. 드디어 허락을 받게 된 것이다.

이제 허락을 받은 두 사람은 교인들도 알게 되었다.

모두 기뻐하였다. 교회에서 두 사람 다 모범적으로 일하는 일꾼들이었기 때문에 참 사랑을 많이 받았다.

아직도 교회를 Support하는 상황이라서 그 흔한 소파 하나도 선뜻 못해 주어 참 마음이 아팠다.

두 사람이 결혼을 준비할 때 정수는 이미 교회의 형편을 말했던 것 같다. 그래서 현재의 상황에서 엄마가 해줄 수 있는 한도에서 준비하겠다고 했더니 딸은 그것도 미안하게 생각했다.

이렇게 하여 드디어 결혼을 하게 되었다.

아버지와 두 딸

결혼식은 2003년 1월 4일에 올렸다.

교회에서 교인들의 축하 속에 아름답게 올렸고, 신혼 여행은 유럽으로 약 10일간 다녀왔다.

두 사람이 얼마나 아름답게 생활하는지….

역시 신앙 안에서 서로 말씀을 나누며 교제해서 그런지 결혼해서도 말씀대로 살기를 힘썼다. 그리고 두 사람이 참으로 대견하고 감사한 것이 있는데, 아직도 서로 존댓말을 사용한다.

벌써 결혼한 지 10년이 훌쩍 넘어가는데도 서로 존댓말을 사용하는 것은 참으로 칭찬 받을 만하다.

딸은 결혼하고 집을 떠났다.

나는 딸이 사용하던 방을 열고 딸의 그림자를 그려 보았다.

텅 빈 방에는 딸의 사랑스런 냄새만 남아 있었다.

딸이 남긴 작은 것 하나도 버릴 수가 없었다.

그 속에 담긴 딸의 여운을 가슴에 품고 허전함을 달래고 있었다.

인생이 이런가 보다.

이렇게 자식들이 하나 하나 떠나고, 결국은 우리 부부만 남게 되었다. 그리고 그렇게 다 떠나고 나면 혼자 있다가 주님 앞에 서게 될 것이 아닌가.

나는 딸을 떠나보내고 빈방에서 혼자 눈물을 닦았다.

나에게는 친구 같은 큰 딸이었다.

그렇게 엄마의 마음을 이해하고 위로하던 딸이었다.

목회의 현장에서도 큰 일군처럼 아빠의 힘이 되었던 딸이었다.

그리고 동생들에게는 엄마와 같이 곁에서 돌보던 언니였으며 누나였다. 큰 딸은 하나님께서 우리 가정에 보내주셨던 선교사였으며 주의 일군이었다.

딸을 보내고 나니 딸의 빈자리가 이렇게 크게 느껴지는 것이 내 마음을 아프게 했다.

큰 딸은 늦게 와서 주립 대학을 졸업했다.
역시 GPA 4.0 만점에 3.9% 성적으로

엄마 대신 동생을 들보았다

평소에 큰 딸에 대한 기대와 사랑이 커서 그랬던가 보다

이렇게 딸이 그동안 부모 밑에서 봉사했던 것들이 고마웠다.

그래서 하나님께서 딸의 앞날을 더욱 잘되게 해주시고 복 주시기를 기도했다.

신종일과 오정수의 결혼생활을 위한 기도문

"복의 근원이 되신 하나님 아버지,
정수와 종일의 결혼을 축복하며
하나님께 감사와 영광을 올려드립니다.
새 가정을 태어나게 하신 하나님,
이 시간, 하늘 문을 여시고 이 둘을 축복하여 주옵소서.
이 두 사람의 인생 여정 가운데
언제나 하나님이 함께하시는 복을 받게 하시고,
항상 하나님께 순종하는 삶을 살아감으로
형통함과 평탄함의 복을 받게 하옵소서.

부모님을 잘 공경함으로
하나님께서 약속하신 부와 장수의 복을 누리게 하시고,
이웃과 화평함으로 사랑을 나누면서
하나님을 기쁘시게 해드리는 가정이 되게 하옵소서.
이 둘이 목숨 다하는 날까지 변함없는 사랑으로
모범된 가정을 이루게 하시고,
지혜롭고 건강한 자녀들을 주셔서
주님 오실 때까지 거룩한 후손의 대를 이루게 하옵소서.

하나님을 가정의 주인으로 모시고,
말씀 중심으로 살면서
서로 부딪히는 갈등을 잘 해결해 나가는
말씀으로 훈련된 주님의 일꾼들이 되게 하옵소서.
삶의 한 모퉁이에서 어려움과 고난을 만날 때
주님의 십자가를 생각하며 끝까지 견디게 하시고
기도와 하나님의 말씀으로 무장하여
이 험한 세상을 이기고 승리하게 하소서.

그 옛날 아담이 잃어버렸던 에덴을
이 가정을 통해서 회복하게 하시고
이 땅에 하나님의 은혜와 거룩함을 소유한
작은 천국을 이루게 하옵소서.
이 둘의 가정을 통해서 하나님이 영광 받으시고
하늘의 큰 복을 내려 주옵소서.
이 모든 말씀을
예수 그리스도의 이름으로
이 가정을 축복하며 간절히 기도드립니다. 아멘!"

26

아들이 신학을 하기로 결단했다

막내아들이 Emory University를 졸업했다.

아들은 학교에 다닐 때 여러 가지 활동을 했는데, 노래하는 Club과 Drama Club에서 활동했었다. 특별 노래 Club으로 유명해져서 Emory의 후배들에게 '전설'이라는 별명을 얻기도 했었다.

아들은 역사학을 전공하였다.

처음에는 역사학 교수를 하고 싶다고 했는데, 4학년이 될 때까지 뭐가 그렇게 하고 싶은 것이 많은지….

Emory University는 애틀랜타에 있는데 CNN 방송이 애틀랜타에 있다.

그래서 그랬는지 CNN방송에 Sports Analyst가 되겠다고 했는데, 이렇게 일반 직업을 갖고 싶은 것을 알고 남편과 나는 무척 기도를 많이 했다.

사실 현실적으로 생각하면 자녀들이 좋아하고 잘하는 것을 가

지고 세상에 나가는 것이 일반적이
다. 어떤 일을 하더라도 그렇게 선택
한 일을 하면 보람을 느끼고 성공할
확률도 크지 않은가.

그러나 우리가 아들을 향한 하나님
의 뜻을 붙잡고 기도해 온 날들이 얼
마였던가. 그것은 아들이 출생할 때
예수님의 안수를 체험한 일로 인하여
남편과 나는 끊임없이 기도해 왔다.

아들은 공부도 잘했기 때문에 사회
의 어떤 분야에서 활발하게 일하기
를 원하지 않았겠는가. 그러나 우리
의 기도는 아들이 출생할 때 이미 남
편이 아들을 향해 하나님께 서원했던
일이 있었기 때문이다.

아들은 "왜 내 인생을 아빠가 서원
하죠?"라고 항의하며 도저히 이해할
수 없다고 말하기도 했다.

아들이 학기를 마치고 방학 때 집
에 오면 우리는 그때마다 "대학을 졸
업하면 무엇을 할 것이냐?"를 묻는
다. 그러면 이런저런 자신이 하고 싶
은 직업을 얘기하곤 했었다. 그 때마

Emory University 졸업식

매형이 먼 곳에서 동생 졸업식에

다 아들에게 "아버지는 네가 신학교 가기를 기도하고 있다"라고
하면 아들은 아버지 앞에서는 아무 말도 하지 않고 듣기만 하다가
아버지가 외출이라도 하면 곧바로 나에게 "Mom, No way" 하는 것
이다. 그러면 나는 "나는 몰라, 아빠가 오시면 아빠에게 네가 말하
렴" 한다.

어찌되었든, 아버지의 말씀이라면 무조건 순종하는 정말 요즘
보기 드문 착한 아들이었다. 그래도 내가 달래면 그대로 받아들이
고 순종하는 아들이었다.

아들은 이렇게 대학 시절을 보냈다.

아들이 아버지 앞에서 아무 말도 하지 않은 것은 어릴 때부터
아버지를 어려워했기 때문이다.

나는 아들이 이런 상태를 '4살 때 아버지를 만나서 그런가?' 하
는 생각도 했다. 절대로 아버지가 무섭게 하거나 아들이 어려워할
만한 힘든 교육을 한 것도 아닌데 말이다.

단 남편은 집에서는 대화가 없었다.

대화가 없는 아빠가 아들과 얘기할 때면 아들이 긴장하는 것을
볼 수 있었다. 이것은 평소에 아들과 아빠가 대화가 없어서 그런
것이라고 생각했다.

그런데 졸업반이었을 때 겨울 방학에 집에 내려왔다.

그때 내가 뇌종양 수술을 받고 치료 중이었을 때였다.

이것은 내 생각인데, 아들이 이런 엄마의 상황을 보면서 인생에
대한 깊은 생각을 했던 것 같다. 엄마의 힘든 상황을 보면서 하나
님께서 아들의 마음에 변화를 일으키셨다고 생각한다.

집에 내려온 아들이 아버지에게 조용히 말을 꺼냈다.

"아빠, 나 신학교 가기로 결단했어요."

아버지는 너무 기뻐하며 말했다.

"아들아, 잘했다. 하나님의 특별한 복이로구나."

이렇게 아빠와 아들은 주의 종의 길을 선택한 것을 함께 기뻐하고 있었다. 엄마인 나도 아들의 결단에 참으로 기뻐했다.

나는 한편으로 걱정스러운 것이 있었다.

아들이 대학을 졸업하고 직장을 갖게 되면 학자금 융자를 스스로 다 갚을 수 있을 텐데….

이제 또 대학원, 즉 신학교에 가서 공부하면 학자금이 또 걱정이 되었다. 그러나 주의 종이 되는 아들에게 금전적인 부담을 줄 수 없었다.

그때까지도 우리는 경제적으로 자유로울 수 없는 상태였기 때문에 하나님께 책임져 달라고 기도했다. 대학원부터는 학자금 융자를 정식으로 받을 수 없는 것이 이곳의 실정이기 때문이다. 그래서 나는 기쁜 소식과 아울러 학비 지원의 짐을 위해서 기도하고 있었다.

드디어 아들은 남침례 교단인 South Western Theological Seminary에 입학을 했다.

실제적으로 South Western Theological Seminary는 신학교로서 세계적으로 유명한 큰 학교이다. 아들은 그 학교에서 Apologetics를 전공하였다.

그런데 아들이 공부하는 중 학교에서 성적 장학생으로 전액 장학금을 받기도 했고, 또 어느 해는 일부 장학금을 받기도 했다. 이 것을 교회에서 알고 일부 장학금을 지원해 주기도 했다.

그리고 아들은 댈러스 신학교에서 신학을 할 때, 전도사로 댈러스에 있는 Harvest Church에서 Worship Paster로 사역하면서 부족한 부분을 감당하고 있었다.

전도사 시절에

공부하면서도 전도사로서 교회 사역도 성실하게 감당했다.

아들이 자기가 맡은 일에 성실하게 일하는 것은 어릴 때부터 훈련이 되었다고 생각한다. 그리고 전도사로서 사역하면서 주의 종의 일이 어떤 것인가, 또 주의 종은 어떻게 사역하는 것인가를 훈련하는 좋은 시간이 되었다.

"여호와를 의뢰하여 선을 행하라 땅에 거하여 그의 성실로 식물을 삼을지어다"(시편 37:3).

아들은 공부도 사역도 성실하고 책임있게 일했는데, 이는 타고난 성품이었다.

어찌되었든 참으로 감사한 일이었다.

앞으로 주의 종으로서 주의 일을 생명처럼 여기며 감당해야 할 사람이 아닌가.

매사에 최선을 다하는 아들을 볼 때, 하나님께서 반드시 아들을 통해 주의 뜻을 이루시게 되리라는 믿음을 갖게 되었다.

27

나의 어머니, 나의 어머니!

2006년 3월 22일 큰 딸 정수가 첫아이를 출산했다.

그래서 몸조리하는 동안 돌보아 주려고 산호세에 가 있었다.

'나도 이제 할머니가 되는구나!'

첫 손자를 보니 감회가 새로웠다.

그리고 약 한 달간을 머물러 있는 중이었는데 2006년 4월 18일 새벽 2시경이었다. 한국 날짜로는 4월 19일이었는데, 한 세대는 가고 또 한 세대가 오는 세대의 전환점에 도달하게 된 것이다.

한국에 계신 어머님의 양로원에서 전화가 왔는데, 막 어머님의 임종이 임박한 순간이었다.

나의 머리는 텅 빈 것 같은 느낌이었고 내 생각은 온통 하얀 안개가 덮고 있는 것 같았다.

양로원 원장님이 어머니의 가쁜 숨소리를 전화로 들려주었다.

나는 울면서 어머니를 불렀다.

어머니는 귀가 어두우셔서 전혀 듣지를 못하시는 상태였다.

그래도 어머니의 영혼이라도 들으시라고 계속 불렀다. 그랬더니 원장님이 전화를 바꾸더니 "어머니가 눈을 뜨셨어요" 하는 것이었다.

아마 어머니의 영혼이 나의 간절함을 들으셨던 것 같다. 그리고 다시 어머니를 바꾸어 주어서 계속 어머니를 부르면서 "어머니, 미안해요. 어머니 미안해요"만을 계속 말했다.

그렇게 하고 있는데 원장님이 전화를 끊자고 했다.

한국 시간으로는 그날 오후 4시경에 임종을 하셨다고 했다.

그러니까 그곳 시간으로 어머니가 임종하시기 약 1시간 전에 나와 통화를 하게 된 것이다.

어머니가 임종하시기 전에 야쿠르트 두 병을 마셨단다. 그것이 어머니의 마지막 음료였다. 그리고 원장님이 기저귀를 갈아드리고 옷을 입혀드리는데 운명하셨단다.

왜 어머니가 그렇게 홀로 임종하셔야 했는가?

어머니의 고향은 원산이지만 결혼은 평양으로 시집을 오셨다.

그래서 어머니는 친정과도 이산 가족이셨다.

그 당시 어머니의 언니와 형부는 고위직에 있었다. 그래서 어머니의 친정이 신분상 무척 불안한 상태였기 때문에 남자들은 무조건 잡아가던 때였단다.

이모가 어머니에게 "앞으로 어려움을 당할 테니 속히 월남하라"고 재촉하셨단다.

급박한 상황에서 아버지가 먼저 월남하신 것이다.

어머니는 만삭이 된 나를 출산해야 했기 때문에 아버지를 따라 갈 수 없었고, 또 위험한 상황에서 친정으로 갈 수도 없었단다.

어머니는 나를 출산하고 얼마 후에 핏덩이를 업고 할머니를 모시고 월남을 하셨단다.

이렇게 이산가족으로 눈물을 뿌려야 했던 가슴 아픈 사연을 가진 어머니와 나!

그 후 아버지는 3년이 지나도 오지 않아 더 이상 기다릴 수 없었고, 만날 수 없었기에 남한에서 재혼을 하신 것이다.

아버지의 변명을 들어보면 오랜 시간 만날 수 없는 중에 처가 식구들이 월남할 수 없다는 결론을 내리셨단다. 이유는 처가 식구들이 고위직으로 사상이 다르기 때문에 절대로 월남할 수 없을 것이라고 생각하셨단다.

나만 바라보고 사신 어머니

옛날 가요 중에 가슴 아픈 노래가 있다.

"누가 이 사람을 모르시나요?"

참 많이 울면서 부르던 노래이다.

정말 어머니는 자기의 이산가족들을 찾고 싶은 마음이 얼마나 간절했겠는가. 돌아가신 나의 할머니도 뿔뿔이 흩어진 가족들을 가슴에 품고 눈을 감으셨다.

나의 어머니도 일가친척 한 사람도 없이 사시면서 얼마나 외롭고 고통스런 세월을 사셨는지 모른다. 그래서 어머니는 슬픈 노래를 부르시듯 옛날의 추억들을 나에게 들려주시곤 하셨다. 내 귀에는 어머니의 한맺힌 옛날의 슬픈 노래가 굳은살이 박힐 정도로 생생하게 내 마음에 박혀 있다.

“만약 누가 이 글을 읽고 혹 잊혀진 세월 속에서 한 가닥 기억나는 옛 가족들의 사연을 안다면 말해주시오!”

어머니의 가족 관계로는 친언니가 일제 강점기 때 숙전 1회 졸업생이셨다. 숙명여대의 1회 졸업생으로 숙전에서 교편도 잡으셨단다. 그 후 사법고시에 합격함으로 조선인으로는 최초로 여자 법조인이 되신 분이다.

이모님의 성함은 이원인, 일본 이름은 ‘구니모도 겐진’이라고 하셨다. 그 당시 일본 신문에 나오는 조선인으로 우리나라 사람들에게 대단한 자랑이었고, 유명 인사였다고 말씀하셨다. 그리고 법조인으로 일하시다가, 그 후 김일성 대학과 소련에서 유학을 마치고 돌아온 분이랑 결혼을 하셨단다.

이모부 되시는 분은 1970년에 북한 외교관으로 파리 회담에 참석한 분이기도 하다.

이모부 성함은 최OO이시다. 이렇게 밝힐 수밖에 없다.

그러나 누군가 이 글을 읽는 분 중에 짜투리 소식이라도 기억하면 가족들의 상황을 들어보기라도 할 텐데…. 혹시나 해서 어머니에게 이산가족 상봉을 해드리고 싶어 인터넷을 찾아보아도 흔적도 없었다.

이것을 어머니에게 말씀드렸더니, 소련이나 제3국으로 가셨던지 아니면 완전 숙청을 당했으리라고 하셨다. 왜냐하면 가족들이 모두 남하한 사실로 인해 북한에서 그냥 놔두지 않았을 것이란다. 어머니는 나에게 요시찰인이 되지 않기 위해 이런 가족 상황을 절대로 발설하지 말라고 항상 당부하셨다.

아무튼 어머니의 이런 집안 배경으로 아버지는 우리를 포기하셨던 것이다. 그리고 3년 만에 드디어 아버지를 만났다고 한다.

그 후 아버지는 두 집 살림으로 인하여 고통스런 삶을 몇십 년 동안 사시다가 역시 돌아가셨다. 그러나 나는 아버지가 주신 나의 동생들과 교제를 계속하고 있다.

나는 가족도 형제도 없이 홀로 사신 어머니를 생각하면 얼마나 불쌍한지 지금도 가슴이 미어진다.

나는 대전에 사는 동생 부부에게 어머니의 임종을 보지는 못했지만 속히 사진이라도 찍어 달라고 부탁했다.

동생 내외는 급히 양로원으로 가서 임종하신 직후의 어머니를 마지막으로 보고 왔다.

어머니가 하늘나라에서 보시면 아버지 대신 내 동생 부부가 왔구나 하시지 않았을까!

동생 부부는 현재 부부목사로서 목회를 활발하게 하고 있는 귀한 분들이다.

동생이 나에게 사진을 보내왔다.

내가 급히 한국에 가서 어머니의 장례를 치를 수 없었던 것은 여권이 만기가 넘은 것을 몰랐기 때문이다. 그래서 장례식에 나갈 수가 없게 되었다.

나는 딸네 집에서 급히 Tampa 집으로 돌아와서 속성으로 여권을 발급받았다. 그러나 이미 어머니의 장례는 쓸쓸하게 치르고 난 뒤였다.

나는 어머니의 자취가 없는 서울에 도착해서 어머니를 그리며 울고 다녔다. 양로원에 가서 어머니를 위한 모든 경비를 다 갚아 드리고 따로 감사를 드리고 양로원을 나왔다.

나는 걸음 걸음마다 눈물을 뿌리고 다녔다. 주체할 수 없이 눈물이 흘러내렸다. 오른쪽 눈에서 어머니에 대한 추억이 눈물과 함께 샘물처럼 계속 솟아났다. 얼마나 울었던지 마른 왼쪽 눈은 오히려 아프기까지 했다.

이렇게 울면서 나는 또다시 태평양을 건너왔다.

어머니에 대한 그리움, 한 많은 인생을 살아오신 어머니의 아픈 추억들, 그런데 더욱 내 마음을 힘들게 한 것이 있었는데 그것은 어머니의 구원이었다.

어머니가 치매에 드셨을 때 나는 집에 가서 벽에 걸려 있는 예수님 사진 앞으로 어머니를 세워드리고 "이분이 누구입니까? 왜 우리가 이분을 믿습니까? 우리가 왜 죄인입니까? 왜 회개허야 합니까? 우리가 구원받지 못하면 천국에 갈 수 없습니다"라고 어머니가 정신이 있을 때는 복음을 심어 드렸다.

그런데 어머니가 치매로 돌아가셨기에 이것이 더욱 마음이 아팠다.

나는 집에 돌아와서도 계속 울고 다녔다.
울고 싶은 것이 아니라 저절로 계속 울어지는데 어떻게 하나!
집에 와서도 약 한 달간을 울고 지냈다.
이런 나를 보고 남편이 "이제는 그만 울어. 그러다가 몸이 상하겠어" 하는 것이다.
"내가 울고 싶어서 우나요? 저절로 울어지는데 어떻게 해요" 하며 지내고 있었다.

어머니는 정말 미인이시다.
어머니의 고향은 이북 원산이시다.
나는 동네를 잘 모르지만 항상 외우시듯 하신 말씀이, 우리 집은 원산 명석동 1가 1번지에 방이 몇 칸짜리의 유리문으로 둘린 집이었다고 자랑을 하시곤 했다.
외할아버지의 성함은 '이병욱' 씨로서, 그 당시 사업가로서 원산 제일의 유지였다고 한다. 내 생각인데, 아마 할아버지가 여러 가지 사업을 하시면서 그렇게 부를 얻었던 것은 일본 사람들과 그렇고 그런 관계였다고 생각이 된다.
그 당시에 친일파가 아니면 자식들을 그렇게 공부시키며 큰 사업을 할 수 없기 때문이다. 그래서 할아버지는 신사복을 일본에 가서 직접 맞추어 입으실 정도로 그렇게 사셨다고 한다.
8.15 이후에 신변이 위험해지니까 당신의 선박을 이용하여 영해 밖에까지 나가서 그 영해선을 타고 부산까지 피난을 가셨다고

한다.

어머니의 사연을 들을 때 내가 정치가가 아니라서 다행이라고 생각했다. 할아버지의 과거가 부담스러웠다.

그 당시 어머니는 역시 원산에 있는 루시 고녀를 졸업했던 똑똑한 여자였다. 건강하실 때는 붓글씨가 대단했다. 한문을 내려 쓰시는데 달필이었다.

어머니는 한동안 대서인으로도 일을 하셨다. 비록 세월이 만든 비극의 주인공으로 사셨지만 그래도 자존심이 대단하셨다.

그리고 어느 때는 나를 보고 "너는 왜 이렇게 못생겼니?" 하면서 구박을 하시기도 했다.

그것은 내가 아버지를 많이 닮았기 때문이다.

내 얼굴을 보고 있으면 아버지의 잔상이 떠오르니까 그렇게 대신 나를 미워하셨다. 이렇게 당하는 일들이 참 힘들었지만, 고통스런 인생을 사시는 어머니에게 그냥 당해드려야 했다.

그렇게 해서라도 어머니의 한이 풀려진다면….

그저 나를 버리지 않고 길러 주신 어머니 사랑에 감사할 따름이다.

그런데 어느 날 밤에 꿈속에서 너무 미인이신 어머니가 나타나신 것이다. 옷은 한복을 입으셨는데 비취색 형광색이 나는 너무나도 찬란한 옷이었다. 그리고 나와 함께 외출을 하시겠단다.

"나는 바쁘니까 어머니는 집에 계세요. 나 혼자 다녀오겠습니다"라고 했다.

그때 어머니가 "나도 가고 싶은데…"라는 여운을 남기시는데 눈을 떴다. 아마 어머니가 천국에서도 나를 보고 싶어서 나에게 오시고 싶은 것 같았다.

나는 꿈을 깨고 어머니를 본 것이 너무 감사하고 좋았다.

그리고 내 마음에 빛나고 찬란한 옷을 입으신 모습을 생각하니 분명히 어머니가 천국에 계신 것이 믿어졌다.

생전에 어머니는 구원의 확신이 있으셨던 것이다. 어머니가 천국 계신 것을 믿고 나니 마음이 그렇게 기쁠 수가 없었다.

그런데 신기한 것은 그때부터 눈물이 싹 없어진 것이다.

하나님은 그렇게 울고 다니는 나를 보시고, 꿈을 통해서 안심시켜 주시고, 오히려 마음을 편하게 해주셨다.

이 일을 생각하면 참으로 신기할 정도였다.

우리는 부모에게 효도해야 한다고 말한다.

그런데 어떻게 효도할 것인가?

많은 사람들이 효도한다고 하면서 자기만족과 자기 기쁨을 위해서 자기 방식대로 한다. 어느 때는 작은 문제를 가지고 어머니와 실랑이를 하면서 어머니의 마음을 상하게 하기도 했다.

왜 어머니의 의견을 들어주고 어머니 편을 들어주지 못했던가. 뒤늦은 후회를 해보지만 이런 것이 다 어머니에게는 불효가 된 것 같은 마음이 나를 괴롭혔다.

효도는 말에 있는 것이 아니다. 효도는 행하는 것이다.

부모를 기쁘게 하는 것이 진정한 효도라고 생각한다.

하나님이 인간을 창조하신 이유는 우리를 통해서 영광을 받으시기 위해서이다.

이 영광이란 하나님을 기쁘시게 해드리는 것이다.

이처럼 우리의 출생이 부모님의 기쁨이 되어야 하는 것이 마땅하지 않겠는가.

어머니와의 그날들이 돌이킬 수 없는 과거 속에 묻혀 버린 날들이 되어 버렸다.

'어머니! 어머니! 어머니!'

이렇게 수만 번 불러 보아도 대답이 없는 이름이 되어 버렸다.

나는 어머니에게 불효했던 일들을 잊을 수 없고, 가슴 아픈 기억으로 내 가슴에 깊이 새겨져 있다. 그래서 사람들이 어머니 앞에서는 항상 죄인이라고 말하는 가보다!

28

아! 하나님의 뜻이었구나!

우리는 주의 일을 하면서도 어떨 때는 하나님의 뜻이 어떤 것인지? 분명하지 않을 때가 많다.

그러나 일하다보면 하나님의 뜻이 수면에 올라오듯이 보여 지고 깨달아지는 일을 경험하게 된다.

어쩌면 이렇게 하시는 것이 하나님이 일하시는 방법인 것 같다.

아들이 Emory 대학의 마지막 학기에 아버지에게 신학교를 가겠다고 결단했다는 말을 했었다.

그리고 대학을 졸업하고 드디어 신학교를 들어갔다.

신학교 때도 공부는 잘했었다.

앞으로는 사람들이 고학력자들이 많이 나오기 때문에 아들이 박사 공부하기를 기도했었다.

그런데 아들은 졸업 후 행방에 대한 꿈이 달랐다.

아들은 속히 신학을 졸업하고 Praise Worship을 하려 했었다.

그래도 아버지와 나는 아들의 꿈이 잘못된 것이 아니지만 신학을 한 종이 음악만 해서는 않된다고 했다.

그래서 아들의 생각과는 달리 더욱 더 박사 공부를 하라고 기도했던 것이다.

이제 신학교에서 졸업하는 마지막 해가 되었다.

아들이 Dallas에서 전도사로 사역할 때 Praise Worship Lead로 사역했었다.

그런데 이런 사역이 잔잔하게 소문이 났던 모양이다.

인근에 있는 Dallas Baptist University에서 Chaple 시간에 Praise Worship을 요청했단다.

아들은 그 학교에서 한 세 번 정도 연주를 했었다.

그런데 어느 날 그 학교의 총장님에게서 전화가 왔단다.

일반적으로 총장을 쉽게 만날 수도 없고, 총장이 직접 학생에게 전화하는 경우가 없다고 한다.

전화로는 만나자고 하면서 만날 날과 시간을 약속했단다.

아들은 조금은 긴장된 마음으로 약속한 날 그 시간에 총장님을 만나려고 학교로 올라갔는데

총장님은 학교에 와서 연주해 준 것에 고맙다고 하시면서 은혜를 많이 받아서 아들을 의해서 기도를 했었단다. 그런데, 기도 가운데 하나님께서 아들에게 박사 공부를 시키라는 지시를 받았다고 한다

그리고 아들에게 박사 공부를 하라고 권유했던 것이다.

학비는 학위를 받을 때까지 전액 장학금을 지원하겠다는 특혜 조건이었다.

이것이 웬 은혜인가!

이 하나님의 은혜는 절대로 값으로 계산 할 수 없는 것이었다.

이것은 위로부터 내려주신 아들을 향한 상상 밖의 하나님의 특별한 선물이었다.

아들이 총장님에게서 이런 제안을 듣고는 나에게 전화가 왔다.

그분은 Chancellor, Gary Cook 목사님이시다.

"DBU" 총장님이 이차 저차 한 이야기를 했다고 하면서 어떻게 해야 하느냐?"라고 한다.

"할렐루야! 하나님께서 응답하셨구나! 당연히 공부해야지."

"엄마, 나는 공부를 더하고 싶지 않은데, 내가 졸업하고 해야 할 일이 많은데……"

"아들아, 이런 특혜는 하고 싶다고 만들어지는 일이 아니다.

기도하는 모습

세족식

사람 낚는 어부가 되라

하나님께서 너를 향한 특별한 뜻이 있다고 믿어진다.

그래서 "DBU" 총장님을 통해서 공부시키는 것이라 생각된다.

아빠가 계속해서 네가 공부를 더하기를 기도하고 있었단다."

"엄마, 나에게는 하나님의 뜻인지? 아무 싸인이 없기 때문에 믿을 수 없어." 하는 것이다.

"아들아, 일단 특별한 하나님의 뜻이라 믿고 그 앞에 순종하자."

아들은 졸업하고 Praise Worship Lead 로써 계획을 세웠기에 쉽게 포기하기가 힘들었을 것이다.

잠16:9= "사람이 마음으로 자기의 길을 계획할지라도 그 걸음을 인도하는 자는 여호와시니라."

"DBU" 총장님과 평소에 안면이 있거나 어떤 인연이 있는 분이 결코 아니다.

전혀 안면도 없고 모르는 분인데 어떻게 아들에게 박사 과정의 모든 학자금을 전액 주신다는 것인지…… 정말 이런 사건을 두고 기적이라고 말해야 할까? 그렇다. 전적인 하나님의 은혜라고 말해야 한다.

나는 이 사건을 보면서 하나님이 하시는 일을 직접 보는 것 같았다.

아들은 너무나도 뜻밖의 사건이고 총장님의 권유지만 사람의 약속이기 때문에 혼돈스런 마음이 있었고 실상 신학교 정도만 공부하고 싶었던 속내가 있었기 때문이다.

정말 아들이 찬양도 잘 했고, 찬양 예배 인도도 잘했고, 작곡, 연주, 작사까지 척척 하는 것은 하나님께서 아들에게 주신 특별한 은사였다. 또 엄마에게서 받은 유전자 ^^^ 라고도 생각했다.

그래서 아들의 반응에 대해서 얼마간 기도하고 아들에게 조건이 아닌 조건을 말해 주었다.

"그래, 네가 박사 공부하려면 어찌되었든 그 학교에서 입학을 위한 시험을 볼 것 아니냐?"

"물론이지, 그 시험도 대단히 힘든데 엄마, 더 이상 공부 때문에 스트레스를 받고 싶지 않아요." 하는 것이다.

"그래 네 심정을 잘 알아! 그런데 우리 이렇게 생각하자! 총장님의 권유도 있고 하니까 일단 시험만 보자.

그리고 하나님이 어떻게 하시는지 그 결과를 보고 하나님의 뜻을 알도록 하자.

그러니까 네가 시험을 봐서 떨어질지도 모르지 않느냐?

만약 시험에 떨어지면 박사가 하나님의 뜻이 아니라고 생각하고 그냥 포기하면 되지 않겠니?

그러나 합격하면 확실한 하나님의 뜻으로 받고 열심히 박사 공부하자."

나는 아들에게 이렇게 설득하고 아들은 그 말에 동의하고 시험 공부에 들어갔다.

그리고 아들이 시험을 쳤는데 응시자가 약 120명이상 왔다고 한다.

합격자는 4명으로서 약 30대 1의 경쟁이었다.

(Dallas Baptist University.............

Dallas Baptist University

시험을 치르고 집에서 합격여부를 기다리고 있었다.

약 한달 후에 드디어 소식이 왔다.

그 결과는 분명한 하나님의 뜻이 있었다. 합격 통지서였다.

가족들은 모두를 기뻐했는데 아들은 생각에 잠겨 있었다.

그래서 나는 아들에게 용기를 주고 앞날에 대한 비젼을 갖도록 깊은 대화를 나누었다.

물론 전혀 생각지 않았던 일을 하게 된 입장에서 당장 그 일을 향한 비젼을 갖는 것이 어려울 것이다.

그래서 하나님의 뜻이라는 것만 붙들고 함께 기도하면서 하나님의 인도하심을 바라보자고 했다.

아들이 박사 시험에 합격하고 난 후에 학교에서 장학 증서를 집으로 보내 주었다.

그 당시 총장님이 백혈병에 걸려서 투병생활을 하고 있었다.

그 소식을 들은 우리들도 총장님의 치유를 위해서 함께 기도했었다.

그런 입장에서 총장님의 장학후원이라니.....정말 상상할 수 없는 은혜였다.

　나는 그분을 전혀 모른다.
　그런데 장학 증서와 함께 날라 온 편지가 있었는데
　그것은 당신이 만약 백혈병으로 어떻게 된다 해도 끝까지 학자금을 보증하신다는 내용의 편지였다.
　하나님은 총장님을 통해서 이렇게 아들의 박사공부를 위해 완벽하게 준비해 놓으신 것이다.

　이 사건은 감동 이상의 것으로 하나님의 은혜를 현실적인 역사로 체험하는 사건이었다.
　하나님은 아무 관계도 아닌 분을 통해서 아들의 박사 공부를 이렇게 지원하며 준비시키신 것을 보면서
　하나님은 당신의 일을 하실 때 사람을 통해서 뜻을 이루어 가신다는 것을 체험하게 되었다.
　이 하나님의 은혜를 우리가 어떻게 보답할 수 있겠는가!

29

내 몸에 혹들이 주렁주렁…

나는 왜 이런 사람일까? 생활하는데 불편은 없는데 항상 피곤하고 몸이 아프다.

교인들 중에 연노한 분들이 나에게 이런 말을 했다.

"사모님도 이제 나이가 들어가기 때문에 늙느라고 그렇게 아픈 데가 많이 생기는 거예요."

처음에는 그런 말이 받아지지 않았다. 또 어떤 교인은 나를 위로한다는 말일 것이다.

"사모님, 괜찮아요. 사모님처럼 아픈 사람은 골골하면서 80세, 요즘은 100세라고 합니다."라는 말도 했다.

어떤 말을 들어도 상관없는데 내가 사모로서 계속 아프니 은혜가 되지 못하고 내 마음이 참 힘들었다.

뇌 수술한 사람은 머리 아픈 것이 대표적인 후유증이다.

그래서 계속 머리가 아프고 어떨 때는 속이 메슥거리기도 한다.

나는 내 몸이 좋지 않으니까 정기적으로 검사를 꼼꼼하게 하는 편이다.

5년에 한번 씩 하는 위장, 대장 내시경을 보기 위해 하루를 굶고 새벽에 가서 검사를 했었다.

나는 마취를 하고 들어가 있기 때문에 그동안 무슨 일이 벌어지는지 전혀 모른다.

아마 검사가 다 끝났는지 마취가 깨어났는데도 집으로 보내지 않고 그냥 침대에 뉘어 놓고 무슨 검사가 있으니 기다리라고 하면서 Cat Scan 을 해야 하는데 그동안 Cat Scan 을 받기 위해서 수속 중이라고 했다.

나는 목사님에게 물었다. "내가 왜 Cat Scan 을 받아야 해요?"
목사님은 나를 안심시키기 위해서 "큰 문제는 아닌데 확실하게 하기 위해서 하는 거래."
"뭐가 발견되었어요?" "그래서 무엇인지 알기 위해서 검사하는 거야. 너무 걱정하지 마." 하는 것이다.

그날은 춥기도 하고 몸이 덜덜 떨리고 아픈데 왜 내가 또 다른 검사를 받아야 하느냐? 고 되 물었다.

사연인 즉, 의사에게서 전화가 와서 급히 오라는 것이다.
그래서 "벌써 끝났느냐? 고 물었더니 그것이 아니라 목사님이 직접 보아야 한다는 것이다.

순간 무엇이 잘못된 것 같은 마음으로 검사실에 들어갔단다.

그런데 의사가 위장 내시경을 하는 도중에 너무 깜짝 놀라서 확인을 시켜 주고 싶어서 불렀단다.

위장이 정상적인 모양이 아니고 일자 모양으로 위장이 푹 들어가 있었다고 한다.

그래서 혹시 암이 아닌지? Cat Scan 을 통해서 정밀 검사해야 하기 때문에 목사님을 불렀다고 한다.

나는 그 말을 듣고 위장에서는 암이 발견되지 않았지만 혹시 다른 기관에 암이 있어서 그런 것인가?

그 때부터 마음이 심난이 되고 불안해지는 것이다. 검사를 마치고 집에 왔다.

집에서 일하는데 일이 손에 잡히지도 않고 검사 결과가 나오기까지 내 마음이 내 마음이 아니었다.

저녁을 다 먹고 난 뒤 앉아 있었다. 그런데 전화가 왔다.

그 결과 암이 아니란다. 그리고 다음날 사무실에 와서 그림을 보자는 것이다.

나는 사무실로 갔다. 위장 사진은 완전히 기형이었다.

세상에 이런 위를 가진 사람은 나 혼자일 것이란다.

그런데 Cat Scan 을 찍은 사진에 무수히 많은 혹이 달려 있다는 것이다.

그것도 그중에 혹 하나가 큰 오랜지 만하게 자라서 그것이 옆에서 위장을 밀고 있었다.

그 큰 혹이 위장을 밀고 있으니 내 위장이 기형처럼 보일 수밖에 없지 않겠나! 일단은 마음에 안심이 되었다.

그런데 문제는 오랜지만한 큰 혹이 간에 붙어 있고 작은 혹들이 마치 포도송이처럼 둘려서 달렸단다.

지금 내 간에 붙은 혹들을 생각만 해도 징그럽기 짝이 없다.

어떻게 이럴 수가 있을까? 언제 그 많은 혹들이 간에 붙어서 나의 건강을 뺏어 먹고 자랐는가?

정말로 나는 왜 이런 사람인가? 내 몸 상태에 대해서 실망과 좌절이 밀려 오는 것이다.

그래서 나는 "간의 혹들을 수술 할 수 없습니까?"고 물었다.

의사는 "손대지 않는 것이 좋습니다." 라고 했다.

그러면 어떻게 하라는 말인 "이대로 살아도 되나요?"

"암이 아니기 때문에 생명에는 지장이 없습니다.

만약 큰 혹을 잘라내면 Multiful 로 달려 있는 작은 혹들이 자기 세상 만난 것처럼 또 자란다는 말이다.

그래서 또다시 큰 혹이 자랐다고 계속 수술만 할 수 없단다.

나는 마음이 시원하지는 않지만 그래도 암이 아니라는 확실한 결과를 가지고 집에 왔다.

내가 생활하면서 그렇게 피곤하고 원인이 없이 몸이 아팠던 것이 "이것들이었구나!" 생각을 했다.

나는 간 뿐만 아니다. 갑상선과 쓸개 까지 혹이 발견되었다.

이것이 역시 나를 피곤하게 했던 주범들이었다.

나는 왜? 이렇게 혹을 주렁주렁 달고 사는 사람이 되었을까?

우리 집에는 이런 사람이 아무도 없었는데 내가 돌연변이일까?

별의별 생각에 사로잡히게 된 것이다.

나는 이렇게까지 생각했다. 피는 곧, 생명이다.

물론 생명은 하나님께서 주신 것이지만 그 육신의 흐르는 피는 어머니에게서 받은 생명 줄이다.

사람은 일평생을 살아가면서 병을 이기는 면역성을 갖고 태어난다고 들었다.

내가 여러 질병에 시달리는 것은 바로 출산 시 과다 출혈로 인해 죽을 고비를 겪었기 때문이 아닌가... 그래서 나는 어머니에게서 받은 생명력을 지닌 견역성을 그 때 모두 빼앗겼던 것이 아닌가? 생각했다. 즉, 본능적인 면역력을 상실한 후에 아무리 잘 먹은들, 좋은 약을 먹은들,

잃어버린 그 생명의 피를 대신 할 수 있겠는가! 생각했다.

이제는 점점 늙어지고 약해지는데 옛날처럼 건강하지 못해도 하나님이 내 생명을 잡고 계시리라고 믿는다.

그리고 나는 맡겨진 사역을 꾸준히 하고 주님은 나를 사용하시기 때문에 아무리 혹이 주렁주렁 달려 있어도 주를 향한 내 열정을 어느 것도 이기지 못하리라………

그런데 얼마 후 내 몸에 또 이상이 생겼다.

갑자기 소화를 시킬 수 없고 속이 무척 불편스럽고 어떨 때는 매스껍고 어지럽기까지 했다.

성경공부 준비를

초청 집회 사역을

교회 행사 중에

의사를 만났더니 위장 내시경을 보자고 했다.
몇일 후 조직 검사 결과가 나왔다.

의사가 하는 말이 "위장이 소장 세포로 바뀌어 상당히 나쁜 상태입니다. 이렇게 세포가 바뀌면 80% 이상,
암으로 갈 확률이 있습니다." 라고 말하면서 앞으로 6개월에 한 번씩 내시경을 받아야 한다고 말했다.

나는 인터넷에서 그런 병명을 찾아보았다.
그 이름은 "장상피화생" 이라는 흔하지 않은 병이었다.
이 병은 주로 남자들, 술을 많이 마시는 사람들, 맵고 짠 음식을 먹는 사람들에게서 발견되는 병이란다.
그리고 이 병은 회복이 안 되며 다만 세포가 더 바뀌지 않도록 잘 관리하고 유지해야 하는 병이라고 한다.

이 검사에서 암세포가 않나왔지만 세포 깊숙한 곳에 암 세포가 있을 수 있기 때문에 조심해야 한단다.

내 몸에 가시를 주신 것도, 지켜 주신 것도 하나님의 은혜 그러나…

한동안 나는 혼돈 속에 빠졌었다.

"하나님, 왜? 나는 이렇게 생겨먹었나요?"라고 기도했다.

그런데 하나님이 나에게 일부러 고통스런 병을 줄 이유가 없다고 생각했다.

그러면서 또 사단이 나를 괴롭히려고 가만히 가져다 놓은 병이라는 생각이 들었다.

그런데 실제로 사단이 어떤 중요한 일을 앞에 놓고 방해하기 위해서 그렇게 힘들게 하는 경험을 많이 했다.

줄곧 육신의 수난을 겪는 나는 항상 힘들고 외로웠다. 그래서 나는 주님 없이는 살수가 없다.

내가 여러 병에 시달리다 보니 내 행동이나 생활에 허술함이 드러나는 것을 느낀다.

Hill City Church 예배당 공사를 하고 있을 때, 내 실수로 화상을 입었던 일이라든가!

아들의 목회를 놓고 누가 그렇게 기도를 하겠는가? 기도가 정

내가 견디는 것은 주님이 나와 함께 계심을 믿기 때문이다

말 많이 필요한 시기였다.

　그런데 입당을 한 달 앞두고 맹렬히 기도해야 할 그때에 화상을 입어 약 한달 이상 교회를 못나갔다.

　또 나는 지난번 한국에 갔다가 출국 전날 큰 부상을 당했다.

　눈이 약해지니까 돗보기 안경을 끼고 다닌다.

　그런데 계단을 내려오다 발을 제대로 딛지 못해서 완전히 구르다 시피 했다.

　미국에 돌아오는데 인천에서부터 Tampa 까지 약 24시간 휠체어를 타고 왔는데 한걸음도 걸을 수 없었고,

　내 얼굴은 두배 이상 퉁퉁 부었고, 정말 꼼짝도 못하고 죽을 것 같이 고통스럽고 힘든 여행을 했었다.

　도착하자마자 병원에서 여러 가지 검사와 함께 약물로 치료했는데 약 3개월 이상 치료했었다.

　허리에 디스크가 5섯 군데 이상 나갔다는 것이다.

　교회도 나가지 못할 정도로 내 발을 묶어 놓았던 것이다.

　이런 상황을 볼 때 분명히 사단이 나의사역을 방해 한 것이 틀림없다고 생각했다.

"내게 이르시기를 내 은혜가 네게 족하도다. 이는 내 능력이 약한 데서 온전하여짐이라 하신지라 이러므로 도리어 크게 기뻐함으로 나의 여러 약한 것들에 대하여 자랑하리니 이는 그리스도의 능력으로 내게 머물게 하려 함이라"(고린도후서 12:9).

　어찌되었든 내가 주저앉지 않는다.

　왜냐하면 내 연약한 육신을 가지고 주의 일을 할 때 주님의 능력이 더 드러날 테니까 말이다.

　주의 일은 나의 성취가 아니라 주님의 뜻을 이루기 위해서이다.

　그리고 내 기쁨을 위해서가 아니라 주님의 영광을 위해서이다.

　그래서 나는 내가 이렇게 병중에 있어도 주의 일을 기쁘게 하고 있음을 고백하며 자랑한다.

　비록 내가 부주의한 사람이고 엉성한 구석이 있는 사람일지라도 말이다.

　오직 내 연약함을 통해서 하나님의 뜻이 이루어지기를 간절히 소망하면서 말이다.

　생명은 하나님께서 쥐고 계시고 끝까지 보호해 주시기 때문에… 그래서 사단이 나를 더 이상은 어떻게 할 수 없다는 것을 생각하면서 말이다.

30

구원의 열매들이여!

우리 부부 사역의 목적과 핵심은 영혼 구원이다.

오직 영혼 구원을 위해서 30년간 십자가만 바라보고 달려 왔고, 온 성도들은 하나가 되어 열정적인 참여로 하나님 보시기에 아름다운 교회, 참 좋은 교회를 이루게 되었다.

개척 당시에는 교인들의 삶은 참으로 고달팠지만 그런 중에도 교회를 세워나가기에 최선을 다해 봉사했다.

초창기 고생했던 교인들은 은혜 중에 참 많은 복을 받게 되었다.

우리교회는 어떤 분열이나 고통없이 말씀 안에서 참 평안한 가운데 30년을 지나왔다.

우리 교회는 세분의 호칭 장로가 있는데 지금은 모두 은퇴하신 호칭 장로님들이다.

그리고 세분의 안수 집사님들이 있다. 현재 교회의 살림을 맡아서 열심히 충성을 다하고 있다.

또 기도로 사명을 다하는 권사님들과 가정 교회를 인도하는 사역자들이 여러분 계시고. 교회 음악을 맡아서 열심히 예배를 수종드는 지휘자, 반주자, 찬양대원들 참으로 귀한 주님의 일군들로서 봉사하고 있다.

뿐만 아니라 호산나 찬양단은 꾸준히 봉사하고 있으며, 각 부서마다 책임을 맡은 부서장들이 충성하고 있다.

한동안 우리 새빛 교회의 주일학교가 가장 활발한 사역을 했던 교회다.

학생들 음악팀을 만들어서 일년에 두 번씩 청소년 찬양제를 열었는데 300명 이상씩 모이는 탬파의 축제였다.

우리 교회 자체적으로 주 전체 수련회를 개최하여 학생들 영성 훈련과 말씀에 도전을 주는 사역을 했었다.

우리 교회는 설립 당시부터 주일학교 사역을 했었는데 나의 부족한 영어 때문에 교사 이재용, 여미란 선생님 내 설교를 통역해서 주일학교 예배를 함께 섬겼었다.

1994년 남 전도회 주최 탁구 대회

그 후 교회가 부흥하여 영어권 전도사가 담당했고, 지금까지 3명의 전도사님이 연속적으로 사역하고 있다.

이렇게 교회의 역사와 함께 수고와 봉사로 교회를 지켰던 교인들 참으로 사랑하고 사랑한다.

지난 사역을 돌아보면 미국 교회에 있을 때, 남전도회에서 탁구대회를 매년 개최했었는데 남녀노소 할 것없이 전 교인들이 참 행복해 했었던 때가 있었다.

또 여전도회에서는 자가 운영을 위해서 음식바자, 김치 바자. 그라지 세일 등등 분주하게 행사를 했었다.

그리고 이 지역에서 연합행사가 두 가지가 있었는데 첫째는 연합 찬양제이고 두 번째는 친선 배구 대회였다.

배구 대회는 시작부터 10 여년간 순수 우리 선수들이 우승기를 놓치지 않을 정도로 정말 대단했었다.

선수들은 새빛 교회의 자랑이었으며 지금도 우승컵, 우승기가 방에 가득히 진열되어 있다.

한동안은 교회가 급성장하므로 총 교인 수련회를 개최하여 교

해마다 열리는 탬파 교회 연합 배구 대회

청소년 수련회

새가족 환영회 2001년

청장년 수련회

연합수련회 인도

전체 교인 연합수련회

여전도회 헌신 예배 설교

기도회 모임

인들의 연합 훈련을 했었고, 새 신자들을 위한 새 가족 환영회로 교회 축제가 줄을 이었고, 젊은이가 많은 우리 교회는 아기들 헌아식 예배가 종종 있었다.

정말 우리 교회는 좋은 교회, 아름다운 교회, 사랑스런 성도들의 아름답고 은혜스러운 추억을 지닌 교회이다.

나는 우리 교회가 건물을 사고 난 후 정말 신나게 호산나 찬양단과 함께 찬양사역에 열정을 쏟았다.

단원들의 말씀과 기도 훈련, 그리고 찬양 연습을 열심히 하여 외부 집회를 다녀도 손색이 없을 정도였다.

그러므로 우리 찬양단원들은 모두가 준 가수들이 된 것 같이 참 잘들했었다.

그런데 내가 그만 뇌종양 수술을 하고 후유증으로 인해 마음이 아프지만 호산나 사역도 손을 놓게 된 것이다.

그러나 나는 성경공부 사역에 전념하게 되었다. 아침반만 하던 화요 사역을 저녁 반을 나누어서 가르쳤다.

아침에는 교회에서, 저녁에는 집에서 약 한 시간 거리인 Mc Dill Air Force Base 로 들어가서 가르쳤다.

나는 군종 목사님에게 Gate Pass 와 교실을 내달라고 부탁해서 출입을 했었다. 그리고 Mc Dill Air Force Base 를 다니면서 전도하며 성경공부 하기를 3년 동안 했었다.

이렇게 공부하면서 교인들이 한사람씩 변화되어 가는 것을 보게 되었다. 얼마나 감사한지!

그 뿐인가! 주일 아침 9시 성경 공부반은 은퇴 할때까지 계속되

노래를 잃어버린

무엇이 나를

나도 저렇게 노래하고 싶다

었는데 불신자였던 교인이 교회에 나오고 이렇게 성경공부에 합류하여 변화되는 놀라움도 있었다.

정말로 나는 이렇게 변화된 지체들을 볼 때마다 하나님께 감사를 올려 드린다.

"내가 영을 전하노라. 여호와께서 내게 이르시되 너는 내 아들이라 오늘날 내가 너를 낳았도다"(시편 2:7).

복음의 말씀을 전하고 가르칠 때, 지체들이 중생의 은혜를 체험하며 구원을 확신할 때, 하나님도 기뻐하시고 전하는 나도 함께 기쁨의 은혜를 맛보게 되었다.

감사한 것은 이 부족한 여종의 가르침을 달게 여기고 함께 시간을 같이 해 준 지체들이 너무 감사했다.

어떤 이들의 마음에는 사모가 가르치는데 뭐 그렇고 그렇겠지! 이렇게 평가하는 사람들도 있었을 것이다.

그러나 이 여종의 부족과 연약을 보지 않고 은혜를 얻기 위해서 꾸준히 참여하는 신실한 성도들, 주님께서 나에게 보내주신 이 성

| 제자를 삼아 극동방송 교회 탐방 | 침례를 주고 | 가르쳐 지키게 하라 |

도들 때문에 나는 이 열심을 늦출 수가 없었다.

이들은 내가 일해야 할 이유였으며 내 사역의 원동력이었다.

그런데 공부에 참여하는 교인들이 눈에 보이게, 보이지 않게 변화가 일어나고 있었다.

정말 날배추와 같은 교인이 말씀 공부를 시작하면 소금으로 절여지듯이 죽었던 영혼이 말씀이 들어가므로 영혼이 생명을 얻는 변화를 일으키게 된다.

이 변화는 중생을 얻게 하는 내적인 변화로서 영혼 속에서 일어나는 기적의 사건이다.

이런 사건을 경험한 자는 점차적으로 심령에 변화가 일어나고 신앙과 인격과 삶이 변화된다.

그러므로 점점 신앙 안에서 자라가며 성장하게 되는 것이다.

"모든 성경은 하나님의 감동으로 된 것으로 교훈과 책망과 바르게 함과 의로 교육하기에 유익하니"(디모데후서 3:16).

어떻게 변화를 알 수 있겠는가? 그 은혜를 입은 자의 생각과 말과 생활을 보면 알 수 있다.

사람을 변화시키는 것은 절대로 사람의 힘으로 할 수 없고 살아 계신 성령의 놀라운 능력인 것이다.

그런데 이 변화는 성령께서 말씀을 가지고 역사하시는 것이다.

그러므로 말씀은 기적을 일으키고, 생명을 살리는 무기이다.

이런 일도 있었다. 연노하신 분으로 한국에서 전쟁을 겪는 통에 한글을 배울 기회를 놓쳐버린 교인들이다.

그런데 어떤 분이 하나님의 말씀을 배우고 성경 공부에 참여하고, 기도모임에 참여 하시는 분이 계셨다.

오랜 동안 이렇게 기도 모임에 참여하고 성경공부 모임을 통해서 한글을 깨우치게 된 것이다.

그분이 공부하는 동안 성령께서 학문의 눈을 열어 주셔서 성경을 보고 읽게 하신 것이다.

후일 본인도 놀라고, 가족도 놀라고, 교인들도 놀라는 경사였는데. 이 현상은 성령이 하시는 기적이었다.

그러므로 분명히 하나님께서 이분을 통해서 영광을 받으셨다고 나는 믿는다.

또 어느 성도가 대화하는 중에 "꼭 전도사 같은데" 하는 달을 듣기도 한단다.

또 교인들이 자녀들에게 교육을 할 때도 말씀으로 가르치니 자녀들에게도 본이 되었다.

자녀들이 부모와 대화 할 때 부모가 어떤 말을 해주어야 하겠는가? 인간적인 조언? 세상적인 방법?

이럴 때 부모는 신앙적인 길로 인도하며 자녀들을 지도해 주어야 할 것이다.

"보혜사 곧 아버지께서 내 이름으로 보내실 성령 그가 너희에게 모든 것을 가르치시고 내가 너희에게 말한 모든 것을 생각나게 하시리라"(요한복음 14:26).

우리 새빛 교회는 기도와 성경공부로 초석을 놓은 교회이다.

새빛 교회가 30년 세월 큰 어려움이나 고통없이 안정했던 비결은 예배와 성경공부와 기도모임 이라고 생각한다.

이렇게 사역할 수 있었던 것은 사역에 동참한 지체들이 있었기 때문이다.

화요반은 오화영, 정혜영, 두 권사님 김정연, 김제숙, 임상희 세 집사님들이 은퇴하기 전 마지막 Class 까지 자리를 지키면서 공부했던 지체들이다. 그리고 주일 학교 교사들 성경공부반이 있었는데 매주 토요일 아침 8시에 나와 함께 성경공부하던 부지런한 교사들인데 참으로 고마운 지체들이었다. 또 주일 아침 9시 성경 공부 반을 끝까지 지켜준 여러 명의 열성적인 지체들도 있었다. 그래서 나는 항상 이들을 마음에 품고 기도했었고, 참으로 잊을 수 없고 사랑하는 지체들이다.

특히 우리 교회는 젊은 가정들이 주를 이루고 있었다.

2009년 여름에 나는 세상에 마음과 시간을 뺏기기 쉬운 젊은이들을 모아 기도모임을 만들기를 기도했었다.

그래서 나는 목사님에게 그 프로그램의 청사진을 내 놓았다.

그랬더니 목사님이 참 좋은 프로가 될 것이라고 이름을 정했느냐? 물었다.

나는 이 모임의 이름을 "타작마당"으로 정했다고 했다.

말씀 묵상과 나눔을 통해서 인격이 변화되고 기도를 통해서 알곡이 되게 하는 것이다.

그러니까 말씀으로 인격과 신앙이 타작마당에서 타작되기를 바라는 마음으로 말이다.

말씀으로 우리 인격 속에 숨어 있는 죄를 두둘겨 털어내야 한다. 그리고 말씀으로 막 되먹은 인격을 부숴 뜨려야 한다.

뿐 만 아니라 지금까지 삐뿔어진 신앙의 틀을 깨뜨려야 하는 것이다. 바로 이 타작마당에서 알곡이 되도록 훈련하며 기도하는 것이다.

그래서 몇 개월 기도하고 드디어 2010년 1월 둘째 주 목요일부터 타작마당 첫 번째 모임을 시작했다.

말씀 묵상을 나누는 가운데 간증이 터져 나오고 서로 눈물을 흘리면서 은혜를 받았다. 서로 서로 나누는 말씀과 간증이 잠자던 영혼을 깨우고 아직 어린 아이 신앙이 걸음마를 떼기도 했다.

이런 것 뿐인가! 모두 합심하여 통성으로 중보하면서 기도 훈련을 하게 되었다. 교회를 위해서, 이웃을 위해서, 불신 가족을 위해서, 병약한 지체들을 위해서… 수 많은 문제를 내 문제처럼 끌어안고 중보 기도한다.

그런데 엄청나게 중요한 문제들이 기도로 응답되는 것을 똑똑히 보고 확인하는 것이다.

나의 제부, 김정호 목사 5주간 세미나　　　　새빛의 늘 풍성한 친교 잔치

"이와 같이 성령도 우리 연약함을 도우시나니 우리가 마땅히 빌
바를 알지 못하나 오직 성령이 말할 수 없는 탄식으로 우리를 위
하여 친히 간구하시느니라. 마음을 감찰하시는 이가 성령의 생각
을 아시나니 이는 성령이 하나님의 뜻대로 성도를 위하여 간구하
심이니라"(로마서 8:26-27).

　타작마당 모임을 위해서 반장을 세우고 서로 연락하며 기도의
연결 고리로 관리하게 하였고 또 내가 한국이나 지방을 나갈 때
반장에게 타작마당을 인도하는 책임을 맡겨 은혜를 나누게 하였
다. 이 모임의 반장은 현재 주립대학교 윤정원 교수가 시작하여
은퇴할 때까지 꾸준히 맡아서 타작마당을관리했고 함께 은혜를
나누도록 적극 노력해 주었다.
　많은 인원은 아니었지만 끝까지 타작마당을 지켜준 찬양대 지
휘자 조성연 집사, 홍 미자 권사 및 여러 지체들에게 감사하고
있다.

　타작마당에서 약 5년간 기도하여 응답받은 제목들이 무수히 많

다. 타작마당의 일군들은 기도의 끈을 붙잡고 지체들에게 유익을 끼치며 교회를 위해서 기도하는 일군들이었다.

이렇게 우리 목회의 현장에 구원의 열매들, 아름다운 일군들을 주신 것은 하나님의 은혜였다고 고백한다.

그런데 교회가 은혜중에 있었지만 늘 기쁨만 있는 것이 아니라 사단의 질투와 공격이 아울러 있었다. 간혹 인간성과 미숙한 영성으로 인해 교회 안에서 크고 작은 시험들이 종종 있었다. 그런데 생각해야 할 것은 그 사람의 영혼에 하나님이 있느냐? 이다. 하나님이 있어야 자신을 볼 수 있고 또 중요한 것은 그 심령에 예수 십자가가 있느냐? 없느냐? 이다. 왜냐하면 십자가가 없으면 그 시험 거리가 몽둥이가 되어서 지신도 때리고 이웃도 때리기 때문이다.

또한 심령에 깊은 회개와 감사함이 있느냐? 없느냐? 에 따라 그 반응이 다른 것을 볼수 있었다. 자기 중심적인 사고 방식, 교만, 아집, 욕심에 사로 잡혀 풀지 못하고 헤어나오지 못하면 결국 본인만 고통하게 되고 추하게 되는 것이다.

오직 시험 해결의 비결은 누구를 탓하고 비방하지 말고, 시험이 무엇 때문에? 어떻게? 어디에서부터 비롯되었는지를 생각해야 한다. 그리고 십자가 앞에 내 놓고 말씀을 가지고 시험의 성격을 파악하여 회개함으로 풀어가야 한다.

그러면 말씀이 우리를 죄와 고통의 올무에서 해방시키시고 자유케 하시는 은혜를 입게 하실 것이다.

또한 예수 십자가가 우리를 화목케 하시며 모든 것을 회복하시는 은혜와 특권을 누리게 하지 않겠나!

4분 안수 집사 임직식

목양 일념 목사님 설교

연합 찬양제 새빛의 찬양

　이 은혜와 특권을 누리지 못한다면 어떻게 우리가 예수 믿는다고 말할 수 있겠는가? 말이다.

　오늘날 교회들 속에 은혜와 감사를 모르고 불목하고, 이간하고, 거짓으로 비방하고, 원수 맺는 일들이 얼마나 많은가? 과연 예수 믿는 사람들인가? 예수님께서 어떻게 보시는지를 의식하고 신앙생활하는 것인지?

　정말 자신이 구원을 받았는가?

　한번쯤 기도해 보아야 하리라. 생각한다.

　이 세상은 종말이 있다. 그러나 모든 인간에게도 자신의 종말이 있다는 것을 의식하며 살아야 한다. 정말 구원받은 자라면 이 땅에서의 부한 삶이 전부가 아니라 자신의 종말에 하나님 앞에 어떤 모습으로 설 것 인가? 에 대한 생각을 하면서 순간, 순간을 진실하게 살아야 하지 않겠나? 말이다.

　모두 앞서거니, 뒤서거니하며 십자가를 지고 저 천성을 향해 나가는데 정말 하나님 보시기에 신실한 믿음으로 조심스럽게, 순종하고, 충성하며 하나님을 기쁘시게 해드리는 천국 백성이 되어야 하지 않겠나! 말이다.

　이상하리만큼 은혜받고 구원받은 지체들이 고통을 겪기 되는 것이 참으로 마음을 아프게 했었다. 그것도 구원의 감격으로 신앙 생활을 열심히 하는 가정들이 파괴되는 불행을 당하는 것이다.
　사연들을 구체적으로 말할 수는 없지만 어떻든지 서너 가정이 억울하게 이혼을 당하게 되었다. 그렇게 고통하던 딸들이 정말로 하나님의 말씀과 기도가 없으면 그 고통을 감당할 수 없었을 것이다. 그런데 고통의 아픔이 빚어낸 열매가 더 아름다운 신앙으로 승화된 모습들을 볼 수 있었다. 정말 그 고통을 겪었던 지체들이 나에게는 소중한 영적인 자녀들이다.

"우리가 사방으로 우겨 쌈을 당하여도 싸이지 아니하며 답답한 일을 당하여도 낙심하지 아니하며 핍박을 받아도 버린바 되지 아니하며 거꾸러뜨림을 당하여도 망하지 아니하고"(고린도후서 4:8-9).

　사랑하는 딸들이 힘든 고통을 말씀의 능력으로 승리한 후, 더욱 주님의 교회에 충성하게 된 것이다.

이 은혜는 모든 지체들이 체험한 하나님의 사랑이었으며 하나님이 사랑하시는 구원의 열매들이다.

지난 30년 사역 속에서 우리와 함께 했던 모든 지체들, 수고와 충성을 아끼지 않았던 수 많은 지체들, 정말 우리에게는 아름다운 구원의 열매들이며 하나님의 사랑받은 자녀들이었음을 자랑하며 앞으로도 변질없는 신앙으로 주님 앞에 설 때까지 아름다운 경주로 자손 대대로 복을 받기를 기도하고 있다.

누구도 못 말리는 극성

나는 참 나를 힘들게 하는 성격인데 "자기 자신을 볶는 사람"이라는 말을 듣는 그런 사람 중에 한 사람이다.

남편은 건강해서 또 사역에서 못 말리는 부분이 있다.

그것은 새벽 4시에 일어나 4시 30분까지 교회에 나가서 예배를 준비하는 것이다.

문제는 나다. 저녁 9시에 잠자리에 들어도 11시, 12시가 되어도 잠이 오지 않는다. 어느 때는 잠을 3-4시간 정도 자고 교회에 나가기도 한다.

내가 너무 피곤해서 남편에게 내가 차를 따로 타고 다니면 안 되겠느냐고 물었다.

남편은 안 된다고 했다. 그 이유는 혼자 다니면서 기름 값을 따로 사용하지 말라는 것이다. 잠을 더 일찍 자고 4시에 일어나라는 것이다.

그래서 나의 생활은 새벽 4시에 일어나 남편과 함께 교회에 가서 새벽 예배를 드리고, 교회에서 식사 준비를 하여 점식식사, 그리고 수요일과 금요일 예배 때는 저녁 식사까지 만들어 드렸다.

또 남는 시간에는 교회 강단 꽃꽂이를 하는데, 이는 한 시간이라도 나를 늘어지게 하는 것을 내 자신이 용납할 수 없었기 때문이다. 그리고 피곤하면 내 사무실에서 잠시 누워서 자기도 했다.

2011년 10월 초였다.

어느 날 나는 역시 똑같은 일정으로 교회에서 퇴근하여 집으로 돌아왔다.

약 6시경이었다. 내 마음은 바빴다. 왜냐하면 일찍 저녁을 먹고 씻고 잠자리에 들어야 그나마 뒤척이면서 잠을 잘 수 있기 때문이다. 그때 밥을 하면 약 7시나 되어야 밥을 먹게 된다.

그런데 내일 밑반찬을 만들면서 내 마음은 온통 밥솥에 가 있었다.

내 밥솥은 미국산 압력솥이라서 국산만큼 편리하지 않았다.

그런데 그날은 바람 빠지는 소리를 듣지 못했지만

나는 바쁜 마음에 밥이 다 된 것으로 생각하고 밥솥을 열려고 하는데 잘 열리지 않아서 힘을 주어서 열려고 했다. 그런데 손잡이가 꺼떡 꺼떡했다.

'손잡이가 왜 이래!' 하면서 힘을 주어서 힘껏 손잡이를 재꼈다.

그 순간! 으악!!!

나는 밥 폭탄을 맞게 된 것이다.

밥솥 뚜껑이 터지듯 열리면서 밥솥에 있는 밥이 몽땅 천장으로 튀어 올라가는 것이다. 그 밥솥에 있던 밥 한통이 한꺼번에 올라

갔다가 내 얼굴 위에 떨어진 것이다.

이것이 일초 만에 벌어진 사건이었다.

그 열기는 불속에서 화상을 입는 것과 같다고 한다. 내 얼굴에 불같은 밥통이 떨어지면서 내 몸으로 쏟아져 흘러내렸다. 순식간에 내 얼굴은 화상으로 인해 문둥병자처럼 되었다.

나는 비명을 지르며 목욕탕으로 뛰어가서 그때부터 찬물을 뒤집어쓰면서 몸을 식혔다. 너무 흉측해서 거울을 볼 수가 없었다. 화상으로 인한 물집이 얼굴 가득히 덮여 있었다. 손을 댈 수도 없었다. 샤워의 물을 맞으니까 포도송이 같은 물집이 덜렁덜렁했다.

남편이 병원으로 가자고 했지만 나는 도저히 샤워실을 벗어날 수가 없었다. 얼굴과 가슴의 화기가 나를 죽일 것같이 아프게 했다. 울어도 소용이 없었다.

그때가 10월 초이면 이곳에서도 싸늘한 날씨다. 그러니까 찬물 샤워는 할 수 없는 시기였다. 그런데 너무 뜨거워서 찬 줄도 모르고 약 3시간 동안 찬물을 뒤집어쓰고 있었다.

약 3시간 동안 찬물을 뒤집어쓰니까 그때부터 몸에 오한이 오기 시작했다. 그래서 몸을 타올로 휘감고 덜덜 떨면서 침대에 들어갔다.

이제 몸의 물을 닦고 누워 있는데 몸이 뜨겁고 따갑고 쑤시고, 어떻게 표현할 수 없는 화상의 고통이 온몸을 덮고 있는 가운데 나는 움직이지도 못하고 고통 속에 있었다.

남편이 약을 사오고 약을 발랐다.

화상 부위는 손을 댈 수도 없이 아팠다. 드라큐라의 얼굴은 오히려 미남이다. 나는 화상으로 완전히 괴녀가 되어 버렸다. 나는 비관스러웠다. 밤새 화상 부위가 아파서 도저히 잠을 잘 수 없었다.

그 이튿날 병원에 갔다.

병원에서는 "어떻게 이런 상태에서 응급실로 가지 않았느냐?"고 했다.

그렇게 갈 수 있다면 그것은 내 상태가 양반인 것이다.

얼마나 아팠으면 발자국도 떼지 못할 정도의 고통이었겠는가.

의사는 즉각 성형외과로 보냈다. 화상 3도의 깊은 화상이었다.

성형외과에서 그날 포도송이처럼 주렁주렁 달린 얼굴의 화상과 가슴에 달린 화상을 수술했다. 어떻게 말로 표현할 수 없고 숨쉴 수 없을 정도로 아파서 죽는 줄 알았다.

교인들은 이 소식을 듣고 일제히 기도를 시작했다.

나는 이렇게 교회에 약 한 달간을 나가지 못했다.

성형외과에서는 일주일에 한 번씩 얼굴과 가슴 수술을 했다.

마취 주사를 주지 않고 수술하기 때문에 병원이 들썩들썩 거리는 괴성을 질렀다.

의사는 "제발 소리를 지르지 말라"고 했다.

나는 "제발 아프지 않게 수술하라"고 했다.

꼭 사람을 잡는 것 같은 고통이었다.

그런데 그만 내가 화상을 입고 나니 침상에 누워서 기도할 수밖에 없었다.

얼굴이 완전히 파편 맞은 것 같았고, 몸에 화상과 발에 화상을 입어서 걷기도 힘들었기 때문이다. 이런 상태로 도저히 외출도, 내 스스로 운전도 할 수 없는 상태였다.

그래서 병원에 화상치료를 갈 때도 Curtain 같은 마스크로 얼굴을 완전히 가리고 아들이 부축하고 다녔다. 햇빛도 보면 안 되고 사람들에게 혐오감을 갖지 않기 위해서 이렇게 아들과 한 달을 넘게 치료받으러 병원을 다녔다.

그때의 일은 확실히 사탄이 너 발목을 묶고 교회에 나가지 못하게 막았던 것을 분명하게 알 수 있었다.

그래도 이렇게 고통스런 수술을 강행했기에 얼굴은 두 달 만에 흉터를 없앨 수 있었다.

지금은 '언제 그렇게 3도 화상을 입었느냐?'는 식으로 얼굴은 말짱하게 되었다.

우리 교인들의 기도의 능력이 나를 살린 것이다. 그리고 하나님께서 좋은 의사를 만나게 해주었고 그 손을 사용하셨다고 생각한다.

그런데 남들은 모른다. 내 턱을 보면 지금도 곰보처럼 피부에 흉터가 약하게 보인다. 그런데 7년이 넘었는데도 아직 내 가슴에는 그 흉터가 남아 있어서 그렇게 가렵고 가려운데 어느 때는 미칠 것 같이 가렵다. 그래서 아직도 약을 먹고 바르고 있다.

나는 이 사건을 또 생각해 보았다.

나는 성격상 못 말리는 사람인가 보다.

결국 나의 극성이 나를 그렇게 만든 것이라고 생각한다.

이런 엄청난 사건은 하나님이 일부러 만드신 것이 아니다.

나보다 나를 더 잘 아는 사탄이 나의 허술한 면을 사용하여 나를 공격한 것이라고 생각한다.

왜냐하면 실수는 내가 했기 때문이다. 그러나 바로 사탄은 실수할 나의 허점을 이용해서 나를 공격한 것이라고 생각한다.

나는 또 생각했다.

내가 기도해야 하는 사람인 것을 사탄은 누구보다 더 잘 안다. 그래서 내 기도의 발걸음을 묶어 놓으려는 사탄의 방해였다.

이 사고로 나는 한 달 이상 기도하지 못했으니 사탄이 얼마나 손뼉을 치고 좋아했겠는가.

이렇게 당하는 것이 바로 나의 미련함 때문이었다는 것을 깨닫게 되었다. 그래서 우리는 매 순간 기도로 무장하여 사탄이 틈타지 못하게 해야 한다.

32

Hill City Church를 설립하다

오늘날 미국에 있는 한인 교회들의 실정은 감소 추세로 돌아 선 것을 피부로 느낄 정도이다. 그 이유는 여러 가지가 있다고 본다.

세계적인 경제 파동이 있은 후 부터라고 말할 수 있겠고, 또 다른 이유는 미국에서 좁아진 이민 정책이라고 생각할 수 있다.

그리고 중요한 문제로 부각되는 것이 있는데 그것은 한인 자녀들 1.5세, 2세들의 행방이다. 사실 모국어를 잃어버린 자녀들이 갈 곳이 없는 것이 당면한 큰 문제이기 때문이다.

대학 가기 전까지는 부모를 따라서 한인 교회를 나가는데 대학을 가면 자연히 집을 떠나는 학생들이 대부분이기 때문에 그때부터는 자율적인 생활을 하게 된다. 그리하여 교회도 대부분 미국 교회를 출석하게 된다.

왜냐하면 그들은 자연스럽게 영어가 편하기 때문이다.

이런 현상에 따라 한인 교회들은 자연히 우리의 자녀들을 놓치게 되는 것이다.

그러니까 한인이 점점 줄어드는 현상에서 한인 교회는 우리의 미래를 빼앗긴다고 볼 수 있다.

그러면 미국 교회에 다니는 우리 자녀들이 온전한 신앙이 될 수 있을지… 마국 교회에서 신앙생활 할 수 없다는 말이 아니지만 역시 우리 자녀들이 Minority 이기에 적극적으로 교회생활을 정착하는데 문제가 있다는 것이 우리 2세들의 불편한 현실이다.

겨우 교회 출석하는 정도로 신앙을 유지하는 실정인데……

이런 측면에서 우리 교회도 마찬가지 현상이다.

우리 자녀들은 해마다 진학하여 교회를 떠나는데 성인들은 거의 고정 상태라고 봐야 한다.

그래서 옛날에 비해 대도시를 제외하고는 미국내 한인 교회들의 상태가 이민자로 인한 숫자적 부흥은 기대할 수 없는 시대가 된 것이다.

세상이 살기 편하고 좋으니까 전도가 상당히 힘든 실정이다.

그래서 어떤 교회가 부흥했다한다면 전도라든가, 또는 이민자가 아니라 이주자라고 생각하면 되고 또 한가지는 평행 이동으로 옮겨다니는 교인들의 증가라고 보면 된다.

우리 교회도 역시 이런 현실에 직면하게 되었던 것이다.

이런 상황에 있를 때, 그 당시 주일학교 담당 김파울 목사가 몇 명 되지는 않았지만 교회로 들어오는 1.5세, 2세권에 속한 대학생을 위한 예배를 시작하게 되었다.

이 때 앞으로 언어 때문에 교회를 떠나서 정착하지 못하는 우리 자녀들과 이와 같이 교회를 정하지 못하고 방황하는 소수 민족 2

세 청년들을 위한 신앙의 방주를 만들어 주어야 한다는 발상을 하게 되었다. 왜냐하면 소수의 타 민족들에게는 교회가 거의 없었기 때문이다.

한편 이들을 품는다는 것은 그 나라에 가지 않아도 보이지 않는 큰 선교가 되는 사역이다.

얼마 후, 담당 김 목사가 타주로 떠나고 2세들에게 열정을 품은 한 젊은 집사가 그들의 흩어짐을 면하기 위해서 약 일년간 이들을 지켜 주었다. 참으로 귀한 일이지만 집사가 그 모임을 계속 맡을 수 없는 한계에 도달하게 되었다. 이런 상황에서 "교회로 세워야 한다." 또는 "그 사역을 없애야 한다."는 두 반응이 있었다. 그 당시 새빛 교회는 소수 민족을 위한 교회 설립에 대한 어떤 구상도 대안도 없었기 때문이다.

그 때, 2세들에게 열정을 품은 집사와 우리 부부는 선교적 차원에서 뜻이 하나가 되었다. 그래서 우리 부부는 기도에 몰입했었고 교회의 회의를 통해서 다민족 교회 설립을 결정하게 되었다. 2세 교회를 설립하기 위해서 필요한 것은 목회를 맡을 주의 종과 예배당이 있어야 했다.

그 당시 새빛 목회만으로는 재정 상태가 부족함이 없었는데, 다민족 교회 설립에는 재정상 예비 된 헌금이나 예산을 전혀 세울 수 없었기에 우리 부부는 또 다른 희생의 그림을 직시하면서 출발했었고, 새빛 지체들도 모두 함께 허리를 묶는 일이 기다리고 있었다.

왜? 아무 것도 없는데 굳이 다민족 교회를 해서 교회가 힘들어야 하느냐? 하는 불평이 있었다.

그런데 목사님은 새빛 교회의 내일을 바라본 것이다.

오늘날 한인 교회들의 현실 앞에서 우리 교회도 앞으로 한인 감소는 예외가 아니었기 때문이다. 그리고 앞으로 교회들이 2세들을 품지 않으면 한인 교회의 부흥은 기대할 수 없기 때문이다. 그래서 힘들어도 2세 교회의 태동을 교회가 밀어주어야 하는 상황에 처하게 된 것이다. 앞날을 생각하면 반드시 다민족 사역을 해야 새빛 교회의 미래가 된다고 생각했던 것이다.

새빛 교회가 한인만을 위한 교회로 보여 지지만 분명하게 교회는 하나님의 것이다. 그리고 하나님의 선교는 한인만 국한한 것이 아니고 모든 민족을 포함한 것이기 때문이다.

그래서 이 교회는 한인뿐만 아니라 다민족까지 포함한 즉 선교의 사명으로 함께 사역하는 것을 하나님의 뜻으로 생각할 때 절대로 끊어버릴 수 없는 분명한 사역인 것이다.

실상 우리 부부가 새빛 교회를 설립할 때부터 선교적 사명을 품은 교회로 사역했었다.

설립 당시 우리 부부는 한국 부여에 있는 미자립 교회를 지원하면서부터 선교가 시작되었다고 방송 선교, 맹인 선교, 학원 선교, 농촌 교회 등등 선교를 확장했으며 흩어져서 사역하는 여러 나라의 선교사님들을 지원하는 선교를 했었는데 은퇴하기 전까지 13개국의 선교사들을 함께 지원하는 선교를 행함으로 하나님을 기쁘시게 해 드렸다고 믿는다.

그래서 우리 부부는 선교에 대한 열린 마음이었기에 다민족 교회 설립 역시 선교적 사명으로 우리의 마음에 자리 잡게 되었던 것이다. 새빛의 자녀들이 아니더라도 다민족을 위한 교회는 선교적 사명으로 세워져야 하는 교회였다.

출석하는 교인들은 중국인, 월남인, 캄보디아인, 몽족, 일본인, 스페인, 미국인, 한국인, 등등 속속 몰려들었다.

그들은 자체 교회가 없는 민족들이고, 있다 해도 가까이 없으니까 자연히 Hill City Church 로 모여 들고 우리 새빛 교회와 잘 어울려서 신앙생활을 하는 것이다.

이 사역을 위해서 목사가 필요했던 것이다.

그러나 부족한 재정으로 목사를 청빙하기에는 역부족이었다.

그래서 찾고, 찾고, 또 찾고… 그러던, 중 그 당시 워싱톤 지구촌 교회에서 사역하던 오한길 목사가 와야 한다는 요구가 있었다. 그런데 본인은 그 교회에서 사역에 열중하면서 박사 공부를 하는 상태라서 이곳에 올 마음이 전혀 없었다. 그래서 당연히 거절했던 것이다.

이렇게 약 일년간 끈질긴 교회의 요청으로 결국 본인으로서는 모든 면에서 희생을 각오하는 결정이었는데 젊은 목사로서 큰 교회에서의 사역이 얼마나 좋았겠나?

극동 방송 영어 체플에서

김장환 목사님과

칼빈 신학교 예배 설교

그런데 아들은 어떤 응답을 받은 것이 없었지만 아버지의 권유를 거절하지 못한 채 "아버지의 말씀에 순종하는 마음으로 왔다."고 하면서 힘든 마음으로 Tampa에 오게 되었다.

처음 왔을 때는 약 7-8명 정도 였었다. 약 300명 이상 되는 교회에서 사역하다가 이곳에 오니 얼마나 실망되며 한심했겠는가? 그러나 교회 이름을 정하고 꾸준히 최선을 다해 사역하였다.

"너희는 세상의 빛이라 산 위에 있는 동네가 숨겨지지 못할 것이요 사람이 등불을 켜서 말 아래에 두지 아니하고 등경 위에 두나니 이러므로 집 안 모든 사람에게 비치느니라"(마태복음 5:14,15).

그 교회의 이름은 "Hill City Church" 였다.

얼마 후 교인들이 모여들면서 예배당이 필요했다.

그래서 모 교회에서 건축 헌금하여 "Hill City Church" 예배당을 마련해 주었다.

실상 다민족 교회 설립과 건축에도 새빛 지체들이 힘을 모았는데 우리의 희생이 있어야 했다.

우리의 희생이 하나님의 교회 설립에 한몫을 감당한다는 것이 또한 감사한 일이 된 것이다.

오한길 목사는 중점적으로 성경공부와 제자 훈련으로 목회를 했었다.

그리고 감사했던 것이 2세 교회는 새벽 기도회가 없다.

그런데 본인의 경건을 위해서 날자를 정하여 홀로 강단을 지키며 새벽 기도를 했던 것이다. 참으로 힘든 목회를 하는 아들을 바라보면서 마음이 든든하게 생각했다.

주의 종으로 앞날에 하나님의 뜻을 위해 스스로 훈련하는 것을 보면서 대견하게 생각했다.

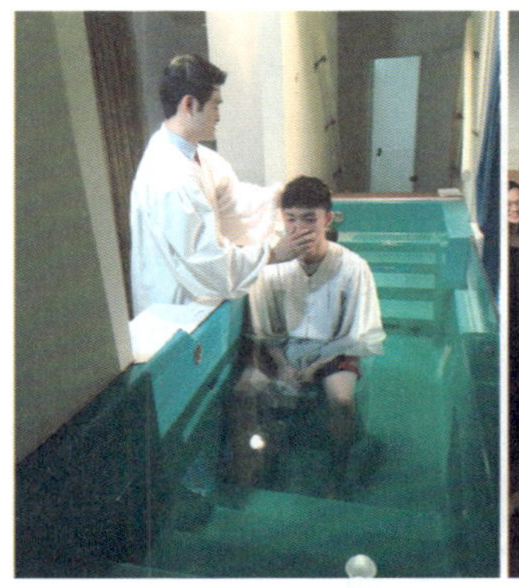

| Hill City 교우들 침례식 | 침례식 후 Hill City 교우들 | Hill City, Praise Worship |

그렇게 성실하게 목회하던 중 소수 민족과 2세들로 약 45-50명 정도 교인이 되었을 때였다.

LA의 NYCC 에서의 집요한 요청으로 결국 이곳을 떠나게 되었다. 지금은 주의 종이 부재중이지만 오한길 목사 사역 당시 훈련하여 세웠던 일군들이 교회를 유지하고 있다.

또한 현재는 미국 목사님이 주일 예배를 드리고 있는데 역시 그 집사님이 구심점이 되어서 교인들의 흩어짐을 막아주고 "Hill City Church"를 열심히 관리하고 있는데 그는 바로 여신연 집사이다.

"Hill City Church"가 오한길 목사에게는 단독 목회를 시작했던 하나님이 주신 훈련장이었으며 또한 우리 부부 30년 사역 가운데 교회 속에 교회를 세우는 하나님의 영광이었다. 고 생각한다.

그러므로 "Hill City Church"는 앞으로 새빛 교회 차세대의 미래가 될 것으로 믿고 있으며 "Hill City Church"가 선교적 차원에서 하나님의 선교를 이루어드릴 교회로 성장할 것을 믿으며 계속 자라는 우리의 2세들과 소수 민족의 2세들을 품는 교회로 아름답게 부흥하게 될 것을 확신하고 있다.

33

나는 spare tire였다

나의 신분은 어머니이다.

나의 신분은 목사의 사모이다.

또 나의 신분은 교육 전도사이다.

우리 교회는 중소 교회이다.

그래서 남편인 목사님과 전도사님과 나와 함께 목회하기에 맞는 규모이다. 그런데 나는 참 신분이 그렇다. 사모이면서 너가 필요한 곳이면 일을 맡긴다. 그리고 내가 필요 없으면 그만 나오라고 한다.

그것은 내가 필요한 것은 그 분야에 일꾼이 아직 없을 때이고, 그 분야에 일꾼이 세워지면 나는 그 일을 중단하고 물러나야 하는데, 남편이 은퇴할 때까지 나는 그렇게 필요에 의해서 일하곤 했다.

실상 나는 교회에서 전도사로서의 사명을 감당했었다.

내가 감당했던 사역은 성경 공부였다. 앞에서도 말했지만 주일 아침은 청년반, 화요일은 젊은 엄마들 모임이었고, 목요일 '타작마당'은 성경 묵상 나눔과 중보하는 시간이었고, 또 토요일은 주일학교 교사들의 성경공부반이었다.

말씀이 있는 곳에는 항상 찬양과 기도가

나는 교회의 필요에 따라서 조용히 구석 구석 사역을 감당했다. 그리고 호산난 찬양단 훈련과 연습과 인도를 했었는데, 주일 오후 시간이면 모든 교인들이 다 귀가하고 난 후 호산나가 따로 모여서 묵상을 나누고 기도하고 연습에 들어간다. 그리고 호산나는 6시경에 모든 일을 마친다.

나는 호산나 단원들이 참으로 순종을 잘할 뿐만 아니라 헌신하기를 힘쓰는 교인들로서, 하나님의 일을 위해서 충성을 다했던 것으로 기억한다. 모두 불평없이 한마음으로 사역했고, 정말 사랑스럽고 은혜스러운 성도들이다.

호산나는 참으로 훈련과 단합이 잘되었으며, 하나님의 군대와 같이 충성을 다했다. 참으로 내가 사랑하는, 내가 그리워하고, 내가 예뻐하는 나의 호산나 단원들이었다.

지금도 생각하면 그날들이 그립고, 단원들 한 사람 한 사람이 내 마음에 깊이 새겨져 있다. 지금은 대부분 헤어져서 살고 있다. 물론 모든 교인들이 각각 맡은 분야에서 다 충성했지만, 내 기억에는 호산나가 정말로 충성했고 헌신했던 일꾼들이었다고 자랑스럽게 말하고 싶다.

남편은 나의 열정과는 무관했었다.

필요할 때는 막 시키고, 일꾼이 준비되면 그 자리에서 내려오라고 한다. 그러면 어느 때는 화가 날 때가 있다. 막 자리 잡고 나도 적극적으로 열정을 내려 하는데, "이제 그만하고 나와!" 하는 것이다.

그래서 내가 "내년에 개편될 때 일꾼에게 물려주고 금년까지만 내가 할게요"라고 하면 "목회는 내가 하는 것이지 당신은 하라는 대로만 하면 돼"라고 '무' 자르듯이 말한다.

그 말을 들노라면 '나는 뭐야?' 이런 섭섭한 마음이 든다.

그래서 내가 한 말이 있다.

"여보, 나는 spare tire예요?"

그래도 대꾸조차도 없다.

남편이 결정하면 그대로 해야 하고, 나는 찍소리도 못하고 오직 순종만 해야 하는 상황이었다. 솔직하게 말하면 순종해야 하는 그 자체조차도 어느 때는 자존심 상할 때가 참 많았다. 아마 다른 목사님들도 이런 상황일 때도 있을 것이다. 왜냐하면 사모가 가장 편하고 허물이 없기 때문일 테지만 그러나 어느 때는 그렇다.

실상 목회는 내가 하는 것이 아니라 남편이 하는 것이기 때문에 어디 감히 목회에 대해 이러고 저런 말을 하겠는가.

이만 하면 나는 참 착한 사모인 것만은 확실하다 생각하는데….

내가 참으로 남편이 야속하고 섭섭했던 일이 있었다. 물론 남편이 나를 생각해서 그렇게 결정한 것으로 믿지만, 그러나 나는 좀 더 할 수 있었다.

그 사연인즉 호산나 찬양단 사역이었다.

내가 수술하기 전부터 내가 찬양할 때 중심을 잃어가기 시작하면서이다. 나는 열정을 다해 찬양하며 인도하는데, 중심을 잃으니까 앞에서 함께 예배드리는 교인들이 불안해 보였던가 보다. 교인들보다 남편이 더 불안했던 것이다.

난 괜찮다고 하는데 "당장 내려와" 하는 것이다.

그것은 내 몸의 중심 잡기가 흔들리고 있었지만, 왠지 투병 중에 더욱 찬양하고 싶은 마음이었던 것이다. 누가 내 마음을 이해할 수 있지 않을까.

열정적인 내 찬양의 힘으로 내 병을 이길 수 있다고 생각하고 찬양을 하는데 이제 내려오란다.

내 마음을 몰라주는 남편이 야속했다.

예배드림을 나의 투병의 도구나 방편으로 생각하며 내 원함대로 교인들에게 불안을 주면 안 된다는 것이다.

그리고 각각 사연을 가지고 나와서 은혜 받기를 사모하며 예배에 집중해야 하는데, 나의 이런 모습을 보이는 것이 오히려 방해가 될 수 있다는 뜻이다. 차라리 전체 기도시간에 함께 기도하는 것이 더 힘이 있다는 말이다.

그 말을 이해할 수 있었다.

모든 예배자들이 주님께만 포커스를 맞추어야 한다는 말이다.

남편에게는 아내보다 예배가 더 중요했다. 결국 나는 정든 호산나를 내려놓고 슬픈 미련을 가득 안고 어쩔 수 없이 그만두게 되었다.

다행히 호산나 지도자를 평소에 조금씩 훈련해서 인계하고 물러났는데, 지금까지 얼마나 충성을 다하여 찬양 사역을 하는지 나는 그 모습들을 보면서 지금도 위로를 받고 있다.

그렇다. 나는 이렇게 남편인 목사님의 목회의 필요를 따라, 필요할 때마다 돕는 동역자로서 그야말로 빛도 없이 이름도 없이 사역해 왔다.

"오직 주가 쓰시겠다 하라" 하시는 주님의 필요에 따라서 말이다.

남편 목회의 필요에 따라 사용되는 도구에 불과한 신분으로서 나는 spare tire였다.

34

내가 본 중국은 광대한 어장이었다

선교에는 직접 가는 선교, 보내는 선교, 지원 선교도 있다.

중국 선교는 새빛교회가 약 20년 이상 지원했던 선교지다.

새빛교회는 지원 선교로서 중국의 K 모 목사님을 배출했다.

목사님의 이름을 밝히지 않는 것은 중국에서는 타국으로부터 지원받는 것이 금지되어서 그렇다.

선원으로 탬파에 들어왔다가 목사님에게 침례를 받고 기도해 준 것이 그 목사님에게 예언이 되었다. 그 목사님은 중국으로 돌아가서 삼자 신학을 하고 베이징에서 중국 교회의 전도사가 되었다.

그곳에서 몇 년간 전도사 사역을 하다가 남쪽에 있는 남령의 변두리에서 개척을 하였다. 그리고 개척한 교회에서 급성장하고 있는 K 목사님을 다른 교회에서 청빙했다. 200명 정도일 때 부임해 왔는데, 현재는 교인 수가 1,500명 이상으로 부흥하게 되었다.

우리는 중국 K 목사님이 사역하는 교회에 가보고 이 놀라운 하나님의 역사를 눈으로 확인할 수 있었다.

매주 교회로 몰려오는 사람들의 수가 엄청났다.

하나님은 당신의 구원 역사를 위해서 완벽한 청사진을 가지고 점진적으로 일하시는 분이다. 누가 선원으로 탬파에 들어온 청년이 이렇게 큰 사역을 하게 될 주의 종이 되리라고 생각이나 했겠는가!

우리는 그 교회 현장을 보면서 가슴이 뛰었다.

이는 말로 할 수 없는 감동 이상의 현상이었다.

중국 남령 교회   주일은 3부 예배로 교인이 1,500명 이상이었다

종교 생활에 대해서 말이 많은데, 중국에서 정해 놓은 종교법이 있다고 한다. 그러니까 종교를 정치적인 것으로 사용하지 않으면 신앙생활에 아무 문제가 없단다. 그래서 중국 사람들은 종교법을 철저하게 지키는 가운데 신앙생활을 자유롭게 하고 있었다.

듣는 말들은 많다. 아직도 공산 사상을 가진 목사들이 있어서 혼돈을 빚기도 한단다. 그런데 K 목사가 말하기를 중국은 종교와 정치가 완전히 분리된 체제라고 한다. 그래서 기독교는 나라가 정한 종교법을 잘 지키기만 하면 어떤 제재도 받지 않는다는 것이다. 그래서 중국의 교인들은 정치와 사상에 관해 정부를 거스리지 않는 신앙생활을 하고 있다는 것이다.

재미있는 것은 교인들은 잘 모르지만 교회마다 사상발언, 정치발언을 하는지 감시하는 사람이 있단다. 만약 걸리면 자격 정지 처분을 받는단다.

그러나 중국은 순수 복음만을 전파하는 데는 전혀 방해를 받지 않는다고 한다. 그래서 주의 종들은 나라 법을 잘 준수하는 가운데 얼마든지 사역할 수 있단다.

구원의 복음, 십자가와 부활, 구원과 영생, 지옥과 천국에 대해서 얼마든지 전할 수 있단다. 아쉬운 부분이 있다면 신학적인 면에서 교육과 훈련이 약하다고 한다.

이런 신학적인 면과 교육적인 면이 중국의 기독교가 해결해야 할 중요한 숙제인 것이다. 그리고 아직까지 복음적이고 헌신적인 사역자가 부족한 것이 중국 기독교가 당면한 문제라고 한다.

삼자교회란 기독교인들이 애국운동 정신으로 서로 단결하여 조국을 사랑하는 가운데 국가의 법령을 준수하고 자치, 자양, 자전의 삼자를 지지해 나가야 한다는 뜻을 가지고 있다고 한다.

사회주의 체제하에 있는 삼자교회는 왜곡되어 보이는 부분도 있으나, 중국 기독교의 개혁과 교회 성장은 성령님께서 직접 역사하시고 일으키시고 키워 주실 것이라고 확신한다.

또 중국에서 목회하는 사람은 삼자 신학을 나와야 한다는 것을 원칙으로 한단다. 그래서 타국인, 즉 한국 사람들, 또는 다른 나라 사람들이 와서 중국에서 목회를 할 수 없는 것이 원칙이라고 한다.

그러나 어떤 회사든지 기관을 통해서 그 안에서 교회를 세우는 것은 할 수 있다고 한다. 예를 들면, 어떤 큰 기업이 자사의 사원들이 예배드리기 위한 교회를 설립하는 것은 허용이 된다는 뜻이다.

그래서 우리 한국 사람들이 이런 제도를 이용해서 회사 안에 교회를 세우고 있다는 것이다. 그리고 중국인들이 외국에서 신학을 하고 돌아왔다고 해도 중국에서는 목사로서 인정하지 않는다고 한다.

중국의 목사는 삼자 신학을 졸업하고, 전도사 생활을 5년 이상 훈련 수업을 받아야 한다. 또한 본 교회의 담임 목사에게 인정을 받았을 때 개척 교회에 파송을 받고 그 개척 교회에서 교인 수가 100명이 되면 드디어 그 교회가 노회에 정식 등록이 된단다.

이렇게 하여 중국에서 목사들이 사역의 터를 잡는 것이다.

이런 상황에서 K 목사님은 조선족으로서 중국 삼자신학을 나오고 목사가 되었다.

대부분 목사로서 터를 잡을 때까지는 학비뿐 아니라 생활을 감당해야 하는데, 중국 사람들 생활로는 생활비며 그 모든 것을 감당하기에 어려운 문제가 많다는 것이다. 그래서 예전에는 경제적 어려움을 감당하기 힘들기 때문에 조선족이 엄두를 내지 못했다고 한다.

우리 새빛교회가 K 목사님을 지원했던 것이 바로 이런 생활고의 문제였다. 약 20년 전에 막 종교의 문이 열려진 상태에서 신학

지원부터 시작해서 개척 교회를 지원했다.

K 목사님은 우리의 지원으로 부담 없이 공부했고, 부담없이 개척 교회를 했으며, 지금은 자립하여 1,500명의 교세를 확보하고 열심히 목회를 하는 주의 종이 된 것이다.

그리고 K 목사님은 조선족이기 때문에 한국말도 유창할뿐더러 한국인들을 도울 수 있었다. 지하 교회를 하는 한인 목사님들도 보호하고 있었다. 즉, 자기교회의 처소 예배라고 변호해 준다고 한다.

참으로 마음 아픈 현실은 한국에서 들어간 목사님들이 조용히 예배를 드리고 있었다. 중국의 종교법에, 타국인이 교회를 할 수 없고 예배를 인도할 수 없게 하는 금지령이 있기 때문이다. 그 금지령에 의해서 단속하기 때문에 공안원이 투입되어 잡혀가고 하는 것이다. 중국 종교법으로 생각하면 우리 목사님들이 중국의 법을 위반하는 것이 되기 때문이다.

K 목사님은 같은 혈통을 가진 조선족으로서 돕고는 있지만 결국 옳다고 말하지는 않았다. 보통 "중국을 선교한다"라고 하면 파송 선교와 지원 선교를 뜻한다. 그리고 대부분 한국 교회들은 한국에서 선교 목적으로 들어간 목사님들을 많이 지원한다. 그래서 그분들이 사역하시는 목회를 가정 교회, 또는 지하 교회라고 말한다. 우리가 흔히 지하 교회라고 하는 것은 탈북자들을 연상하게 된다.

그런데 탈북자들만을 위한 사역이 따로 있다는 것을 알았다.

중국에서 말하는 지하 교회는 북한의 지하 교회와 같은 것이 아니라는 것이다. 그것은 중국에서 이미 종교의 문이 열려진 상태이기 때문에 지하 교회라고 말할 수 없다고 한다.

요즘은 처소, 또는 가정 교회라고 말한다고 한다.

우리도 이 가정 교회에 가서 주일 예배를 인도했었다.

크게 어려움이 없어보였는데, 혹시 주변 사람들의 신고에 의해서 어쩌다 단속에 걸리기도 한단다.

언제 걸릴지 모르는 상황 속에서 항상 마음을 졸이며 하나님을 섬기는 조선족들의 신앙생활을 직접 보면서, 아무 거리낌 없이 신앙 생활하는 자들은 영적인 도전을 받아야 하고 감사가 무엇인지를 알아야 한다. 중국에서는 삼자교회 외에는 모두 단속 대상이기 때문이다.

그래서 그곳의 목사님이 경찰에 불려가는데, 이때 K 목사님이 도와준단다. 자기 교회의 처소라고 말하면서 가정 교회를 보호하는데, 이런 가정 교회가 몇 곳이 더 있다고 한다.

과거 중국은 오랜 세월 기독교의 문이 닫혀 있었고, 종교 자체를 완전히 탄압했던 시대가 있었다. 그러나 20여 년 전부터 종교의 문이 열린 후로는, 중국은 결코 북한처럼 종교 탄압이 있는 곳이 아니었다.

중국은 교회 문이 열려 있기 때문에 얼마든지 중국인 교회를 나갈 수 있는 실정이 되었다. 그리고 중국에 사는 조선족들도 중국 교회에서 신앙 생활을 할 수 있도록 열려 있는 것이다.

어찌 되었든 하나님의 성령의 역사가 이미 중국을 깨우고 있다는 것을 보게 되었다. 이 중국은 엄청나고도 광활한 황금 어장으로 우리에게 큰 선교의 비전을 주고 있는 나라이다.

이번 중국 선교는 오한길목사의 청년 집회에 요청해서 함께 참여했었다.

처소 교회 성가대

처소 교회에서 주일 설교

처소 교회의 예배 모습

K 목사가 목회하는 교회는 중국으로 유학 온 외국 학생들이 계속 들어와 약 150명 가량이었다.

그들은 영어권으로서 일본, 인도, 파키스탄, 태국, 미얀마, 캄보디아, 월남, 필리핀 호주에서 온 학생들까지 3일 세미나와 밤 찬양 예배와 주일 아침 예배를 오 한길 목사가 인도했는데 각국 청년들이 찬양을 올려 드릴 때는 모두 한 성령 안에서 하나가 되는 모습이 참으로 감동스러웠다.

교회 청년들이 매년 이런 집회를 열어달라는 부탁이 있었지만 이곳 우리 형편상 허락할 수 없었다.

역시 중국도 2세들, 젊은이들 복음화를 위해서 노력하는 것을 보게 되었다.

중국에는 이미 성령의 바람이 강력하게 불고 있다.

내가 중국을 제대로 보지 못해서 그렇지 하나님의 계획과 뜻이 하나하나 이루어지고 있었다.

현재 중국은 잠자던 교인들이 기지개를 켜고 일어나서 교회로 몰려 들어오고 있는 중이다. 그동안 오랜 동면으로 숨어 있던 주의 백성들이 이제 힘을 얻어 소생하고 있다. 그런데 안타까운 것은 실제로 이 교인들을 수용할 수 있는 예배당이 없다는 것이 문제이다.

현재 중국은 경제력이 세계적으로 상당한 나라가 되어 가고 있다. 옛날보다 생활이 많이 향상되었는데, 그런데도 중국 인민들은 아직도 가난에서 벗어나지 못한 상태이다.

중국은 한국보다 더 으랜 선교 역사를 가지고 있는 나라이다. 중국의 기독교 인구가 약 1억 3천 정도라고 하는데, 중국의 전체 인구 중 약 2-3% 정도라고 하니까 얼마나 선교할 대상이 많이 있겠는가. 그러므로 우리들도 하나님의 선교를 생각할 때 이 중국 대륙을 어떻게 선교할 것인가를 찾아야 한다.

중국을 동서로 나누어보면 동쪽은 지금 복음에 불타고 있다.

그리고 중국의 서쪽 지역에는 이슬람의 방해로 복음이 방해를 받고 있고, 또 전체적으로 불교 문화권이 지배하고 있기 때문에 복음에 방해를 받고 있는 실정이란다. 그렇지만 전반적으로 중국이 복음화되는 것은 세월이 해결할 시간 문제인 것이다.

지금 중국의 몇십 개의 종족 중에 티벳 족과 위구르 족 두 종족에게만 복음이 들어가지 못한다고 한다. 그리고 나머지 종족들에게는 이렇게 저렇게 복음이 들어가고 있단다.

하나님의 선교적 차원에서 중국을 바라보자.

내가 본 것은, 중국을 둘러싼 나라들이 무척 많다는 것이다.

그냥 무식한 내 상식으로 약 17-18개 국 정도는 될 것이다.

그러나 근접한 나라들 외에도 정치적인 관계로 가까운 나라들이 얼마나 많은가. 그 나라들에게 복음을 전파할 문이 열려진다면 중국이 얼마나 선교에 중요한 요지인가.

그래서 중국의 주변 나라들이 모두 복음의 대상이다.

중국의 거대한 대륙이 복음화되면 주변 국가들 뿐 아니라 아랍권까지, 그리고 유대 땅까지 중국에서 배출된 주의 종들을 통해서 복음이 들어갈 것이다. 그리고 미래에 중국의 사명은 바로 땅끝까지 복음을 전하는 선교적인 사명을 이미 받았다고 믿어진다.

오늘날 이런 것을 생각할 때 중국은 어마어마한 어장임에 틀림없는 것이다. 이런 생각을 하면 내 마음이 뜨거워지고 왠지 바빠진다.

왜 진작 중국을 보지 못했을까?

중국을 미리 보았다고 내 작은 힘으로 어떻게 할 수 있는 것은 하나도 없지만, 내가 본 중국에 대한 새로운 미션을 가지고 기도는 할 수 있지 않았겠는가.

내가 본 중국은 정말 광대한 어장이다.

남령에서 중국인 개척 교회

약 28년 전 탬파 항에 정박한 한국 화물선 선장이 일년간 성경공부한 청년이 세례받기 원한다고 하여 오 목사님이 배에 들어가서 세례 문답과 아울러 선상 세례식을 가졌는데 그때 세례 기도했던 것이 그분을 향한  예언 기도가 되었고 그분은 하나님의 소명을 받게 되었다.

그리고 새빛은 신학공부부터 중국의 큰 교회로 성장하여 우리가 은퇴 할 때까지 지원했는데 그 일이 하나님의 뜻 가운데 세밀한 계획으로 이루어진 만남이었고 인도, 역사하심이었다.

우리는 하나님의 필요에 의한 도구였고 하나님의 뜻을 위한 순종으로 주의 종을 세웠고 살아 있는 교회를 올려드리게 된 것이었다.

35

베트남 선교의 현장을 찾아서

우리는 그 당시 목회 27년이 되었지만 형편상 선교지에 가지 못했었다. 여러 차례 갈 기회는 있었지만 재정적으로 그렇게 넉넉하지 못했고 가고 싶지만 교회에서 많은 곳을 지원하고 있었기에 선교사들 지원에 차질이 없도록 하려면 여행 경비로 인한 지출을 막아야 했다. 그런데 이번에는 신학교의 특별한 요청을 받고 선교 일정을 세운 것이다. 어찌 되었든 간에 베트남을 간다고 생각하니 참으로 감회가 깊다.

우리 새빛 교회는 큰 교회가 아니다.

그러나 우리가 지원하는 선교사들에게는 참으로 성심, 성의껏 지원했다. 그 중에는 여러 교회에서 지원을 받는 선교사도 있었지만 오직 우리 교회만을 바라보는 선교사도 있었다.

그리고 원주민을 선교하는 분도 있었고 원주민을 교육하는 신학교도 있었고 이 베트남 선교는 원주민을 양성하는 신학교 지원 선교이다. 그동안 베트남 선교사님이 몇 년동안 신학교에 와서 강의를 해달라는 요청이 있었다.

그것은 신학교라고는 하지만 실제적으로 교수가 부족현상이어서 지원 교회의 목사님들이 일년에 한번씩 와서 강의해 준다는 것이다. 그러니까 우리도 이렇게 와서 강의를 해달라는 요청이었다.

그런데 이번에는 오한길 목사님이 와서 신학생 강의를 해 달라는 요청이었다. 베트남 사람들은 영어가 더 편한 사람들이 많기 때문에. 물론 영어 통역 강의가 가능했다. 드디어 목사님이 아들과 함께 베트남 선교를 가기로 결정하게 되었다.

그리고 Hill City Church에서 여자 청년 한명과 함께 4명이 선교를 떠났다. 두 목사님은 강의를 맡고 여자 청년은 영어 가르치는 반을 맡고 나는 찬양을 맡았다.

드디어 베트남 선교에 오르게 되었다.

비행기를 여러 번 갈아타고 옛 사이곤, 호지민까지 도착하는데 약 30시간이 걸렸다. 얼마나 피곤하고 힘든지........ 나는 지치지 않기를 기도하면서 여행을 했었다.

긴긴 시간이 걸려서 호지민에 도착했다.

우리 부부는 약 47년 전 이 베트남에서 만났었다. 그래서 남다른 감회와 흥분된 마음이 있었다.

공항에 도착했는데 입국 수속에서부터 긴장된 분위기라 할까!

또 입국비를 내야 한다는데 그것도 몇푼 정도가 아니다.

나는 여러 나라를 여행해 보았지만 입국비를 받는 나라는 처음인 것 같다. 제법 비싼 값을 내고 수속을 마쳤다.

선교사님이 마중을 나왔다. 밤에 도착해서 사이곤을 달리는데

그 옛날 모습은 도무지 찾아볼 수 없었다.

너무나 번화하게 변해 있었다. 우리는 도착해서 야식을 먹어야 했었다. 그 밤에는 베트남 국수 밖에는 없단다. 나는 너무 좋았다.

그 옛날 맛보던 국수를 먹는다는 것이 나에게는 즐거움이었다.

국수를 먹는데 정말 옛 맛을 느낄 수가 있었다.

우리가 미국에서 먹는 월남 국수는 미국 사람들 입맛에 맞도록 맛을 낸 국물이기 때문에 정말 베트남에서 만드는 그런 맛을 맛볼 수 없다. 내가 그 옛날 약 3년 동안 베트남에서 살면서 여러 음식을 먹었지만 잊을 수 없는 것이 월남 국수였다.

나는 국수를 앞에 놓고 옛날로 돌아간 것 같은 기분이었다.

그리고 국수를 먹으면서 한동안 나만의 소시적 옛 추억에 잠기고 있었다. 옛 추억과 국수 한 그릇… 나는 옛날 소녀가 된 것 같은 기분이었다.

우리는 다음날 선교 계획을 짜고 마음을 맞추어서 함께 열심히 일을 했다. 매일 아침 9시부터 강의를 시작해서 밤 9시에 모두 끝나는 일정을 만들어 놓았다.

왜냐하면 그분들은 강의다운 시간을 한 시간이라도 신학생들에게 더 주고 싶은 마음이었을 것이다. 물론 우리에게 너무 무거운 일정이었지만 우리도 그와 같은 마음이었기에 함께 힘을 모았다.

신학생은 약 100명 정도였다. 강당에 학생들이 꽉 차 있었다. 이렇게 4년간 공부하여 졸업하는데 해마다 배출된 신학생이 무척 많다고 한다.

그런데 신학생들이 얼마나 열정적으로 공부하는지! 그 모습을 보는 것만으로도 우리에게 감동을 주고 있었다. 그중에는 정말 가난한 학생도 있었고 몸이 아픈 학생도 있었다.

오직 예수 사랑과 예수 복음을 위해서 삶을 걸고 공부하고 있었다.

이번 스케줄은 오한길 목사의 강의로 거의 다 채워져 있었다. 아침부터 밤 시간까지 줄 공부였다.

그런데 스케줄대로 다 공부하고 마지막 시간에는 시험을 치르는 것으로 스케줄을 만들었다.

그것은 학생들이 그렇게 공부하고 시험을 치는 것으로 이번 학기를 마치는 것이란다. 그래서 그 스케줄에 맞추느라고 쉬는 시간도 없이 오한길 목사가 수고를 많이 했다.

그러나 얼마나 보람있는 일인가! 피곤하다는 생각도 없이 끝까지 잘 감당했던 것이 참 은혜스러웠다. 그리고 주일날 우리는 신학교에서 배출된 목사님들이 자기 고향으로 나가서 교회를 개척하여 목회를 하는 교회를 방문하게 되었다.

그 교회는 이제 교회당을 건축 중에 있었는데 그곳은 붕타우였다.붕타우는 정말 아름다운 도시인데 그곳에 교회가 세워져서 예배를 드리고 있으니… 이 교회에서도 우리는 역시 네 명이 나누어서 시간, 시간 그곳에서 사역을 감당했다.

우리는 주일 예배와 성경공부, 오후 예배를 드리며 붕타우 교회 교인들과 친교를 나누었다. 그 교회 교인들도 약 100명 정도 있었다.

교인들이 예배드리는 모습이 얼마나 순수한지!!!

그리고 우리는 건축헌금과 목사님에게 위로금과 친교비를 전했다. 얼마나 귀한 사역을 감당하고 있는가! 말이다.

우리의 선교는 참으로 의미가 있었고 보람이 컸다.

이와 같이 졸업한 학생들이 돌아가서 교회를 개척하는데 정말 고생을 많이 하고 있었다.

또 나는 개인적으로 이번 베트남 선교 여행이 참 의미가 있었는데 그 옛날 속에 잊어버렸던, 지워진 기억들을 다시 찾고 옛 추억을 다시 찾는 기쁨이 있었다.

한 세대는 가고, 한 세대가 오는 가운데 베트남은 몰라보게 변화되고 계속 변화하고 있었다. 그래도 베트남에 와서 옛날을 생각할 수 있었던 것은 나에게는 아름다운 특별한 시간이었다.

목사님과 내가 만난 곳은 다낭이었다. 그러니까 우리가 만난 것은 약 반세기전의 만남이었던 것이다.

그런데 지금 그 때 처녀 총각이 연예하던 그곳에 우리가 주의 종들이 되어서 와 있는 것이다.

미래를 알 수 없는 우리들인데 하나님께서 그곳에서 만나게 하시고 주의 종들이 되게 하시고 그곳으로 선교를 보내신 것이다.

참 하나님의 계획과 역사하심이 놀랍고도 놀라운 것이다.

이렇게 주의 종들이 되게 하시려고 그 옛날 그곳에서 우리를 만나게 하셨으니 말이다. 그리고 우리는 또 이렇게 베트남에서 선교를 하고 있구나!

47년 만에 밟는 사이곤! 사이곤!

내가 연예인 출신이라서 오 목사님의 세 번째 부인으로 누명을 썼는데 월남이 이 증명해 주고 있다.

그래서 한동안 전도에 얼마나 방해가 되었는지 모른다.

교회 설립에 온 정성을 쏟고 있을 때 사단은 이렇게 우리를 방해했던 것이다. 그러나 우리는 하나님의 선교를 위해서 지금 베트남에 왔다는 것이 중요하다. 그리고 나를 증명해 주는 하나님이 이렇게 내 등 뒤에서 나를 밀어 주고 계시지 않은가!

역사는 진실하다.

그리고 내 인생은 당당하게 진실을 말하고 있다.

47년 만에 남편과 함께 밟는 사이곤! 사이곤!

36

"Power of Attorney"

세상에 있는 모든 인간은 자신의 종말을 맞이하게 된다.

그 종말이 구원을 받은 자이냐, 아니면 구원 받지 못한 자의 종말이냐 이것이 참으로 중요하고 심각한 문제가 된다. 그러나 구원 받은 우리들의 종말은 천국이 보장되어 있다는 것이다. 참 감사한 일이다.

여기에 참으로 외롭고, 고독하게, 한 많은 인생을 살아왔던 한 여인이 있다. 그녀는 이제 자신의 생을 마감하는 마지막 순간을 맞이하게 되었다. 그녀는 혈육이라고는 아무도 없는 불쌍한 여인이었다.

그 마지막 순간을 아무도 지켜주는 사람이 없는 형편이었다.

그런데 그녀는 구원받은 하나님의 사람이다. 그래서 그녀는 행복하게 그 순간을 맞이하게 된 것이다.

그녀는 외적인 상황이 가엾고 불쌍하게 보이지만 하나님의 복을 받은 여인이었다. 혈육의 가족은 아무도 없어도 하나님의 교회, 새빛 가족들이 곁에 있었다. 그녀가 의식이 있을 때 오른손과 왼손에 목사님과 나의 손을 꼭 잡고 기도하기를 원했다.

목사님은 그녀의 천국행을 위해서 간절히 기도했는데 그녀는 우리들의 손을 놓지 않았다.

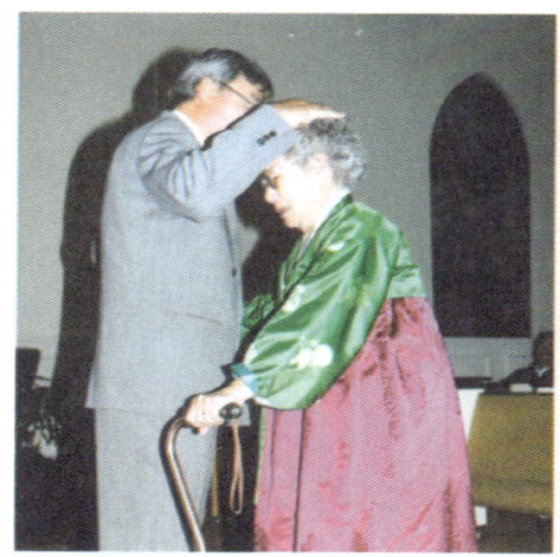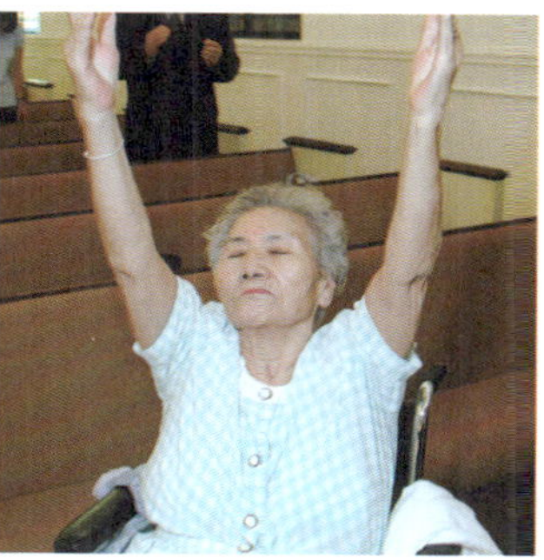

고 전순녀 집사님의 신앙생활

기도하는 가운데 나는 마음이 무척 아프고 힘들었다. 임종을 앞 둔 그녀를 고통스럽게 바라보면서 그렇게 나는 끝까지 그녀의 곁을 지켰다.

실상 나는 내 어머니의 임종을 지키지 못했다. 이것이 나를 힘들게 했고 무겁게 했는데 집사님의 임종 앞에서 내 어머니에게 불효했던 것을 갚는 마음으로 대리 효도를 했던 것 같다.

그리고 마지막 순간, 역시 목사님과 나, 그리고 황선미, 이근숙 두 권사가 그 마지막을 함께 지켰다. 목사님은 마지막을 맞이하기 전까지 계속 기도하고 있었다. 그리고 나와 두 교인은 역시 기도하면서 그 마지막 순간을 끝까지 지켜 드렸다.

그녀의 마지막은 조용하고 평안했다.

그리고 그녀의 마지막은 은혜스러웠다.

이렇게 그녀는 천국으로 갔다.

그녀는 이제 천국에 입성함으로 복되고 행복할 것이다.

그러나 지금까지 기도하고 지켜왔던 우리는 그녀와의 영원한 이별에 마음이 아팠다. 그녀와 우리는 미운정 고운정이 두터운 사이였다.

그녀는 옛날에 한 성격하는 강한 여인이었다.

옛날, 그 옛날에 그녀는 우리 집에 찾아와서 "목사님에게 물어볼 말이 있습니다. 목사님 몇 번 결혼하셨어요, 진실하게 말씀해 주세요"라고 물으시던 그 교인이었다.

이렇게 목사님에게 진실을 요구하기도 했던, 자기가 하고 싶은 말을 다 하는 여인이었다.

그녀는 이 사실을 무척 미안하게 생각했었다.

그 후 우리의 진실을 안 다음 지금까지 변함없이 새빛의 가족으로 지내왔던 분이었다. 그리고 우리 가족을 자신의 가족처럼 여기며 사랑했었다.

그녀는 그 옛날 이북에서 출생했다.

가난한 가정에서 많은 형제 중 막내로 태어나 공부도 못하고 어릴 때부터 무척 고생했었다. 남의 집에서 아기를 돌보다가 조금 커서 식모로 일하는 생활을 했다. 그리고 어느 하숙집에서 일하다가 주인의 아들의 아기를 낳게 되었고, 아기는 그만 주인에게 빼앗기고 그 집에서 쫓겨나게 되었다.

6.25가 터지고 그녀는 흘러 흘러 단신으로 월남하게 되었다.

서울에서도 식모로 생활하다가 미군 부대 안에서 생활하는 민간인 가정의 가정부로 들어갔다. 그 집 주인은 그녀를 양녀로 삼아서 수속하여 미국으로 데리고 들어왔다. 그리고 미국에서 그 주인의 집에서 영어가 익숙하게 되도록 일하며 살았다.

그 후 그 집에서 독립하여 따로 생활하게 되었고, 여기저기 다양한 일을 하며 살았다.

미국 생활에 불편이 없이 사는 가운데 은퇴하기 28년 전 우리는 그녀를 만났다.

첫인상이 무척 강했다. 구원을 받지 못한 상태였고 이제 신앙생활을 하기 원하고 있었다. 성격이 강해서 나이가 어린 사모가 대하기가 참 어려웠었다.

아울러 그녀에게 복음을 심기가 참으로 힘들었다.

그녀의 집은 교회에서 1시간 떨어진 곳이었다.

그래도 우리는 매주 목요일마다 그 집에서 예배를 드렸다.

이렇게 몇 년 동안 공을 들이고 수고했었다. 그렇게 하면서 그녀는 복음을 받아들이고 예수를 영접하여 구원을 받게 되었다.

몇 년이 지난 후 한국에서 이산가족을 찾는 바람이 불었다.

그녀는 자기의 빼앗긴 딸을 찾기 원했다. 혹시라도 그 빼앗긴 딸이 어머니를 찾지나 않을까 하는 기대를 가지고 있었다.

그런데 이름도 모르고 고향과 나이만 가지고 찾아야 했다. 참으로 막연하고 어려운 일이었다. 그래도 내가 한국에 나갈 때마다 빈약한 그 정보로 찾아보았지만 매번 허탕이었다. 내가 허탕 소식을 가지고 돌아오면 매번 실망하던 그녀였다.

1996년 1월, 그녀는 중풍을 맞았다.

평소 그녀는 혼자 생활하던 사람이라서 누구도 믿지 않았다.

오직 의지하고 믿는 사람은 나뿐이었다. 그 이유는 당신의 딸과 내가 동갑이었기 때문이고, 고향도 같은 이북이라는 이유였다. 그래서 나는 그녀의 모든 사정을 음으로 양으로 돌보아야 했다.

그녀는 중풍을 맞고 양로원에서 18년 동안 생활했었다.

그리고 이렇게 마지막을 맞게 되었다.

나는 그녀와의 남다른 관계를 생각할 때 마음이 너무 아팠다. 어떤 내색도 없이 나를 딸처럼 생각하는 그녀에게 정말 딸같이 돌보지 못했던 것이 힘들게 했다.

그녀는 내가 자신의 마지막 순간을 위해서 Power of Attorney가 되기를 원했다. 그리고 교인들도 나에게 Power of Attorney가 되어야 한다고 말했다. 그래서 나는 마음이 힘들었지만 그녀의 Power of Attorney가 된 것이다.

이렇게 그녀의 마지막이 왔다.

새벽에 병원에서 그녀의 상황을 말하는 급박한 전화가 왔다.

그녀의 병은 열 가지가 넘었다. 도저히 소생할 가망이 없는 상태였다. 이미 모든 기능이 마비되고 있다고 했다. 그런데 산소호흡기를 뽑기 위해서 Sign을 해야 한다는 것이다. 그것은 내가 Power of Attorney이기 때문이었다. 나는 정말 괴로웠다.

내 손의 Sign에 의해서 그녀의 마지막 순간이 달려 있는 것 같아서 너무 너무 괴로웠다.

왜 내가 이런 괴로움을 당해야 하는지? 내가 너무 잔인한 일을 하는 것 같았다.

나는 그 상태의 소식을 듣고 충격을 받았다.

그래서 벌벌 떨면서 아들 목사와 병원으로 향하다가 기절하고 말았다. 그리고는 내가 그만 응급실로 실려 들어갔다.

나는 약 3시간 후 깨어나서 휠체어에 실려 그녀를 만나러 갔다. 내가 온 것을 말하니 허물어져 가는 눈꺼풀을 올리며 나를 쳐다보았다. 그리고 힘없는 그녀의 눈이 뚱그래졌다.

말도 못하면서 손가락으로 왜 이렇게 하고 왔느냐고 묻고 있었다. 나는 그냥 몸이 좀 아프다고 했다. 그녀는 내 손을 꼭 잡았다.

나는 의식이 돌아와서 눈을 뜬 그녀의 산소 호흡기를 벗기라고 할 수 없었다.

그리고 3일 후에 시급한 연락이 왔다.

이제는 모든 기능이 저하되었고, 발과 다리가 시커멓게 죽어 있었다. 간호사 세 명과 대화하고, 또 의사 세 명이 나에게 설득하는 것이다.

이것은 이미 죽은 상태라고 하며 나에게 결정을 하라고 등을 떠미는 것 같았다. 드디어 나는 Sign을 하게 되었고, 산소 호흡기를 벗겨낸 뒤 15분 후 운명하고 말았다.

이렇게 그녀는 말없이 조용히 소천한 것이다.

나는 소리 없이 바람처럼 소천한 그녀의 몸에 손을 얹고 기도했다.

그녀는 외로움, 고통, 슬픔이 없는 곳, 천국에 가셨다.

그녀는 더 이상 육신의 고통을 당하지 않아도 되었다.

그래서 기쁘게 환송해야 하지만 희노애락의 인생을 함께 나누던 가족이 아니었던가.

이제 우리가 천국에서 다시 만나기 전까지 이 세상에서 다시는 볼 수 없는 그녀이다. 그녀와의 이별이 나에게 남긴 것은 불쌍하게 살았던 그녀의 아픈 과거이다. 그리고 28년간 새빛교회에서 신앙생활했던 그녀의 영상이 내 마음에 남아 있다.

그녀는 하나님이 보내준 우리의 영적인 가족이었다.

1925년 11월 25일 출생, 그리고 2014년 6월 6일 오후 5시, 89세로 소천하셨다.

그녀의 이름은 전순녀 성도!

37

그림자 없는 나!

걸어가는 걸음마다 발자국이 남는다.
발자국이 있으면 그림자도 있다는 말이다.
그리고 발자국을 뗄 때마다 그림자도 같이 따라다닌다.

나는 지금 미국에 온 지 30년을 훌쩍 지나간다.
나는 내가 여기에서 목회를 걸어온 발자국을 뒤돌아본다.
그 발자국에는 기쁨과 슬픔이 새겨져 있었고 그 발자국에는 감
사와 감동이 새겨져 있다.
또 그 발자국에는 하나님의 사랑과 은혜와 생명이 새겨져 있고,
그 발자국에는 한 폭의 그림 같은 아름다운 추억이 새겨져 있다.

그런데 또 그 발자국에는 아픔도 새겨져 있고,
깊은 발자국에는 힘든 고통도 새겨져 있다.
또 어떤 발자국에는 외로운 몸부림이 새겨져 있고

그 발자국에는 메말라버린 눈물 자국이 새겨져 있다.

그런데 그 발자국에는 나의 그림자가 없다.

그 발자국을 더 깊게 들여다보았더니
그 아픔의 발자국 속에는 예수님의 그림자가 있었다.
그 힘든 고통의 발자국 속에서 나를 안고 계시는 예수님의 그림자!
그렇게 외로운 몸부림의 발자국 속에 내 손을 잡고 있는 예수님의 그림자가 보였다. 내 인생의 깊은 계곡 속에서도 예수님의 그림자는 항상 나를 감싸 안아 덮고 있었다.

예수님은 아플 때도 나를 따뜻한 사랑으로 안아 주셨다.
예수님은 내가 기쁠 때도 슬플 때도 나를 따라다녔다.
예수님은 내가 행복할 때도, 불행을 느낄 때도 나를 따라다녔다. 예수님은 언제나 나의 그림자처럼 나를 따라다녔다.

나는 내 인생을 살아가고 있지만, 나는 내 그림자가 없는 인생이었다. 예수님은 내 그림자 대신 당신의 그림자를 만들고 있었고, 나는 예수님의 그림자 속에 항상 따라다녔다. 그래서 내 인생의 그림자는 예수님이시다. 그러므로 나는 나의 그림자가 없는 인생을 살아왔다.
그리고 내 인생은 예수님의 그림자 속에 감추어져 있다.
때로는 긴 그림자, 짧은 그림자, 진하게 그려진 그림자, 흐리게 보이는 그림자….

그 그림자 속에 내 인생이 만들어지고 있었다.
내 인생이 걸어가는 발자국은 예수님이 만드시는 그림자이다.
예수님의 그림자는 내 인생의 그림자이다.
그래서 나는 주님의 그림자 속에 살고 있다.

영원히 주님의 그림자 속에서….
영원히 그 속에서….

38

갚을 수 없는 하나님의 은혜

인간이 이 세상을 사는 동안 은혜가 없다면 아마 생명 없는 사막과 같지 않을까.

하나님의 은혜는 어떤 모양으로든 있는데, 사람이 그 은혜를 받고도 은혜인 줄 모르고 사는 것이 문제이다.

하나님의 은혜를 안다고 하자. 하나님께서 왜 그 은혜를 어떤 방법으로 주셨는지를 아는 것이 중요하다.

그런데 사람들은 받은 은혜의 결과만 생각하지 그 시작과 과정을 생각지 않기 때문에 받은 은혜의 상태를 모른다.

여기에서 생각할 것이 있다.

하나님께서는 은혜를 주시는 데 여러 방법을 사용하시지만 대부분 사람을 통해서 은혜를 베푸신다. 그래서 은혜는 사람, 또는 상황을 통해서 얻게 하신다는 것을 간과해서는 안 된다. 그러므로 현재 우리가 받고 누리는 은혜의 근원과 과정을 소홀히 여기지 말며 지금의 결과에 감사해야 한다.

진실로 주의 백성들이라면, 은혜의 통로로 사용하신 그 사람과 사랑을 나누며 진실함을 유지해야 하는 것이 마땅한 도리이다.

하나님께서는 당신의 사랑과 은혜를 우리를 통해서 이렇게 나타내신다.

내가 지금 무엇을 말하려는가 하면, 아들 자랑이 아니라 하나님께 받은 은혜, 우리가 갚을 수 없는 은혜를 말하고 싶어서이다.

2017년 8월 4일, 오한길 목사가 Dallas Baptist University에서 Worship, and Leadership으로 p.h.d. 학위를 받았다. 결혼도 생각하지 않고, 목회 사역을 하면서 공부하느라 9년이란 시간이 걸렸다.

정말 수고했다. 이 기쁨과 감사를 하나님께 돌려드린다.

그런데 오늘의 이 영광이 있기까지는 본인의 노력도 있었겠지만, 그 배후에는 특별한 하나님의 은혜가 있었다.

아들이 Emory University를 졸업하고 Souht Western Theological Seminary를 졸업하려던 마지막 해였다.

아들은 신학교만 졸업하고 사역하기를 원했다. 그런데 아들이 Dallas Baptist University에 Praise Worship을 위해서 갔었단다.

그런데 당시 총장이신 Gary Cook 목사님이 예배에 참여하시고 기도하시던 중 하나님의 응답을 받으셨다고 한다. 그 후에 아들에게 전화가 와서 만나러 갔더니 "하나님께서 너를 공부시키라고 말씀하셨다"라고 하시면서 공부하기를 결단하면 전액 장학금을 주시겠다는 것이다.

우리는 전혀 그분을 모르는 사이다. 이것은 전적인 하나님의 은혜이며 상상을 초월한 사건이었다. 그래서 약 9년 전 신학교를 졸업하고 박사 코스에 들어갔던 것이다.

그런데 얼마 안 되어서 그 총장님이 급성 백혈병에 든 것이다.

우리는 총장님의 쾌유를 위해서 집중 기도했다.

그때 오한길 목사에게 총장님의 편지가 날아왔다.

그 내용은 만약 본인의 유고시 박사과정 공부를 위한 장학금을 학위를 받을 때까지 전액 지불한다는 내용이었다.

정말 눈물나도록 감사한 내용의 편지였다.

나는 그 편지의 내용을 아들에게 듣고, 하나님께 감사의 눈물과 함께 총장님의 치유의 기도를 계속 드렸다.

그 후에도 과정 중에 받아야 할 연수과정이 일 년에 한 번씩 몇 차례 있었다.

그때마다 항공료, 호텔 숙식비 등 모든 경비를 총장님의 배려로 일체 부담해 주셨다.

우리가 이 은혜를 어떻게 돈으로 계산할 수 있으랴!

드디어 2017년 8월 4일, 빛나는 학위를 받게 되었다.

우리는 부끄럽지만 아주 작은 선물 하나를 들고 졸업식 전날 총장님을 찾아뵈었다. 총장님을 대면하면서 기도하시는 분임을 알 수 있었고, 대화 가운데서도 느낄 수 있었다. 참으로 사랑과 온유가 그분의 인상과 모습 속에서 흘러나오는 것을 느꼈다. 그리고 아들에게 축하한다고 하시면서 "David과 같은 인물이 되기를 기도한다"고 하시며 수고했다고 하셨다.

우리는 머리를 숙여 "감사합니다"를 열두 번도 더 말했다.

총장님은 친히 운전해서 학교 전체를 투어하면서 설명해 주셨다.

학교는 엄청난 규모의 학교였다.

그렇다. 이렇듯 우리가 받은 은혜가 엄청난데 어떻게 그 은혜를 다 갚겠는가?

우리는 여러 가지로 사랑의 빚을 많이 진 사람들이다.

앞으로 어떤 모양으로든지 그 사랑의 빚을 갚고 은혜에 보답해야 한다. 우리가 예수 믿은 것 자체가 하나님의 크신 은혜이다.

예수님의 보혈로 죽었던 영혼이 생명을 얻었고 우리에게는 천국이 보장되었다. 그리고 이제는 주의 종들이 되게 하시고, 건강한 가정과 경건하게 생활하는 자녀들을 주시고 하나님 안에서 살도록 인도하신 이 모든 것이 엄청난 은혜임을 고백하지 않을 수 없다.

하나님의 은혜는 생각하지 않았던 상황에서, 계산하지 않았던 일에서 뜻밖에 얻게 되기도 한다. 그렇게 주시는 은혜는 실질적으로 계산할 수 없는 큰 은혜인 것이다.

그래서 하나님이 주시는 은혜는 값없이 주시는 것이고, 갚을 수도 없는 것이 얼마나 많은가.

생각해 보라. 하나님이 주신 이 세상도, 우리의 생명도, 우리가 받은 구원도….

Gary Cook 총장님과 함께

지금까지 우리에게 주신 인생과 소유의 모든 것이 하나님으로부터 온 것이지 않은가!

그래서 우리가 그 은혜에 감사해서 지금까지 하나님께 헌신할 수 있다고 생각한다.

인간은 자기의 분량만큼만 생각하고 자기의 정도만큼만 볼 수 있다. 더 작은 것도 못 보고, 더 큰 것도 볼 수 없는 것이다.

생각해 보라. 인간이 이 거대한 우주를 볼 수 있겠는가? 큰 산, 깊은 바다를 볼 수 있는가?

그래서 보이지 않는다고 없다고 말할 수 없고, 내가 도른다고 하나님의 은혜가 없다고 말할 수 없다.

하나님의 나라는 우주보다 더 큰 영적인 나라이다. 그래서 인간이 더 볼 수 없는 것이다. 그러므로 우리는 하나님의 심장으로, 하나님의 눈으로 세상을 바라보아야 할 것이다. 그리고 높으신 하나님 앞에 더욱 낮아지고 겸손하게 무릎을 꿇어야 하는 것이다.

뿐만 아니라 하나님의 은혜를 인정하고 영혼 속에서 감사와 감격의 고백을 해야 하는 것이다.

나는 오한길 목사뿐만 아니라 우리 모두 받은 은혜에 보답하는 주의 성도들이 되기를 기도하며, 사랑의 빚진 자로서 주 앞에 헌신하여 그 은혜의 빚을 갚는 선한 삶과 사역을 위해 기도한다.

현재 오한길 목사는 LA의 Celebration Church에서 음악 담당 목사로 사역하고 있다.

이제 하나님이 예정하신 하나님의 뜻을 함께 나눌 좋은 배필을 만나는 일이 숙제이다.

이 마지막 때에 주님의 종으로서 세상을 향해 십자가의 생명의 메시지를 선포하는 종이 되기를 기도하고 있으며, 하나님의 종으로서 충성을 다하여 하나님 마음에 합한 사역으로 영광 올려드리기를 간절히 기도하고 있다.

39

뒤를 돌아다보니

드디어 2017년 8월 14일 은퇴식을 가졌다.

참으로 우리는 하나님 앞에 부족하고 부끄러운 사람들이었는데, 새빛교회를 설립해서 이렇게 30년간 목회를 완주하게 하셨으니 이 얼마나 큰 은혜인가. 그저 하나님께 감사할 따름이다.

이 글은 남편인 오승일 목사님과 동일한 마음으로 회고해 보는 것이다. 나는 이 시간 지난날을 돌이켜보면서, 우리의 신앙생활과

사역 가운데 우리에게 참으로 결정적인 도움이었고, 하나님의 계획을 이루어드리는 통로로서 귀한 목사님들이 우리 곁에 있었음을 고백하지 않을 수 없다.

첫째, 하용조 목사님이시다.

우리를 지도하셨던 초창기 연예인 교회 목사님이시고, 우리에게는 영적인 아버지이셨다. 하나님 없이 살았던 우리 연예인들에게 성경공부를 통해서 하나님이 누구이신지를 알게 하여 주셨고, 세상에 젖어 살던 우리의 옛사람을 벗어버리도록 지도해 주셨다.

그리고 끊임없는 영성훈련을 통해 성령을 체험하도록 지도하셨으며, 죽었던 영혼들이 구원받아 새 생명을 얻도록 지도해 주셔서 주의 자녀의 삶을 살도록 인도하셨던 분이다.

특별히 우리 부부에게는 주의 종들이 되도록 영적인 도전과 결정적 영향력을 주신 분이며, 하용조 목사님의 오랜 꿈이었던 문서선교를 위해서 목사님 사택에서 함께 기도했었는데, 어느 날 목사님이 하나님이 이름을 주셨다고 하면서 '두란노 서원'이라고 하셨다.

그리고 두란노 설립 당시 우리의 작은 헌신으로 이대 부근에서

두란노를 운영하게 되었다.

얼마 후 목회자를 위한 〈〈주제별 성경연구〉〉 교제를 제작했고, 목회자 훈련 특별 세미나를 기획했는데, 반응이 좋아서 세미나를 여러 차례 개최했었다. 그리고 재판을 출판한 후 남편은 미국으로 가게 되었다. 그 옛날 연예인 교회를 개척하기 전부터 하용조 전도사님과 저녁 집회를 같이 다니던 일들을 생각하면, 하용조 목사님과는 깊은 인연이 있었음을 참 감사하게 생각한다.

두 번째, 김장환 목사님이시다.

우리가 미국에서 목회를 하게 된 배경에는 김장환 목사님과 연관된 일이 있었다.

내가 극동에 들어가게 된 동기는 김 목사님께서 미주 집회를 하시는 중에 남편이 공부하는 도시에서 집회를 하시게 되었다.

김 목사님께서 남편이 그곳에서 고생하는 모습을 보고 감동을 받으셨던 것이다. 그래서 서울에 있는 나에게 도움을 주기 원하셔서 나를 극동에 입사시키신 것이다.

그 후 나는 극동에 있으면서 사역에 많은 혜택을 받았으며 목사님의 자상한 배려를 받고 혼자 아이들을 키우는데 많은 도움을 받았었다. 이렇게 나는 미국에 오기까지 극동의 가족으로 일하면서 자유스럽게 내 사역을 할 수 있었다.

참으로 친 가족같이 보살펴 주신 은혜는 잊을수 없는 사랑이었다. 우리는 항상 사랑의 빚을 어떻게 갚아야 하나 늘 마음으로 생각하지만….

그래서 우리는 "어디로 오라" 하시면 어느 곳이든 주저하지 않고 달려가곤 했었다.

세 번째, E. J. Daniel 목사님의 도움이었다.

물론 목사님에게 내가 필요했기 때문이라고 말할 수 있겠지만, 이런 귀한 만남을 주신 것도 하나님의 은혜로 김장환 목사님의 연결로 이르어진 것이다.

이렇게 그분과의 인연이 시작 되었고, 그분은 이후 나를 미국으로 초청하여 함께 미국 집회를 할 때 한국 찬양자로서 당신의 집회에 찬양하게 하셨다.

그분은 자신이 내보내는 TV 프로에 방송할 때 나의 찬양을 함께 방송하게 했다. 그리고 나에게 한복을 입어 달라고 하셔서 한복을 입고 찬양을 하기도 했다. 이것이 한동안 그 지역에서 내가 알려지는 계기가 되었다.

실상 우리가 미국으로 오기까지는 목사님의 도움이 있었다.

입국 비자를 받을 때도 Daniel 목사님이 추천서를 써 주셨던 일을 잊을 수 없다.

김장환 목사님 세계 총재 취임식 – 쿠바에서
김 목사님 부부와 김 목사님 미국 교회 집회

주님께서 인도하신 사역의 길

　남편이 이곳에서 공부할 때 지원해 주셨던 일들을 생각하면 참으로 감사하다.

　이렇게 우리에게 실질적으로 도움을 주셨던 것을 생각하면, 하나님께서 Daniel 목사님을 만나게 하신 것은 우리를 향한 하나님의 은혜였다.

　네 번째, 우리에게 도움을 주셨던 목사님은 Skipper 목사님이시다.

　그런데 개척 당시 교회가 시험으로 힘들었을 때, Skipper 목사님이 교회 문을 닫아버렸다.

　얼마 후에 그 목사님은 한인들을 이해하지 못하고 교회 문을 닫았던 것을 미안하게 생각한다고 하시면서, 그때부터 우리 교인들에게 인종을 떠나서 많은 사랑을 주셨던 분이다.

　그리고 그 목사님은 적극적으로 한인들의 문화와 생활을 배우려고 노력했던 분이었다. 그리고 우리를 미국 교회 교인처럼 똑같이 보살펴주시고 사랑해 주셨다. 약 10년간 가족처럼 보살펴 주셨는데, 우리가 교회를 떠나야겠다고 말씀드렸더니, 교회의 "공동

친교 시간

성경공부 시간

헌아식을 마치고

오너"가 되게 해주겠다고 하시면서, 우리 교회는 노인들이 많으니 자연히 이 교회는 너희들의 교회가 될 것이라고 하셨다.

왜냐하면 미국 교회를 목사님이 개척하셨기 때문에 그렇게 말할 수 있다고 하셨다.

그런데 남편은 이미 현재 우리 교회당을 보고 난 후라서 마음이 떠난 상태였다. 마음은 아프지만 교회의 장래를 생각해서 떠나야 하겠다고 말씀드릴 수밖에 없었다. 결국 실망하시면서 "너희들이 떠나면 나는 은퇴할 것이다"라고 하셨다.

그리고 곧장 은퇴 준비를 하시고 교회에서 마련해 준 사택을 수리하시다가 지붕에서 떨어져 그만 은퇴하신 지 한달 만에 소천하시고 말았다.

꼭 우리 때문에 일찍 소천하신 것같이 생각되어서 얼마나 마음이 고통스러웠는지 모른다.

그렇게 우리에게 부모처럼 잘해 주셨던 목사님이시다. 참으로 그 10년간은 Skipper 목사님의 배려와 사랑과 은혜로 우리가 내

장윤익 집사님 댁에서
한미 연합예배

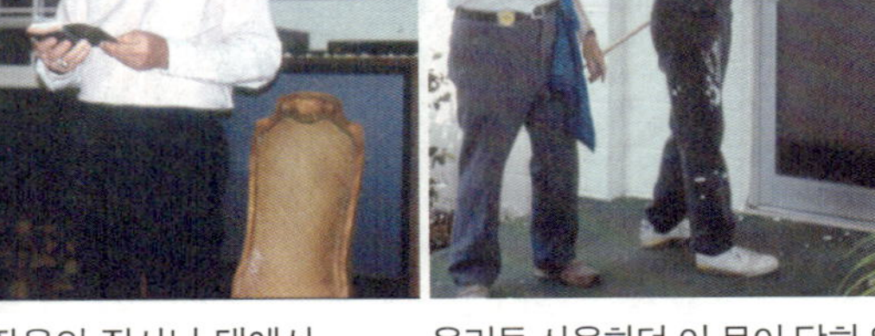

우리들 사용하던 이 문이 닫혀 있었다

낡은 교회라서 수리를 자주 했다

교회처럼 편하게 교회 생활을 할 수 있었다. 참으로 감사하고 잊을 수 없는 분이시다.

이렇게 삶과 사역의 고비마다 하나님께서 돕는 분을 예비하셔서 우리를 도우셨다. 이제 뒤를 돌아보니, 모든 분들이 부족하고 무익한 종들을 도우신 하나님의 은혜의 통로로 우리에게 보내주신 분들이었다. 위의 네 분은 우리의 신앙생활과 사역의 앨범 속에 확실하고 뚜렷하게 새겨진 분들이다.

그렇다. 우리만 은혜 받는 것으로 생각하지 말고, 우리도 이렇게 이웃에게 뚜렷하게 은혜의 앨범 속에 새겨진 하나님의 도구들이 되어야 하지 않겠는가!

우리는 이렇게 받은 은혜, 갚을 수 없는 은혜에 보답하기 위해서, 새빛교회를 세우도록 우리에게 은혜를 베풀어 주신 하나님을 기쁘시게 해드리기 위하여, 충성과 성실로 최선을 다하여 하나님이 예비하신 제3의 사역 하나님의 선교를 준비하고 있다.

이제 제3의 선교를 위해서

오승일 목사님 30년 사역, 새빛교회 마지막 주일, 대예배 후

하나님의 우주와 같은 마음으로 세계를 품어야 하리라.

하나님의 무한한 사랑을 전하는 생명의 통로가 되어야 하리라.

하나님의 따뜻한 손과 사랑의 발이 되어

선교의 지경을 넓혀야 하리라.

물이 바다를 덮음같이,

하나님의 생명과

하나님의 사랑과 은혜가

이 땅을 덮을 때까지….

하나님의 뜻, 영혼 구원을 위하여

하나님을 기쁘시게 해드리는 사역을 감당해야 하리라.

세월은 유수와 같이 흘렀다

새빛교회 헌당식

40

잃어버린 목소리

나는 미국에 오기 전까지 찬양사역자로서 일년 365일이 부족할 정도로 집회를 인도하며 동분서주한 생활을 했다.

오죽하면 "아플 시간이 없을 정도예요"라고 방정을 떨 정도로 일이 많았었다. 그래서인지 오늘날 그 입방정(입술의열매?) 때문에 그렇게 몸이 아팠던 것인지는 모르겠지만, 아무튼 그 당시 나는 웬만해서 지치지 않는 상당히 건강한 목소리의 소유자였다.

나는 목회 중에 내 개인 사역을 접고, 호산나 찬양단 운영을 위해 단원들의 노래 훈련과 단체 활동에 전념하며 찬양자들을 키우는 일을 했었다.

교회 개척 이후 2003년까지 말씀 사역과 찬양단 사역을 하던 중에 뇌종양 수술을 하게 되었다. 수술 후유증은 상상 이상으로 컸는데, 이미 앞에서 그 후유증에 대해 설명을 했다.

그런데 문제는 이런 것만이 아니었다.

노래하는데 소리를 조금만 높이 내면 머리가 어지럽고 핑 돌면서 쓰러질 것 같은 상황이었다. 이런 상태니까 노래하기가 힘들고 몸 상태를 생각하면 소리를 제대로 내기가 겁이 나기도 했다.

왜 그런지 그 원인과 이유를 알 수 없는 가운데 어찌해야 좋을지 아무런 대책이 없었다.

그렇게 세월을 보내고 있었는데, 내 마음에 이런 상태에서 목소리를 회복하지 못하면 이대로 소리를 잃어버릴 것 같았다. 그래서 하나님께 간절한 마음으로 기도했다.

"주님, 목소리를 회복케 해주시지 않으면 내 목소리는 영영 녹슬 것 같습니다. 하나님께 온전히 드린 목소리인데 이대로 버리시렵니까? 다시 노래하게 하여 주시옵소서."

나는 슬픈 마음으로 기도하면서 세월을 보내고 있었다.

드디어 남편이 은퇴하고 지난 연말에 있었던 일이다.

연말 교회에서 행사가 있었는데, 오랜만에 나에게 찬양할 기회가 주어졌다. 나는 연습을 하면 되려니 생각하고 한 달 전부터 마음을 단단히 먹고 찬양을 연습해 보았다.

아! 그런데 이게 웬 말인가? 내 성대가 완전히 닫힌 것이다.

말소리 정도의 음력 이상은 도저히 소리를 낼 수 없게 되었다.

아무리 내보려 했지만 소리를 도무지 낼 수 없었다.

성대가 닫히고, 소리를 잃어버리고, 노래할 수 없는 상황은 나에게 엄청난 충격이었다.

나는 소리 대신 울음이 터져 나오고 말았다.

이 울음은 소리를 잃어버린 내 고통의 몸부림이었다. 계속 울고 있으니까 남편이 위로해 주었다.

"이제 연습하면 회복할 수 있어. 계속 연습해."

하지만 남편의 위로의 말도 내 귀에 들리지 않았다.

그냥 나는 절망 또 절망하고 있었다.

조용히 생각해 보니, 수술 이후 후유증 때문에 약 14년을 노래하지 않았다. 그러니까 노래하지 않고 그대로 지내는 동안 성대가 막혀 버렸던 것이다. 내가 겁이 나고 불안해도 조금씩 연습을 했어야 했는데….

이제는 지나간 세월을 돌이킬 수도 없고 너무 지나가 버린 세월이었다.

이런 내 상태를 보니 가슴이 무너져 내리고 내가 너무 불쌍하게 생각되었다. 가수가 목소리를 잃어버렸다는 것은 엄청난 고통이며 비참한 현실이다.

누가 이 비참한 내 마음의 고통을 알 수 있으랴.

오직 하나님만이 내 고통을 아실 것이다.

노래는 내가 사는 이유였고, 하나님이 주신 귀한 은사였고, 세상의 어떤 보물보다 더 귀중한 것이 목소리였다. 나는 이 소중한 것을 다 잃어버린 것이다.

그런데 지난달 나는 유튜브에서 내 목소리를 들었다.

어떤 분이 올렸는지는 알 수 없지만 분명 내 목소리, 내 노래였다. 비록 내 목소리는 잃어버렸지만 유튜브를 통해 내 마지막 CD의 목소리를 듣게 되었다.

비록 듣기만 하는 내 목소리일지라도 '하나님은 나를 이렇게 위로 하시는구나'라고 생각하게 되었다.

　내 목소리는 죄악 가운데 고통받고 있는 처참한 영혼들에게 구원을 노래하는 나팔소리였는데….
　내 목소리는 예수가 없는 사람들에게 참 사랑의 메시지를 전하는 생명의 소리였는데….
　내 목소리는 심령이 메말라버린 영혼들에게 생명수가 넘치게 하는 샘물이었는데….
　내 목소리는 병약하여 지치고 곤한 영혼들을 치유하는 도구였는데….

잊혀진 이름, 잃어버린 목소리!

　그런데 나는 비참한 내 상황 앞에서 이런 생각을 했다.
　'방은미'는 목소리뿐만 아니라 이름도 기억하지 못하는 잃어버린 이름이 되었으니, 만약 내가 그냥 한국에 있었다면 얼마나 활발한 활동을 할 수 있었겠는가.
　아니 계속 활동했다면 우리 가족이 그렇게 고생하지 않아도 되었을까?

한국에 있었다면 나는 유명한 이름으로 유명한 강사가 되었을 지도 모르지.

한국에 있었다면 십자가를 따라가지 않고 안일함과 풍성함을 따라가지 않았을까?

한국에 있었다면 그렇게 살기 위해서 물질만을 따라가는 세속 적인 삶으로 변했을지도….

이런 넋 나간 생각으로 눈물을 흘리기도 했었다.

나는 생각했다.

비록 광야 같은 생활, 들풀 같은 생활을 했지만 그래도 나는 그 자리에서 꽃을 피웠다.

비록 잊혀진 이름, 잃어버린 목소리가 되었지만 빛도 없이 이름 도 없이 복음을 전했다.

나는 오직 하나님이 기억하시고, 사랑하는 주의 종이었다. 그래 서 내 인생 끝나는 날까지, 참 인생의 방향을 모르고 헤매이는 불 쌍한 영혼들에게 목자의 지팡이가 되어야 하리라.

훗날 천군 천사와 함께 화답하며 노래하는 천상의 노래가 되리 라. 그렇게 하나님이 친히 연주해 주시는 참 노래를 부르는 영적 인 가수가 되리라.

이렇게 나는 하나님을 기쁘시게 해드리는 노래를 하고 싶다. 나 는 지금도 그렇게 노래하고 싶다.

41

은퇴와 새 사역

은퇴라는 말을 미국 사람들은 'Retirement'라고 말한다.

사람들은 그 단어를 'retire'라는 말을 가지고 '갈아 낀다'는 뜻으로 재해석해서, 새로운 삶을 다시 시작한다는 의미로 말하기도 한다. 만들어진 말이라고 생각하지만 긍정적이고 소망적인 해석이라고 생각한다.

우리가 은퇴하기 전에는 단어 같은 것을 생각해 본 적이 없었는데, 은퇴하고 나니 주변 사람들, 친구 목사님들의 격려하는 말로 이 말을 많이 해주었다. 그러나 아무리 좋은 격려의 말이라도 실제 은퇴의 상황에 처한 당사자의 심정을 누가 알 수 있으랴.

은퇴는 일을 끊고 쉬는 것을 말한다.

물론 쉬면서 두 손 두 발을 묶어두든지 또 다른 일을 찾아서 하든지 그것은 본인의 선택일 것이다. 그럴지라도 아마 은퇴의 고통스런 상황은 은퇴하는 분들만이 그 심정을 이해할 수 있으리라 생각한다. 그런데 은퇴하시는 분들이 이런 힘들고 어려운 상황을 이

기지 못하고 병이 드는 분들도 있다는 말을 들었다.

뿐만 아니라 몇 년 지나지 않고 소천하시는 분도 있다는 말을 들었다. 다 그렇다는 말은 아니고, 열심히 일하다가 두 손을 놓게 되면 무력감과 허무감을 이기지 못하고 삶의 의욕마저 잃어버리게 되기 때문이다.

나는 이런 말들이 좀 염려가 되었다.

남편만 문제가 아니라 실상 내 자신도 문제가 된다고 생각했다.

나는 워낙 일하는 성격이라서 두 손을 놓게 되면 나 역시 무력감과 허무감에 눌리게 될 것 같은 마음이었다. 그리고 목회할 때도 남편이 아내와 함께 좋은 시간을 함께하는 그런 낭만적인 면이 전혀(?) 없는 분이라서, 과연 우리 부부가 은퇴 후 어떻게 조화로운 삶을 엮어 나갈지 고민하게 되었다.

또한 은퇴 후 인생 3막을 어떻게 열게 될지? 인생 무대의 극작가는 하나님이신데, 앞으로 개막될 우리 드라마는 어떤 제목인지?

또 어떻게 드라마가 전개될 것인지?

궁금하고 염려가 되어서 기도를 참 많이 했다.

그런데 막상 은퇴를 하고 나니, 남들이 하는 은퇴를 먼발치에서 보면서 막연하게 염려했던 그런 것이 아니었다.

또 힘들고 괴로운 것은 여행 중에 남의 교회에 출석해도 목사이기 때문에 외면당한다는 사실이다. 언제부터 이런 풍조가 만들어졌는지 모르지만, 이런 상황을 생각하니 은퇴한 목사는 갈 곳도 설 곳도 없는 것이 비참하게 느껴졌다.

'왜, 목사가 예배드릴 곳이 없단 말인가?'

참으로 불행한 현상이다. 내가, 우리가 경험하는 은퇴의 실제는?

어느 무인도에 홀로 선 것 같은, 어디로 가야 할지 방향을 잡을 수 없는 처지라고 할까!

풀 한 포기, 물 한 모금 없는 사막에서 목마름에 허덕이며 오아시스를 찾는 것 같다고나 할까! 실상 어느 것 하나로도 표현할 수 없는 그런 적막감, 고독감, 두려움, 외로움이 있었다.

그러나 남편은 현실적으로 당하는 무거운 고통 속에서 힘들어했지만, 자신의 감정에 묶이지 않았다.

뜻밖에 감사한 것이 있었다. 고통을 극복하는 방법을 말했는데, 그것은 매일 아침 부부 예배를 드린다. 남편이 매일 시계처럼 새벽 예배 드리던 일을 집에서 대신하는 것이다.

그래서 우리는 새벽 예배에 하나님 말씀을 듣고, 교회를 위해 기도하고 집으로 곧바로 와서 부부 예배를 드렸다.

벌써 2년이 되어 가는데, 감사한 것은 고통스럽던 모든 일들이 서서히 사라지는 것을 체험하게 된 것이다. 즉, 아쉬움, 서운함, 배신감, 무정함 등이 가져다주는 적막감, 고독감, 외로움에서 치유가 되어 가는 것이다. 또 정말 하나님께 감사한 것은 목사님이 자신의 은퇴 후 사역을 계획하면서 기도했던 것이 있었다.

나는 나중에 남편이 기도 가운데 계획했던 것을 알게 되면서 또 다른 하나님이 사랑을 확증하게 되었다.

1991년 교단 선교부 주최, 소련 단기 선교에 합류했음

Dominica 중고등부 단기 선교

모든 것은 하나님 손안에 있다. 그리고 주의 일을 위해 마음이 열려 있는 종들을 그냥 쉬거나 두 손을 묶어두지 않으신다는 사실이다. 그것은 우리에게 관심과 사랑을 가지고 일할 수 있는 선교의 사명을 주신 것이다. 그 계획은 기도 가운데 하나님이 주신 청사진으로 세상을 향한 천국 확장, 영혼 구원에 대한 열망이었다.

그것은 바로 제 3의 인생사역인 선교이다.

선교는 나가는 선교, 보내는 선교, 지원하는 선교, 단기 선교로 구분한다. 그런데 내가 나이가 많아 건강상 조심하는 상황에서 직접, 또는 나가는 선교를 할 수 없다.

그래서 우리에게 주신 것을 하나님의 필요를 따라 지원하는 선교로 제 3의 인생 사역으로 결정했다.

바로 선교가 은퇴 후 새로운 제3의 인생을 위한 우리의 새 사역이다. 다만 하나님 손 안에 있는 하나님의 일을 조심스럽게 진행해 나가야 할 것이 우리의 숙제이다. 하나님이 목적하신 그 일, 우리 인생에 주신 제3의 사역을 위해서 헌신해야 한다는 말이다.

나는 하나님이 주신 제3의 사역 이 선교가 우리 인생을 아름답게 마무리해주는 마지막 연주를 위한 악기라고 생각해 본다.

하나님이 우리에게 주신 이 악기를 어떻게 연주해야 할까?

하나님이 주신 아름다운 악기로 정말 하나님이 원하시는 멋진 연주를 해드려야 할 텐데 말이다.

우리의 새 사역이여!

죽었던 영혼들이 구원의 노래를 듣고 살아나는 아름다운 생명의 선율을 발하는 악기가 되어라.

병든 영혼, 상처받은 영혼들을 치유하는 소생의 선율이 되어 건강한 주의 나라가 세워지게 하여라.

죄악으로 굳어버린 척박한 땅을 삽질로 기경하여 묵은 당을 살아나게 하는 소생의 선율이 되어라.

세계 곳곳에 아직도 안일의 잠, 세속의 잠에서 허덕이는 영혼들을 깨우는 가상 나팔이 되어라.

주님 오실 날 멀지 않은데, "물이 바다를 덮음같이" 온 세상에 구원의 노래를 가득 덮는 악기가 되어라.

새 사역이여!

이 땅에 성령의 새 사랑의 훈풍이 불어 이 세상의 영혼들이 하나님의 따끈따끈한 사랑을 체험하도록 하여라.

주님 오실 그때에, 천군 천사의 나팔 소리와 함께 연주하며 주님께 들림 받는 악기가 되어라.

"마라나타!" 주여! 오시옵소서.

"하나님이여!

우리를 사용하시는 그 은혜를 감사드리며, 우리의 새 사역을 받으시옵소서.

위에서 공급하시는 하나님의 은혜로 사역을 방방곡곡에 심는 사역의 씨를 주시고 풍성하게 뿌리게 하옵소서.

새 사역을 통해서 하나님이 뜻하신 일들을 하게 하시고, 우리의 작은 사랑으로 천국을 확장하게 하옵소서.

귀한 사역을 맡겨 주신 주님을 사랑하며 하나님께 순종과 충성을 다하는 종들이 되게 하옵소서.

우리가 하나님을 기쁘시게 해드리는 사역을 하게 하시고, 이 땅에서 우리 사역이 주의 능력이 되게 하옵소서.

이 사역 위에 건강한 새 힘과 새 지혜와 넉넉하게 뿌릴 씨를 주셔서 감당하게 하시고, 당신의 뜻을 온전히 이루어 드리는 아름다운 사역이 되게 하옵소서.

예수님 이름으로 기도합니다. 아멘!"

42

사랑하는 그대여!

지난 30년이 구름이 흐르듯 지나갔네.

인생 무상이라. 오직 남겨진 것은 마음속에 담겨진 추억뿐….

파노라마처럼 살았던 한 세월이었네.

잡으려야 잡을 수 없이 날아가버린 한 세월, 눈을 감고 생각에 잠겨보니 온통 아쉬움뿐이라네.

사랑하는 그대들이여!

진솔하게 내 인생의 한 그림을 말해 보려고 한다네.

그 그림은 한 폭의 사랑 이야기라고 할까.

그대는 과연 사랑이 무엇인지 아는가?

나도 실상 그 사랑이 무엇인지 모르고 살았다네.

어릴 때는 그냥 좋아하는 것을 사랑하는 것이라고 생각했는데, 그런데 왜 그렇게 싫어질 때가 있었고, 때론 왜 그렇게 보기가 역겨울 정도로 미워질 때가 있었는지 말이야.
　이렇게 변덕스런 마음에 과연 사랑이 담기겠는가 말이네.

　그 변덕스런 마음속에 눈물 뿌리며 침상을 적시던 날들이
　얼마나 많았는지 그대는 모르지?
　그런데 나중에 알고 보니 그렇게 가슴앓이 하며
　눈물을 뿌린 것도 사랑이라는 것을 말이야.
　그래서 세상 사람들이 "사랑은 눈물의 씨앗이라"고
　노래하는 것을 이해하게 되었지
　가슴앓이도 사랑을 그려내는 도구이며,
　얼룩진 한 폭의 그림이라는 것을 알게 되었지.

　또 가슴 벅찬 일들을 숨겨둘 수 없어서
　기뻐 뛰듯 좋아하던 일들이 얼마나 많았던가.
　내 일이든, 그대의 일이든 내 일처럼 기뻐했던 경험들 말이네.
　그래서 그 기쁨을 함께 나누며 함께 좋아했던 일들을
　생각해 보니 그것도 사랑이었네.
　그 사랑은 기쁨 속에 담겨진 보석 같은 것이었지.

　그런데 그대는 억울해서 찢어지듯 아픈 가슴을 부여잡고
　뒹굴던 시간들을 경험해 보았는가?
　억울함을 풀 길은 없고, 가슴이 조이며 숨도 쉴 수 없는
　압박감에 꽁꽁 묶여본 적이 있는가?
　도저히 해결의 열쇠는 없고, 내일이 마냥 어둡게 보이며,
　오늘이 끝난 것 같은 그런 날들을 경험해 보았는가?

그런데 그것도 하나님이 내 인생의 그릇에 담아주는
사랑의 도구라는 것을 깨닫게 되었다네.

세월을 지나보니, 왜 그렇게 보고 싶은 사람이 생각나는지!
어떤 사람이 그리워, 그 그리움이 마음 시리도록 아플만큼
그리운 사람이 있었다네.
문득 아아! 나도 나이가 먹었나 보구나. 이렇게 생각하고
돌아서도 역시 그리운 거야.
오랜 동지들이 왜 이렇게 보고 싶은가.
아마 못다 그린 미완성 작품, 사랑의 그림 때문이 아닐까?
지난 30년을 회고해보니, 모두 아름다운 사람들이었네.

은퇴 여행

하나님은 우리에게 이렇게 아름다운 사랑의 재료들을
주셨는데, 우리가 무지해서 아름다운 사랑의 그림을
그릴 생각은 하지 않고 불평 불만만 했었다네.
이제 와서 뒤늦은 후회를 한다 해도
가버린 세월이 돌아오는 것도 아닌데 말이야.

이렇게 세월이 흘러가고 나이가 먹는 것은
우리가 천성에 갈 날이 다가오고 있다는 말이 아닌가.
이렇게 우리 모두는 앞서거니 뒤서거니 하면서
천성을 향해 서서히 나아갈 터인데 말이야.
왜 그렇게 검고 어두운 그림, 슬프고 아픈 그림,
부끄럽고 추한 그림을 그리며 살아왔던가.
그런 그림이 더 깊고 아름다운 사랑이 담겨 있는 것일까?

이렇게 인생은 짧은 나그네 길인데 말이야.
사실 죽고 사는 문제보다 우리 앞에서
진짜 더 중요하고 좋은 것이 무엇인지 그대는 아는가?
정말 아름다운 것이 무엇인지?
가장 값진 것이 무엇인지?
우리는 그것을 찾고 소유해야 하지 않겠는가?

짧은 인생의 날들을 허무하게 낭비하지 말자.
정말 이 세상에서 아름다운 사랑의 그림을 완성하여
모두가 행복한 기쁨을 가져야 하지 않겠나.
하나님이 원하시는 그 아름다운 사랑의 그림을 말이야.

지금까지 나는 아름다운 사랑의 그림을 그리지 못했지.
정말 난 다양한 색깔로 조화를 이룬 그림을 그렸다고
생각했지만, 실상 난 진짜 사랑을 몰랐던 것은 아닐까!
그래서 난 진실로 하나님을 기쁘시게 해드리는
그런 사랑의 그림을 그리기를 원하고 또 원하면서,

지금도 난 하나님이 원하시는 그 사랑의 그림을 그리기 위해
붓을 들고 있다는 말이라네.

은혜가 넘치는 각종 행사들

43

사모들이여! 끝까지

이 세상에는 여러 가지 직업이 있고 여러 종류의 신분이 있다.

이 신분은 직업이나 어떤 사명으로, 또는 어떤 특별한 재능을 가지고 일하면 얻어지는 것이다. 세상 사람들은 이렇게 얻어진 신분으로 각각 자기에게 주어진 일을 하며 살아가고 있다.

각각의 신분은 자의로, 또는 타의에 의해서 만들어지는데 대부분은 자의의 결정으로 신분이 얻어지게 된다. 그런데 자의도 아니고, 또 타의도 아니면서 저절로 얻어지는 소중하고 귀한 신분이 있다.

그것은 사모라는 이름의 신분이다.

즉, 남편이 Calling을 받고 주의 종이 되면 원하든 원치 않든지 간에 하나님이 주신 신분이 된다.

나는 남편으로 인해 사모라는 직분을 얻었는데, 사실 사모 사명이나 예비지식, 사모교육을 받은 적이 없다. 다만 신학교에서 공부하면서 주님에 대한 열정과 영혼 구원에 대한 불타는 마음뿐이었다. 그래서 주님의 인도하심에 따라 한걸음씩 걷다 보니 목사가 되었고 사모가 되었던 것이다.

우리 두 사람은 주님의 부름에 대한 응답으로 오직 십자가만 바라보고 여기까지 달려왔다.

우리는 목회 30주년을 맞아서 은퇴하게 되었다.

이제 뒤를 돌아보니 정말 후회스러운 일도 많았고 아쉬운 일도 무척 많았던 것을 생각하게 된다. 우리가 부족해서 일을 제대로 하지 못한 것도, 사명자로서 온전하게 책임을 다하지 못했던 일도 많았다.

사모라는 신분은 도망갈 수도 없게 하였고, 족쇄가 채워진 것 같은 속박감이 항상 나를 얽어매고 있었다.

버릴 수도, 외면하고 부인할 수도 없는 신분이었다.

울어도 보았고, 화를 내보기도 했었다. 사모로서 어떻게 처신해야 하는지?

사모로서 어떤 마음 자세를 가져야 하는지?

도무지 알 수 없는 상황에 처하기도 했었다.

정말 많이 울었다. 참으로 괴롭고, 앞으로 어떻게 사역을 해야 할지 막막하기까지 했다.

이런 분위기로 인해 기도하다 보니 그것은 바로 '사탄의 참소'였다. 이 사실을 깨닫게 되니 기도에 더 집중하게 되었고 더 열심히 사역하게 되었다. 목회는 바로 사탄과의 영적 전쟁이라는 것을 확실하게 체험했다.

"북풍이 비를 일으킴같이 참소하는 혀는 사람의 얼굴에 분을 일으
키느니라"(잠언 25:23).

사모는 교인들을 대할 때, 입을 닫고 어떤 말이든 들어야 하는
입장이었다. 그런데 어느 때, 어떤 일에는 내 마음속에 온통 분노
가 쌓여서 화산이 터지기 직전까지 되었다.

분화구에서 열기가 모락모락 올라오듯이, 내 머리에서 분노의
열기가 모락모락 솟아오르기도 했다.

나도 같이 터트리고 싶은 마음이 목구멍까지 터져 나올 것 같은
상황에도 숨을 죽여야 할 때가 있었다.

어쩌면 분노의 뜨거운 열기 때문에 오늘날 내 머리카락이 이렇
게 많이 빠졌나 보다.

그리고 한동안 참고 견디면서 한 고비를 넘겼나 싶으면 또 한고
비의 쓰나미가 온다. 전에는 쓰나미가 오면 온통 휘둘려서 정신을
못 차렸는데, 시간이 가면서 점점 큰 쓰나미가 와도 이제는 제법
파도를 타듯 고비를 잘 넘기는 훈련이 된 것 같은 생각이 든다.

주의 종들은 모든 면에서 본이 되어야 하고 솔선수범해야 한다.

그래서 교인들이 이런 모습을 보며 의지하게 되고, 또 세상에서
도 본이 되는 것이 아닌가.

그런데 다양한 상황을 소화할 수 있어야 하는데 미숙했기 때문
에 당하는 아픔이 있었다.

나도 미숙했지만 아직 하나님을 체험하지 못한 미성숙한 교인들의 투정이 나를 무척 힘들게 했다. 결국 깨달은 것은, 우리 모두가 주의 사랑이 필요한 사람들이라는 것을 이제야 알게 되었다.

사모는 어떤 아픔을 당하더라도 하나님이 치유하실 때까지 끝까지 참고 견디어야 한다.

그렇다. 사모는 사랑받기보다는 솔선해서 사랑해야 하는 입장에 선 신분이 아니었던가! 그러기에 사모로서 부끄러울 만큼 내 심령에는 나누어줄 사랑이 너무나 적다는 것을 깨닫게 되었다.

나는 사랑의 훈련이 필요했던 것을 깨닫고, 내 마음에 나누어줄 사랑을 부어달라고 기도했다.

"주님, 주님의 사랑이 필요한 메마르고 상처받은 심령들에게 사랑할 수 있는 주의 사랑을 부어 주시옵소서."

이렇게 기도하면서 가시가 돋친 교인들의 영혼이 불쌍하게 여겨지며 사랑의 눈으로 바라보게 되었다.

그런데 내 작은 가슴에는 적은 사랑밖에 없는 것으로 생각했는데, 눈을 떠보니 내 가슴은 작은 옹달샘이었다.

아무리 작은 옹달샘이라도 사랑을 하면 할수록, 사랑의 생수는 계속 흘러 넘치게 되리라.

예수님께서 유다의 배신을 아시고도 끝까지 사역을 이루시기 위해 견디셨던 것처럼 말이다.

아무리 미워도 사랑하고, 나를 물고 배척해도 사랑하고, 더럽고 추하게 배신해도 사랑하니까, 그렇게 흘러간 사랑은 꽃을 피우고 있었는데, 그 사랑의 꽃은 성령님께서 피게 하지 않았던가!

그래서 사모는 '교인들과 어떤 관계를 유지하는가?'가 참으로 중요하다는 것을 깨닫게 되었다.

따라서 사모의 사명은 관계 속에서 자신을 얼마나 훈련시키느냐가 중요한 문제라고 생각한다. 사모는 어떤 자격이 필요한 것이 아니고 지략이나 방법으로 감당하는 것이 아니다.

사모는 어떤 일이 있어도 변명할 말이 필요없이 그냥 들어주어야 한다.

예수님이 한마디 변명도 않으셨던 것처럼 그때부터 나는 일절 변명도 해명도 하지 않고 잠잠하였다.

사모는 외롭다고 사람을 따라가면 안 되고, 오직 성령님만 따라 묵묵히 가야 하는 것이다.

사모는 억울해도, 또 어떤 힘든 일이 있어도 절대로 자기편을 만들어서는 안 된다는 것을 명심해야 한다. 그때부터 성령님는 우리 사역을 위해 일하시지 않는다는 것을 반드시 기억해야 할 것이다.

나는 선배 사모로서 고통 가운데 있는 후배들에게 말하고 싶다.
사모는 나를 부인하는 것이요, 나를 죽이는 작업의 연속이다.
하나님을 모르는 미성숙한 교인들의 찌름을 견뎌내야 한다.
언제까지냐고? 그들이 하나님을 만날 때까지 견뎌야 한다.

이런 현실 앞에서 사모는 사모의 십자가를 지고 가야 한다.

아마 하나님 앞에 섰을 때 사도의 상이 대단히 클 것이다.

사모들이여! 조용히 사랑의 힘으로 끝까지 견디고 걸어가라.

사모! 사모! 사모는 이름인가? 직책인가?

실상 사모는 이름도 아니고 직책도 아니다. 그저 내 이름을 내려놓은 자리에 붙여진 또 하나의 새 이름이다.

사모는 이름도 없고 빛도 없는 이름이다.

사모는 나를 나타내지 말고 사모는 남편의 목회에 오직 순종의 본을 보여야 한다.

사모는 힘들어도 불평하지 않아야 한다.

사모는 어떤 억울한 일에도 변명하지 말아야 한다.

사모는 받은 은혜가 커도 들레지 말고 교만하지 말아야 한다.

정말 눈물 없이는 못가는 길, 그 길이 사모의 길이다.

그런데 사모의 고통스러운 몸부림을 하나님이 보시고,

위에서 내리시는 주님의 위로가 있으매 견디고 또 견디는 것이다.

썩어가는 마음, 그 말 못하는 한 가지 한 가지가 모두 하늘나라에서는 값진 상급이 됨을 잊지 말기를….

사모는 희생이라는 아름다운 직분을 가지고 묵묵히 남편을 따라가는 사람이다.

사모가 가는 그 길은 반드시 하나님이 동행하시는 확실한 사랑과 은혜의 길이다,

이 세상에서 남편 목사를 내조하면서 수고하는 사모들이여!

사모는 항상 외롭고 항상 홀로 서야 하는 신분이다.

비록 힘들고 어렵고 억울하고 가난할지라도 오히려 가난과 힘든 일을 친구 삼아 걸어가야 하는 길임을 잊지 말라.

소망 없는 척박한 광야 같을지라도, 사모는 남편사역의 거친 그림자를 따라서 함께 수고하는 숨은 종이다.

또한 사모는 빛도 없이 이름도 없이, 자신의 그림자도 없이 조용히 남편을 따라가야 한다는 것을 기억하라.

사모는 들꽃처럼 아름답게, 마르지 않는 옹달샘처럼 조용히 끝까지 사랑을 흘려보내야 한다.

사모들이여!

그대의 가슴은 얼마나 열려 있는가? 그대의 손은 무엇을 하고 하는가? 그대의 발은 어디로 향하고 있는가?

사모들이여!

목사님이 끌고 가는 사역의 수레가 얼마나 무거운가?

성령님의 손을 잡고 함께 끌고 가라.

그러나 사모들이여!

그대의 마음의 넓이만큼, 사랑의 무게만큼, 그대 사역의 무게는 가벼워지리라.

주님의 음성이 들리지 않는가?

사모들이여! 사모는 남편의 동역자가 아니고 남편을 내조하는 사역이다.

사모들이여! 사랑을 품고 사역의 수레를 뒤에서 밀고 가라.

사모들이여! 남편의 그림자를 밟으며 끝까지 따라가라.

사모들이여! 그대는 세상에서 가장 위대한 이름을 가진, 위대한 신분의 주의 종인 것을 잊지 말아라.

사모들이여! 그대는 승리하리라!!!

44

새빛의 지체들이여

오 목사님이 30년 목회를 마치고 은퇴를 하셨다.

따라서 나의 사역도 함께 은퇴하게 되었다.

지난날을 돌아보면, 가장 기억에 남고 아름다운 나의 사역은 호산나 사역이었다.

누가 무엇이라고 해도, 호산나는 내 사역의 분신 같았다고 생각한다.

호산나와의 한국 공연은 우리 교회로서는 기적 같은 일이었다.

교인들도 모두 가지 말라고 할 정도로 황당하게 생각했다.

교인들의 걱정은 "만약 한국에 같다가 호산나가 고생하거나 성과가 없으면 교회가 어려워진다"는 것이었다.

맞는 말이다. 그러나 나는 확신을 가지고 일하기 때문에 반드시 하나님이 이루실 것을 믿었다.

누가 내 마음을 알 수 있었을까?

사랑하는 호산나를 방방곡곡 데리고 다녔던 일들을 생각하면 지금도 행복하다

그런데 그 후 호산나의 아들 딸들의 믿음이 얼마나 성숙해지고, 오늘날 교회의 기둥 같은 일꾼들이 되었는가 말이다. 그리고 하나님이 단원들을 계속 입단시켜 주셔서 함께 수고한 단원들이 많이 있었다.

지금은 곳곳에 흩어져서 살고 있지만 나에게는 보배들이었고, 호산나만 생각하면 내 마음이 행복해진다.

현재 호산나 단장을 맡은 여신연 집사를 비롯해서 모든 단원들이 참 순종하는 일꾼들이었다.

실상 이것은 쉽지 않은 일이다. 그런데 모두가 한결같은 마음으로 변함없이 하나님을 찬양하는 주님의 찬양사역자들이다.

호산나여! 이렇게 주님을 영원히 찬양하라!

그렇게 잘 다듬어진 호산나들은, 오늘날 교회에 아름답게 봉사

탤런트 정영숙 권사님과   새빛교회 전체 수련회

하는 귀한 일꾼들이 되었다.

우리 교회가 약 250명까지 되었을 때가 '911' 전후였는데, 그 때는 포도원 구역 수가 12구역까지 있었다.

그 당시는 친교실 자리가 부족해서 도서관실과 유치부 방을 헐어서 증축할 계획까지 세웠었다.

그때 교인들이 얼마나 열심과 열정으로 모였는지 모른다.

호산나에서 포도원 사역자들이 여러 명 배출되었다.

우리 교회의 특징이라고 할까.

탬파는 작은 도시이다. 그런 중에도 우리 교회는 음악적인 면에서는 상당히 열정적이었다. 그래서 성가대도 활발하고, 또 그렇게 음악을 사랑하는 교인들이 많이 모여 오기도 했다.

어떤 교회든지 중요하게 생각하는 부서가 교육부이다.

'자녀들의 교육을 위해서 얼마나 교회가 정성을 쏟느냐?'가 또한 부흥의 척도가 되기도 한다. 우리 교회 역시 교육부에 많은 정성을 쏟았는데, 역시 교사들도 여러 명 배출되었다.

이곳에서는 교육 전도사를 찾기가 참으로 어려운 곳이다.

그래서 교회 설립 이후부터 줄곧 나와 함께 여미란 선생님이 교육부를 담당했었다. 내 영어 실력이 부족해서 애쓰고 노력하면서 교육할 때 선생님이 내 설교를 통역해 주었다.

그래서 말씀을 통역과 함께 가르치고, 음악으로 교회 중심적인 생활을 하도록 지도했다. 그 당시 이 지역에서 유일하게 Youth Praise Band를 구성하여 청소년들에게 신선한 복음의 영향력을 전해 주었다.

또 교회를 세우는 데 오래전부터 한 가족이 되어 신앙생활하시던 귀한 가족들이 많다. 그래서 큰 흔들림 없이 교인들도 큰 변동 없이 한 교회를 섬기는 신앙생활을 해왔다.

그래서 우리가 은퇴할 때까지 30년을 한결같이 한마음으로 목사님과 교인들이 천국 확장을 위해서 함께 신앙생활했던 아름다운 성도들이라고 생각한다.

이민 초기 그 어려움 중에 하나님만 바라보며 신앙생활하시던 집사님들이 후일 '호칭 장로님'들이 되셨고, 이분들은 모두 조용히 교회에서 봉사하시고, 자리를 지키며, 열심히 신앙생활을 하고 있다.

새빛의 교인들이 맡은 일을 묵묵히 감당하고, 자기 자리를 지켜 주는 것이 얼마나 힘이 되는지 되었는지 모른다. 아무리 힘들고 어려움이 있어도 교인들이 협동하는 모습을 보면 오히려 힘을 얻었다. 이렇게 조용히 지켜 주는 교회의 지체들이 있었기에 여기까지 목회할 수 있다.

항상 풍성했던 새빛 교회의 찬양 사역

그래서 최선을 다해 가르치고 기도하면서 그분들을 사랑하고, 온전한 신앙생활로 복받는 주의 백성이 되도록 최선의 노력을 아끼지 않았던 것이다.

하나님은 여전히 새빛교회를 사랑하시고, 온 성도들을 사랑하고 계신다. 또한 교인들 역시 맡은 일을 묵묵히 감당하며 자기 자리를 잘 지켜주고 있다.

그동안 교회 사정으로 인해 힘든 일도 있었지만 꾸준히 인내하면서 헌신하는 가운데 교회가 부흥을 이루게 되었고, 우리도 힘든 멍에를 내려놓을 수 있었다.

그리고 은퇴하기 전에 교회의 융자를 다 갚고 깔끔하게 헌당하게 되었으니 얼마나 감사한 일인가!

지금까지 우리는 온갖 정성과 헌신을 아끼지 않고 새빛 교회를 세워 드렸다.

그래서 헌당을 하게 된 것은 새빛 교회 설립자로서 아름답게 마침표를 찍는 귀한 의미가 있는 것이다.

그리고 사랑하는 성도들의 신앙생활에 부담없도록 하는 의미가 있으며 이제 후임 목사가 재정적 부담없이 목회에만 열중할 수 있도록 하기 위함이었다.

이렇게 진행된 상황은 우리를 향한 하나님의 특별한 은혜이며, 모든 것이 하나님께 영광이었다.

또 감사한 것은 우리 교회는 2/3정도 젊은 교인들이 많은 미래가 있는 참 젊은 교회이다.

그래서 교회의 장래를 생각하며 젊은이들을 위해 젊은 목사를 후임으로 택했다.

새빛의 2대 목사가 된 후임은 송호철 목사님으로 성실하게 목회 할 것으로 보여져서 하나님께 참 감사했다.

우리부부는 교회를 위해서 조용히 기도의 파수꾼으로 힘들고 어려운 교인들을 마음에 품고 기도하며, 주의 종이 교인들의 영혼을 생명처럼 소중히 여기고 주님 섬기듯 교회를 섬겨서 주님이 기뻐하시는 목회를 할 수 있도록 새벽마다 엎드려 기도하는 것이다.

이렇게 이루어 진 것을 볼 때, 모든 것이 하나님께서 우리 새빛 교회를 사랑하신 증거라고 믿는다.

우리가 특별히 감사한 것은 새빛 교회를 설립하고 30년 사역을 온전히 감당할 수 있도록 은혜 주셨다는 것이다.

참으로 연약하고 부족한 것 투성인데, 끝까지 지켜 주시고 완주 할 수 있도록 하신 것은, 분명히 우리의 능력이 아니고 하나님의 강한 능력이 우리 사역을 덮어 주셨기 때문이라고 믿는다.

나를 지으시고, 우리 부부를 택하시고, 주의 종으로 사용해 주신 주님을 찬양하며 모든 영광을 하나님께 돌린다.

지금까지 부족한 우리 부부를 주의 일꾼 삼아주시고, 주님의 능력으로 교회를 지켜주신 주님께 감사드리며, 앞으로도 계속하여 천국 확장을 위해서 혼신의 힘을 다하여 사명을 감당할 것을 다짐하고 서원하고 기도한다.

모든 영광과 존귀를 하나님께 올려드리며, 하나님이 지켜주셨던 이 작은 자의 삶을 사랑하는 모든 주의 가족들에게 보여 드린다.

　인생의 정상에 올라 파노라마처럼 펼쳐진 지난 50년을 바라본다.

　전혀 다른 세계에서 서로 조화를 이룰 수 없는 길을 가던 두 사람이 결혼하게 되었는데 날선 톱날 같은 두 사람이 부서질 듯, 깨질 듯, 파괴될 듯 하면서 힘든 세월을 엮어가고 있을 때, 하나님의 때가 되매, 그분이 우리 인생에 들어오시고 파괴된 우리의 인생을 새롭게 연출하셨다. 우리의 죽었던 영혼에게 생명을, 파괴된 가정을 소생케 하시며 새로운 세계를 주신 것이다.

　날 선 두 톱날을 오목, 볼록 렌즈로 다시 빚으시고 같은 비젼으로 같은 길을 걷게 하셨다.

　하나님께서 참으로 무능력했던 우리에게 목양 30년 세월을 맡기시고 친히 교회를 가꾸어 주셨다.

　교회의 품안에서 사랑하는 새빛의 영혼들이 성장과 성숙을 거듭하면서 지내온 날들은 우리에게 아름다운 추억이고, 삶의 의미이며, 사역의 보람이다.

　또 앞으로 우리 인생 3막을 연출하시는 하나님의 은혜를 기대하며 우리의 선교가 하나님의 뜻을 이루어 드리기를 소원하면서 살아계신 하나님을 찬양하며 감사를 올려 드린다. 할렐루야!

하나님의 은혜를 진솔하게 고백

나는 성령께서 지도하시대로, 인도하시는 그 길을 걸어왔습니다. 성령님은 나의 지팡이가 되시어 나를 인도하셨고, 성령님은 내 인생을 지휘하시는 연출가이셨습니다.

그리하여 지금까지 우리가 주의 종이 되기까지의 사연들, 주의 종으로 목회 현장에서 훈련하시고, 다듬어 주신 사연들 속에 구구절절이 내 인생을 연출하시고 지도하신 하나님의 은혜를 진솔하게 고백했습니다.

일반적으로 우리가 "나의 나 된 것은 하나님의 은혜"라는 말을 잘 합니다.

참 멋진 말이지만 우리는 기억하고 생각해야 합니다.

"나의 나 된 것"이 될 때까지 하나님의 은혜가 누구를 통해서? 무엇을 통해서? 어떻게 임하게 되었는지 밝히고 고백하는 것이 진실로 은혜 받은 자의 태도라고 생각합니다.

*내 인생의 연출가이신 성령님께서 부족한 우리를 말씀으로 지도하시며 성령의 능력으로 오늘이 있기까지 새빛 교회 사역을 완주하게 하셨습니다.

그리하여 성령님께서 우리로 하여금 하나님께 영광이 되게 하셨습니다. 무익하고 부족한 여종이 무릎 꿇어 하나님께 찬양을 올려드리며 감사합니다.

*또한 지금까지 한결같이 목양일념으로 흔들림없이 30년 목회를 감당했던 남편 오승일 목사님을 존경하고 사랑하며 이 글을 씀에도 많이 도움이었던 것을 감사합니다.

*또 힘든 목회현장에서 동역자들로, 인생의 동반자였던 사랑하는 정수, 정은, 오한길 목사, 세 자녀들과 부모의 힘든 목회 중에서 도움이었고, 자녀의 자리에서 항상 하나님께 영광, 부모의 기쁨이 되어준 세 자녀들에게 참으로 감사하고 사랑합니다.

항상 든든한 힘이 되어 준 아들, 종일과 손주, 성헌 성하에게 마음 깊이 사랑하며 감사합니다.

그리고 목회 현장에서 사랑과 순종함으로 우리 부부에게 위로와 격려로 응원해 주었던 사랑하는 지체들, 병고에 시달릴 때, 묵묵히 뒤에서 기도로 힘이 되었던 사랑하는 많은 기도의 지체들에게 감사합니다.

이렇게 사랑하는 보배로운 지체들이 있었기에 우리가 목회할 이유와 보람이 되었습니다.

우리가 목회할수 있도록 우리에게 사랑하는 지체들을 보내주심 하나님께 감사합니다.

오늘이 있기까지 은혜의 통로가 되었던 많은 분들에게 감사합니다. 또한 앞으로 이 글을 읽어주시는 많은 독자들에게 감사드리고 많은 기도와 성원을 부탁하는 바입니다.

끝으로, 이 글을 읽는 누군가에게 십자가 앞에서 참 회개의 역사가 일어나 참 생명을 얻게 하시고, 십자가지는 헌신의 결단으로 신앙이 고정되는 역사가 있기를 소원하며 위에서 주시는 부활의 기쁨으로 날마다 삶이 변화되어 천국적인 영적인 삶이 되시기를 간절히 소원합니다.

또한 이 땅 위에 무너진 교회들, 고통 중에 있는 교회들, 중심과 방향을 잃고 세속화되는 교회들, 예수님이 흩어진 교회들에게 주신 사명과 주의 종들에게 주신 목회의 본질을 잃어버리게 된 교회들이 하나님의 뜻을 깨닫고 하나님의 메시지를 듣게 되어 회복되는 성령의 역사가 있기를 소원합니다.

그리하여 말씀과 십자가와 부활의 능력으로 다시 소생하여 날마다 구원받는 자의 수가 증가하며 영적인 부흥을 이루어 세상을 변화시키는 천국적인 예수님의 교회가 되게 하시고, 주 안에서 모든 사람들이 천국의 복을 누리시기를 기도하면서 이 작은 글을 올려 드립니다.

하나님의 뜻이 이루어지기를 소원하며 모든 영광을 하나님께 올려드립니다. 할렐루야!!!

- 방은미

딴따라에게 찾아오신 예수님

〈하나님이 이끄신 동행〉

나는 오직 내 영광과 내 명예를 위해 살았다.
그러던 어느날 참빛 되신 위대한 분을 만났다.
나는 그분이 이끄는 대로 내 인생의 길을 바꾸었다.
그 길이 참 생명의 길인 것을 알았기 때문이다.

일상생활에서 성령님과 친밀하게 교제하는 비결

성령님과 친숙하게 지내는 삶의 비결
오늘 우리의 삶에서 역사하시는
성령님의 인격, 능력, 목적, 사역!

해럴드 J. 살라 지음

365일 자녀축복 안수기도문

자녀를 축복하십시오.
자녀를 위해 매일 안수하며 기도하십시오.
주님의 응답과 역사하심이 자녀에게 임하실 것입니다.

정요섭 목사 지음

망망한 바다 한가운데서 배 한 척이 침몰하게 되었습니다.
모두들 구명보트에 옮겨 탔지만 한 사람이 보이지 않았습니다.
절박한 표정으로 안절부절 못하던 성난 무리 앞에 급히 달려 나온 그 선원이
꼭 쥐고 있던 손바닥을 펴 보이며 말했습니다.
"모두들 나침반을 잊고 나왔기에…"
분명, 나침반이 없었다면 그들은 끝없이 바다 위를 표류할 수 밖에 없을 것입니다.

우리는 삶의 바다를 항해하는 모든 이들을 위하여
그 나침반의 역할을 하고 싶습니다.
우리를 구원하신 위대한 주 예수 그리스도를 널리 전하고 싶습니다.

"하나님은 모든 사람이 구원을 받으며
진리를 아는 데에 이르기를 원하시느니라"
(디모데전서 2장 4절)

주여, 나의 삶을 받으소서

지은이 │ 방은미 지음
발행인 │ 김용호
발행처 │ 나침반출판사

제1판 발행 │ 2018년 8월 15일

등 록 │ 1980년 3월 18일 / 제 2-32호
주 소 │ 07547 서울특별시 강서구 양천로 583
        블루나인 비즈니스센터 B동 1607호
전 화 │ 본사 (02) 2279-6321 / 영업부 (031) 932-3205
팩 스 │ 본사 (02) 2275-6003 / 영업부 (031) 932-3207
홈 피 │ www.nabook.net
이 메 일 │ nabook@korea.com / nabook@nabook.net

ISBN 978-89-318-1564-1
책번호 가-9068

값은 뒷표지에 있습니다.